宁夏大学优秀学术著作出版基金资助。本书为中国学位与研究生教育学会学位与研究生教育研究课题《西部高校专业学位研究生培养模式改革与创新研究》【课题编号：2020MSB6】的阶段性成果

宁夏研究生教育
改革与发展对策研究

NINGXIA YANJIUSHENG JIAOYU GAIGE YU
FAZHAN DUICE YANJIU

周学忠　马　信　周　琦／著

黄河出版传媒集团
阳光出版社

图书在版编目(CIP)数据

宁夏研究生教育改革与发展对策研究/周学忠,马信,周琦著. -- 银川:阳光出版社,2022.8
ISBN 978-7-5525-6424-2

Ⅰ.①宁… Ⅱ.①周… ②马… ③周… Ⅲ.①研究生教育-教学改革-研究-宁夏 Ⅳ.①G643

中国版本图书馆CIP数据核字(2022)第136628号

宁夏研究生教育改革与发展对策研究 周学忠 马 信 周 琦 著

责任编辑	林 薇
封面设计	赵 倩
责任印制	岳建宁

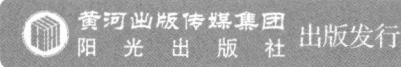

出 版 人	薛文斌
地 址	宁夏银川市北京东路139号出版大厦(750001)
网 址	http://www.ygchbs.com
网上书店	http://shop129132959.taobao.com
电子信箱	yangguangchubanshe@163.com
邮购电话	0951-5014139
经 销	全国新华书店
印刷装订	宁夏凤鸣彩印广告有限公司
印刷委托书号	(宁)0024224

开 本	787 mm×1092 mm 1/16
印 张	19
字 数	280千字
版 次	2022年8月第1版
印 次	2022年8月第1次印刷
书 号	ISBN 978-7-5525-6424-2
定 价	58.00元

版权所有 翻印必究

前　言

教育是国之大计、党之大计。研究生教育作为国民教育体系的组成部分，是培养高层次人才和释放人才红利的主要途径，是国家人才竞争和科技竞争的重要支柱，是实施创新驱动发展战略和建设创新型国家的核心要素，是科技第一生产力、人才第一资源、创新第一动力的重要结合点。没有强大的研究生教育，就没有强大的国家创新体系。2020年7月29日，教育部在北京召开了中华人民共和国成立以来首次全国研究生教育会议，习近平总书记对研究生教育工作作出重要指示，李克强总理作出批示，孙春兰副总理发表重要讲话，教育部部长陈宝生作出工作部署。

习近平总书记指出，中国特色社会主义进入新时代，即将在决胜全面建成小康社会、决战脱贫攻坚的基础上迈向建设社会主义现代化国家新征程，党和国家事业发展迫切需要培养造就大批德才兼备的高层次人才。习近平强调，研究生教育在培养创新人才、提高创新能力、服务经济社会发展、推进国家治理体系和治理能力现代化方面具有重要作用。各级党委和政府要高度重视研究生教育，推动研究生教育适应党和国家事业发展需要，坚持"四为"方针，瞄准科技前沿和关键领域，深入推进学科专业调整，提升导师队伍水平，完善人才培养体系，加快培养国家急需的高层次人才，为坚持和发展中国特色社会主义、实现中华民族伟大复兴的中国梦作出贡献。

李克强总理作出批示指出，研究生教育肩负着高层次人才培养和创新创造的重要使命，是国家发展、社会进步的重要基石。改革开放以来，我国研究生教育实现了历史性跨越，培养了一批又一批优秀人才，为党和国家事业发展作出了突出贡献。要坚持以习近平新时代中国特色社会主义思想为指导，认真贯彻党中央、国务院决策部署，面向国家经济社会发展主战场、人民群众需求和世界科技发展等最前沿，培养适应多领域需要的人才。深化研究生培养模式改革，进一步优化考试招生制度、学科课程设置，促进科教融合和产教融合，加强国际合作，着力增强研究生实践能力、创新能力，为建设社会主义现代化强国提供更坚实的人才支撑。

孙春兰副总理表示，要深入学习贯彻习近平总书记关于研究生教育的重要指示精神，全面贯彻党的教育方针，落实立德树人根本任务，以提升研究生教育质量为核心，深化改革创新，推动内涵发展，并提出了五点要求。一要准确把握研究生教育定位，突出"研"字，把研究作为衡量研究生素质的基本指标，贯穿研究生教育全过程，引导学生摒弃浮躁、潜心学业、勤于钻研，培养学生的科学精神、创新思维、研究能力。注重分类培养，稳步推进学术学位和专业学位分类发展，继续扩大专业学位学生招生，加强学生职业生涯规划的指导。坚持开放合作，推进政府学校企业资源共享，强化产教融合，加强与国外高水平大学、顶尖科研机构的实质性合作，加强基础研究，推进教育部"强基工程"。二要加快学科专业优化调整，把握好基础学科与应用学科的关系，加大对基础学科稳定支持；把握好传统学科与新兴交叉学科的关系，从政策资源管理等方面促进学科深度融合；把握好文科与理工科的关系，坚持科技教育与人文教育并重，实现学生全面发展。三要加强导师队伍建设，健全导师和导师组制度，探索由导师科研项目承担培养经费的培养成本分担机制，加强导师岗位管理，建立导师招生资格年审和动态调整制度，打破终身制。四要完善科学评价体系，积极推进研究生教育评价体系改革，优化教育评价方式，破除"唯论文"至上，引导研究生教育分类发展，特色发展，高质量发展。五要严格加强质量管理，进一步强化高校教育教学管理，培养优良校风、学风、教风，配齐配强思想政治工作专职队伍，加强对研究生人文关怀、心理疏导和教育引导，深化课程改革，加大论文抽检力度，严格留学生管理。

教育部部长陈宝生作了总结讲话，强调要深刻学习领会，认真贯彻落实习近平总书记重要指示和李克强总理批示精神，落实孙春兰副总理讲话精神，瞄准科技前沿和关键领域，深入推进学科专业调整、提升导师队伍水平、完善人才培养体系、加快培养国家急需的高层次人才,过好认识关、方向关、质量关、机制关、评价关,构建现代化研究生教育治理体系,提升治理能力,培养德智体美劳全面发展的社会主义建设者和接班人,加快建设研究生教育强国。陈宝生部长要求,各地党委和政府,各高校要迅速传达学习,各级教育部门和高校党委要把习近平总书记重要指示和李克强总理批示作为重点内容,带头学习,全面领会,组织研究生导师和管理人员深入学、广泛学,加大宣传力度,努力营造全社会关心支持研究生教育的良好氛围。要完善配套措施,各地和各高校要及时召开研究生教育会议,专题研究研究生教育发展规划,出台加快推进新时代研究生教育改革发展的配套政策,确保各项改革任务落实落地。要创新工作思路,面对高等教育疫情防控常态化,各地要认真总结经验,变革教育理念,创新教学方法和手段,推进教育信息化,提升治理能力。要凝聚工作合力,积极争取财政、发改、科技、人社、工信等部门支持配合,借助行业产业等方面的力量,共同推进研究生教育发展。

  研究生教育肩负着高层次人才培养和创新创造的重要使命,是国家发展、社会进步的重要基石,是应对全球人才竞争的基础布局。改革开放特别是党的十八大以来,我国研究生教育快速发展,已成为世界研究生教育大国。中国特色社会主义进入新时代,各行各业对高层次创新人才的需求更加迫切,研究生教育的地位和作用更加凸显。习近平总书记高度肯定研究生教育在建设社会主义现代化国家新征程中的重要地位,这是我区做好下一步研究生教育工作的根本遵循和行动指南。宁夏作为我国研究生教育欠发达地区之一,研究生教育的规模和质量始终处在提升的过程中。当前和今后一段时间,落实、落实、再落实是研究生教育工作的重要工作主题。把研究生教育作为一门学科来研究,近来成为全国多数高校关注的重点,工作和研究的重心要切实把思想和行动统一到习近平总书记重要指示和党中央、国务院重大部署上来,全面贯彻落实全国教育大会、全国研究生教育会议精神,促进研究生德智体美劳全面发展,提升研究生教育支撑引领自治区经济社会发展能力,奋力推动新时代宁夏研究生教育高质量发展的新局面,为宁夏学位与研究生教育开启"十四五"高质量发展建言献策。

目 录

第一章　宁夏研究生教育的发展历程 / 001

　　第一节　宁夏研究生教育发展历程 / 001

　　第二节　宁夏研究生教育改革发展的成就 / 006

　　第三节　宁夏研究生教育的经验总结 / 010

第二章　宁夏研究生教育的现状研究 / 015

　　第一节　宁夏研究生教育发展的现状 / 015

　　第二节　宁夏研究生教育存在的主要问题 / 027

第三章　宁夏高校研究生教育的典型案例分析 / 030

　　第一节　宁夏大学研究生教育"十三五"规划 / 031

　　第二节　宁夏大学筹建研究生院的调研报告 / 037

　　第三节　宁夏大学研究生教育年度质量报告 / 053

第四章　宁夏研究生教育面临的形势分析 / 087

　　第一节　国际高等教育对研究生教育的影响 / 087

　　第二节　国家宏观政策对研究生教育的影响 / 090

　　第三节　宁夏社会发展对研究生教育的影响 / 093

第五章 宁夏研究生教育改革与发展的总体目标 / 102

第一节 宁夏研究生教育改革与发展的基本原则 / 102

第二节 宁夏研究生教育改革与发展的思路与目标 / 106

第六章 加强研究生教育管理体制和运行机制构建 / 110

第一节 构建政府和高校合理的管理体制 / 110

第二节 建立高效、有序的管理运行机制 / 121

第七章 创新研究生培养模式与改革研究生培养机制 / 129

第一节 构建多元化研究生培养模式 / 129

第二节 完善研究生培养机制 / 133

第八章 建设高水平的研究生培养基地 / 137

第一节 形成合理的办学层次 / 137

第二节 建设一批高水平的宁夏急需学科 / 140

第三节 强化宁夏研究生培养创新基地建设 / 141

第九章 创造良好的研究生教育办学环境 / 145

第一节 加强研究生教育法律法规体系建设 / 145

第二节 完善研究生教育质量保证体系 / 146

第三节 完善研究生教育服务系统 / 149

第十章 宁夏学位与研究生教育发展研究结论 / 152

附录 政策制度 / 158

参考文献 / 288

第一章 宁夏研究生教育的发展历程

宁夏研究生教育始于1978年，经过四十多年的不断发展，为地方经济社会的发展输送了一批德才兼备的高层次人才，为经济社会发展提供了强有力的人才和智力支撑，为自治区的"双一流"建设发挥了重要引领和支撑作用，为宁夏经济社会高质量发展和教育强区建设奠定了坚实基础。研究生教育实现了跨越式发展，截至2020年，宁夏研究生教育已累计为国家培养输送2万余名高层次人才。

第一节 宁夏研究生教育发展历程

目前，全区共有普通高等学校20所，其中，本科院校8所（含独立学院2所），高职（专科）院校12所，成人高校1所。2020年，全区教育系统坚持以习近平新时代中国特色社会主义思想为指导，坚决贯彻落实党中央及自治区党委政府决策部署，统筹常态化疫情防控和教育改革发展，提升教育质量，促进教育公平，教育规模、结构、质量和效益不断优化提升，研究生教育持续快速健康发展，为全区经济社会发展和民生改善作出了积极贡献。全区培养研究生的高校增加到4所。根据宁夏学位与研究生教育事业在不同时期的发展特点，分别考察4所大学研究生教育的基本情况，从而窥见整个宁夏的研究生教育发展历程。

一、宁夏大学研究生教育的发展历程（1978—2020）

宁夏大学的学位与研究生教育始于1978年。1978—1993年，在学校教务处设研究生科，采取和南京大学、武汉大学联合培养的形式，开始招收研究生。1986年，中国古代文学专业获硕士学位授权资格，学校正式成为研究生培养单位。2003年，草业科学获批宁夏第一个博士学位授权资格。

1993—1997年，研究生教育划归科研处管理，设有研究生科。1997年学校成立研究生处，2000年更名为研究生部。2008年，为推进学校向高水平教学研究型大学转型，并适应学校"211工程"建设需要，学校成立研究生院。

2006年，数学专业获批一级学科博士学位授权资格。2011年，民族学、水利工程、畜牧学获批一级学科博士学位授权资格，22个学科获批一级硕士学位授权资格。2017年生物学申报获批一级学科博士授权点，同时获批5个一级学科硕士授权点。

2003年工商管理硕士、教育硕士开始招收专业学位研究生。2004年获得农业推广硕士专业学位招生资格。2007年工程硕士开始招收专业学位硕士研究生。2011年获得翻译硕士专业学位招生资格，2014年获批会计硕士、公共管理硕士、艺术硕士专业硕士学位点，2017年法律硕士、社会工作硕士、体育硕士、新闻与传播硕士、兽医硕士、林业硕士、旅游管理硕士等获批招生资格。

截至目前，学校有6个一级学科博士点，31个一级学科硕士点，15个专业硕士学位授权点，学科覆盖哲学、经济学、法学、教育学、文学、历史学、理学、工学、农学、管理学等学科门类，一级学科硕士学位点布局基本完成。现有在岗硕士生导师799人、博士生导师129人。

进入国家"一流学科"建设高校和"部区合建高校"行列后，教育部、自治区持续增强对宁夏大学的支持力度和政策倾斜。年度拟录取博士生数量由2015年的41人增至2020年的110人；年度拟招录硕士生数量由2015年的898人（学术型441人、专业型457人）增至2020年的2 354人（学术型660人、全日制专业型1 256人、非全日制438人）。2017年开始实施优秀生源奖励计划，累计发放奖金2 111万元，生源结构持续优化。2020年9月，在学研究生规模达到5 543人，其中博士生411人、硕士生5 132人。在校本科生与研究生之比从2015年的4.427∶1提升至3.445∶1。

1978年全国恢复研究生招生，开始逐步建立研究生教育制度。宁夏很快恢复了研究生教育工作，逐步扩大研究生招生规模，加大对研究生教育的改革力度，初步形成了比较完整的学位与研究生教育体系。

二、宁夏医科大学研究生教育的发展历程（1978—2020）

宁夏医科大学研究生教育始于1978年，首次招生24名硕士研究生，招生专业涉及10个学科。1986年，人体解剖学、生理学、药理学、放射学4个学科率先获得硕士学位授权资格，学校成为宁夏最早获得硕士学位授权的单位。2000年，分别获得同等学力硕士学位和临床医学硕士专业学位教育试点工作单位。2008年，获得推荐免试攻读硕士学位研究生资格和招收高校教师在职攻读硕士学位资格。2013年，学校被教育部批准为博士学位授权单位，获批临床医学、基础医学、公共卫生与预防医学3个一级学科博士学位授权点，2014年首次招收博士研究生10人，2017年首次招收临床医学专业学位博士研究生15人。

学校现有3个一级学科博士学位授权点（临床医学、基础医学、公共卫生与预防医学），1个博士专业学位授权类别（临床医学），9个一级学科硕士学位授权点（临床医学、基础医学、公共卫生与预防医学、药学、中医学、护理学、口腔医学、公共管理和生物学），53个二级学科硕士学位授权点，6个硕士专业学位授权点（临床医学、口腔医学、公共卫生与预防医学、药学、中医学和护理学）。学校现有博士研究生导师89人，硕士研究生导师769人。在校全日制研究生达2500余人。

长期以来，学校坚持"稳定规模、优化结构、强化内涵、精英教育"的发展思路，通过严把招生录取质量、优化导师队伍结构、改革培养模式、完善培养机制、强化质量监控、加强思想政治教育等有力措施，全面推进研究生教育改革，提高人才培养水平。2017—2018年，研究生参与研究470余项各级各类项目，公开发表论文3 000余篇，撰写学术著作10余部，撰写SCI论文300余篇。学校毕业生成为所在单位和部门的骨干，成为支撑宁夏医学教育和医疗卫生事业的中坚力量，为"健康宁夏"建设提供强有力的支撑。

三、宁夏师范学院研究生教育的发展历程（2011—2020）

宁夏师范学院于2011年10月被国务院学位委员会列入"服务国家特殊需求人才培养项目——学士学位授权单位开展培养硕士专业学位研究生试点工作单位"，2012年获批研究生招生资格，2013年开始招生，2018年被国务院学位委员会确立为新增硕士学位授权单位，同时获批中国语言文学、化学2个一级学科学位授权点和1个教育硕士专业学位授权点。

2015年学校成立研究生处，2020年学校成立研究生院。研究生院下设院党政管理岗位、研究生招生办公室、研究生培养与学位办公室等职能科室负责研究生招生、培养、学位和日常教育、管理和服务等工作。

目前，有中国语言文学、化学两个一级学科硕士学位授权点和学科教学（语文）、学科教学（数学）、学科教学（英语）、学科教学（物理）、学科教学（化学）、学科教学（思政）和小学教育7个学科方向教育硕士专业，现有在读硕士研究生94人。自开展研究生教育以来，共计招收硕士研究生232人。

学校拥有一支师德师风高尚的研究生导师队伍，现有硕士研究生导师63人，其中学术型硕士研究生导师22人，专业学位硕士研究生导师41人。导师队伍中，国家"万人计划"哲学社会科学领军人才1人，全国文化名家"四个一批"人才1人，教育部"新世纪优秀人才支持计划"2人，享受国务院政府特殊津贴3人，全国优秀科技工作者1人，自治区第四批"国内外引才312计划"1人，自治区第五批"海外引才百人计划"1人，享受自治区政府特殊津贴3人，"自治区青年拔尖人才培养工程"国家级学术技术带头人后备人选2人，自治区学术技术带头人后备人选2人，自治区"313人才工程"入选3人，自治区科技创新领军人才培养对象3人，自治区"青华科技人才托举工程"4人，自治区"塞上名师"1人，自治区"塞上文化名家"1人，自治区"教学名师"12人，固原市"六盘英才"2人，全国教育专业学位研究生教育指导委员会"优秀教师"5人，全国学育专业学位研究生教育指导委员会"优秀教学管理工作者"3人。从2005年开始，为了适应新的发展形势，全国研究生招生规模增长速度放缓，学位与研究生教育工作的重点逐步由规模扩张向注重内涵发展，提高质量上转移。宁夏认真贯彻落实党和国家关于研究生教育发展的各项方针、政策，积极采取有效措施，努力提高学位与研究生教育的质量，并取得了良好成效。

四、北方民族大学研究生教育的发展历程（1984—2020）

北方民族大学直属于国家民族事务委员会，是一所综合性民族类普通高等院校。学校坐落在宁夏回族自治区首府银川市，是我国唯一一所建立在民族自治区的部委高校。学校前身为西北第二民族学院，始建于1984年，2008年更名为北方民族大学。学校为国务院学位办批准的学士、硕士、博士学位授权单位。

学校现有来自全国31个省、自治区、直辖市的55个民族的博士生、硕士生、本科生、预科生，共2.2万余人，少数民族学生比例为60%。学校高度重视学科建设和专业建设。现有文学、理学、工学、法学、历史学、管理学、经济学、艺术学、教育学、医学10个学科门类的76个本科专业；计算机科学与技术等9个一级学科硕士学位授权点；MPA等9个专业硕士学位授权点；民族学为一级学科博士学位授权点；生态学等17个省部级重点学科，其中有3个宁夏回族自治区一流学科（电子科学与技术、数学、材料科学与工程）；材料科学与工程等4个国家级特色专业；化学工程与工艺等4个国家级一流本科专业建设点；汉语言文学等9个省部级优势特色专业；法学等4个省部级重点建设专业；自动化等7个省部级"十三五"重点专业（群）；机械电子工程等5个省部级产教融合人才培养示范专业；经济学等14个省部级一流本科专业建设点；有1个国家级材料科学实验教学示范中心，化工技术基础等8个省部级实验教学示范中心（数据统计时间截至2020年）。

学校大力推进实施"人才强校"战略。坚持培养和引进并重，建设了一支质量较高、结构合理的专业人才队伍。截至2020年学校有教职工1 400余人，聘任院士2人，入选国家级人才项目或获得荣誉称号13人次，其中国家"万人计划"科技创新领军人才1人，"百千万人才工程"国家级人选3人，享受国务院政府特殊津贴7人，全国优秀教师1人，全国模范教师1人，入选省部级人才项目及荣誉称号180余人次。

建校三十多年来，伴随着我国改革开放的铿锵步伐，学校教育教学事业实现了高速发展。2000年顺利通过教育部本科教学合格评估。2004年国家民委与宁夏回族自治区签署共建协议决定共建北方民族大学。2007年在教育部本科教学工作水平评估中获得优秀。2011年被教育部授予全国高校毕业生就业工作50强经验推广高校。2015年国家民委和教育部决定共建北方民族大学在内的6所委属高校，学校发展迎来新的契机。2017年学校获批为第七批国家级专业技术人员继续教育基地。2018年获批为博士学位授权建设单位，民族学获批一级学科博士学位授权点，标志着学校形成了学士、硕士、博士完整的学位授权体系，办学层次和办学水平迈上了新的台阶。

第二节　宁夏研究生教育改革发展的成就

自1978年国家恢复研究生教育以来，宁夏认真贯彻执行国家关于研究生教育的方针、政策，研究生教育事业经历了长期的发展阶段，取得了非凡的成就。宁夏已成为我国西部高层次专门人才培养的重要区域之一，为西部地区经济建设和社会发展作出了积极贡献。

一、学位授权点体系布局基本建成

四十多年来，宁夏学位授予单位、授权点不断增加，基本建立了学科门类较为齐全、结构布局相对合理的学位授权体系，学科结构在不断调整的过程中，日益优化。截至2020年，宁夏有博士学位授权单位3个，硕士学位授权单位4个，有博士学位授权一级学科10个，有硕士学位授权一级学科85个，专业硕士学位授权点26个。全区在校研究生9 535人，其中，博士研究生660人，学术型硕士研究生3 107人，全日制专业学位研究生4 493人，非全日制专业学位研究生1 275人。全区在校本科生14.67万人。经过多年的建设与发展，宁夏已形成了学科门类较为齐全、结构较为合理、培养能力较强的学位与研究生教育体系，增强了高层次人才的自学供给能力。

二、研究生导师队伍建设成效显著

全区研究生培养单位共有指导教师2 282人,其中,博士生导师226人,硕士生导师2 056人。近年来,有一大批年富力强、高水平、高学历、高职称教师不断地补充到导师队伍中来,成为宁夏进行科技创新、教育创新的骨干力量和生力军。自治区出台《宁夏回族自治区研究生导师立德树人职责实施细则》,各培养单位出台了各自的细则。推动导师恪守学术道德底线,主动增强研究生培养第一责任人意识,在思想教育、科学实践、学术创新等方面悉心开展指导工作,积极推进研究生"三全育人"综合改革试点工作。有超过90%的研究生学位论文源自导师和导师组正在进行的科研项目,有超过50%的学位论文直接依托工程实践和区域经济社会发展的创新需求。

三、研究生教育服务地方能力增强

经过四十多年建设,宁夏高校形成了较完善的高水平创新平台体系,科研基地体系,平台体系,为宁夏开展高水平的科研工作奠定了坚实的基础。研究生教育聚集了宁夏各行各业各类高端人才,研究生教育为宁夏各行各业培养了各类高层次人才,增强了高层次人才的自学供给能力。宁夏研究生教育紧密结合国家重大战略和宁夏发展需求,用好新增审核、动态调整的学位管理机制,着力构建与经济社会发展相适应的学位点授权体系,建立了学科专业较为齐全、布局结构相对优化、培养类型比较丰富的研究生教育体系,培养的研究生服务宁夏累计占比为41%,博士研究生服务宁夏占比为64%。在职人员攻读硕士学位服务宁夏人员占比高达90%。宁夏高校培养的高层次人才,广泛分布活跃于宁夏各行各业,为宁夏在教育服务、科学研究、政府管理、社会工作、健康医疗、企业经营等领域作出基础性贡献,为社会和谐发展和西北多民族地区团结稳定提供智力支持和人才保障,为推进宁夏地方经济社会发展,作出了扎实的贡献。

四、研究生人才培养规模"量增质升"

四十多年来,作为培养高层次专门人才的主渠道,宁夏研究生教育系统为宁夏及西部地区发展培养各类全日制研究生,非全日制研究生近两万人,为宁夏及西部经济建设和社会发展提供了强大的智力支撑。多年来,宁夏结合经济结构调整的实际、社会发展的现实需要,不断调整人才培养策略,促进研究生培养模式、培养形式多样化,从单一的教学型、学术型向应用型、复合型模式扩展,形成了全日制、半日制、远程教育和同等学力在职申请学位等多种培养形式。采用各种形式的质量评估以提高研究生培养质量,逐步建立起一批学科门类齐全、科研基础比较扎实的研究生培养基地,促进研究生创新能力的培养。培养出一大批高学历、高素质、高质量的专门人才,为西部及宁夏地区经济建设和社会发展作出了基础性贡献。

五、研究生教育的国际化水平提升

改革开放以来的四十多年间,宁夏研究生以国内访学、科研合作、国际学术会议等多种形式使出国出境交流访问的人数逐年快速增长,通过校际协议、国家留学基金委的各类公派留学项目、国外相关机构和组织的奖学金和科研项目等各种渠道参加联合培养项目及出国继续攻读学位的研究生数量每年也稳定增长。进入新时代,各高校鼓励、支持研究生群体积极开展科学探索、创新实践、文化传承和国际学术交流等活动。宁夏高校与国外高校的教育交流与合作进入多方位、全面发展阶段,正在向多形式、高层次、高规格、宽领域的格局不断迈进。全区高校先后与几十个国家和地区的教育部门、高校建立了比较密切的交流、合作关系,尤其是与部分教育发达国家的高校开展的一系列重点合作项目取得了实质性进展。国际合作与交流的扩大,进一步丰富了宁夏研究生教育的培养形式、内容,开拓了导师和研究生的国际视野,为追踪学术前沿打下了良好的基础。

六、研究生教育的管理体制机制健全

四十多年来,宁夏学位与研究生教育管理工作在改革创新中不断得到加强,向规范化、法治化、制度化方向迈进。学位授权审核制度和学位授权体系基本形成,学位授予类型既有学术学位也有专业学位,推荐免试,申请审核,公开招考,硕博连读,本硕博连读培养机制打通,学位授权政策、制度不断健全完善。研究生教育管理体制方面,形成了职能、权限分明的管理体制。区级主管部门对本地区的研究生教育全面统筹,在学科建设、学位授予、质量监控等方面发挥作用,培养单位则在有关研究生招生、培养、学位授予等各个环节拥有相当的自主权。在制度建设方面,根据本区的实际情况制定了比较完整的规章制度。培养单位相继根据本单位的实际,围绕研究生的培养目标制定了一系列行之有效的科学的管理制度和实施细则。

七、研究生教育改革不断推进深化

在学位与研究生教育改革方面,宁夏根据国务院学位委员会的统一部署,积极探索,取得了显著的成效。宁夏试行研究生培养机制改革,促进教学科研水平的提高,为产学研紧密结合打下了良好基础;修订研究生培养方案,拓宽了人才培养口径,强化了研究生培养过程管理;实施了由博士学位授权单位自行审定、遴选博士生导师制度;试行了在学研究生兼任"三助"的制度,研究生国家奖学金、研究生国家助学金、研究生学业奖学金、研究生优先生源奖励金等,提高了研究生的综合素质和能力,极大地推动了研究生教育教学水平和素质的提高。宁夏高校获得了全国研究生优秀管理单位奖,逐步形成了研究生教育的招生体系、培养体系、学位授权体系、质量监控保障体系、学生资助体系、研究生党建等,学位授权点检查、评估以及调整工作均顺利完成,隆重召开了两次宁夏高校研究生学术创新论坛,教育硕士研究生教学技能大赛,开展了全区高校研究生优秀硕士论文评选、优秀博士论文评选、硕士学位论文盲审等工作,使全区研究生教育创新工作不断深入。这些改革有力地促进了学位与研究生教育的快速健康发展,为今后学位与研究生教育改革的进一步深化奠定了坚实的基础。

八、研究生教育协同推进机制形成

研究生教育的政治性、政策性、专业性强,既需要科学规划、周密部署,更需要形成合力、狠抓落实。宁夏的研究生教育充分发挥政府统筹主导作用,各培养单位上下联动、多方协同,建立了人才、教育、科技、财政、人社等多部门协同育人工作机制。党委政府将研究生教育纳入经济社会发展大局、教育工作全局统筹谋划和推进,对接重点行业产业需求,科学布局学科建设、人才培养和科研创新,加大政策、经费、项目支持力度,着力推动解决研究生教育工作中的基本矛盾和突出问题。在深化研究生教育领域综合改革的过程中,教育厅、学位办充分发挥统筹协调和督促检查作用,扎实推进高水平大学建设,改革的系统性、整体性、协调性不断增强,科教协同、产教融合、经费投入、人才评价、就业服务等逐渐形式合力,为推动研究生教育高质量发展创造了良好条件。

第三节 宁夏研究生教育的经验总结

一、始终坚持把研究生教育放在重要战略位置

研究生教育作为国民教育体系的顶端,是培养高层次人才和释放人才红利的主要途径,是国家人才竞争和科技竞争的重要支柱,是实施创新驱动发展战略和建设创新型国家的核心要素,是科技第一生产力、人才第一资源、创新第一动力的重要结合点。没有强大的研究生教育,就没有强大的国家创新体系。宁夏的经济建设和社会发展要靠人才,特别是要靠高层次、高质量的创新人才。研究生教育是高等教育中十分重要的组成部分,作为国民教育的最高层次,它直接担负着培养高层次、高质量人才的任务。当前,宁夏要

建设黄河流域生态保护和高质量发展先行区，重点建设九大产业，把加大科技进步和自主创新力度作为宁夏提高核心竞争力的关键所在，国家和宁夏的经济建设和社会发展需要大批高层次创新人才，培养的研究生数量、质量和人才结构还不能满足社会的需求，广大青年对接受研究生教育的要求也愈来愈迫切。站在新的历史起点，开启宁夏全面建设社会主义现代化国家新征程，宁夏要立足新发展阶段，贯彻新发展理念，构建新发展格局。因此，我区一定要进一步认清形势，放眼世界，面向未来，高度重视学位与研究生教育，把它放在科教兴国、人才强国、人才强区，推动经济建设、社会发展和科技进步重要的战略位置。

二、始终坚持服务国家和宁夏经济社会发展

学位与研究生教育的发展与国家和地方经济建设、社会发展紧密相连，息息相关。经济、社会、科技的发展推动了研究生教育的发展和学位工作的加强，而研究生教育的发展和学位工作的加强也会强有力地推动经济、社会、科技以及国防等方面的全面发展和进步。宁夏学位与研究生教育经过多年的建设与发展，以实施"人才强区"战略为重点，以不断满足人民群众对高层次教育日益增长的需求为根本出发点，把服务国家和地方经济建设与社会发展为己任，坚持"以服务求生存，以贡献求发展，向服务要效益"的理念，"扎根宁夏谋发展，主动融入作贡献"，宁夏培养的研究生已成为宁夏基础研究和应用领域原始创新的主力军，成为解决经济、社会发展建设中重大问题、技术转移、成果转化的生力军，是区域创新体系中的骨干力量。宁夏获得国家和区部级奖励的成果大多都汇聚了宁夏培养的研究生高层次创新人才的智力和贡献。

三、始终探索符合自身特色的研究生培养模式

学位与研究生教育工作关系到高层次专门人才的培养，关系到科学技术和哲学社会科学事业的发展，关系到国家和区域综合实力和发展潜力的提高。因

此，学位与研究生教育一定要遵循教育的客观规律，把学位与研究生教育建立在科学的发展模式上，不断解放思想，实事求是，不断推进改革与创新，探索出一套适合宁夏研究生教育现实状况的研究生培养道路。宁夏学位与研究生教育始终坚持改革与创新：一方面围绕人才的培养，不断改革、调整人才培养模式，增强学生的创新能力和实践能力，提高人才对社会的适应性，努力培养高素质的创新型人才和技能型实用人才；另一方面针对社会经济发展和新形势发展的需要，以解放思想、实事求是为原则，不断调整办学思路，坚持走学科创新、科技创新之路，促进办学模式和运行机制的转变，探索符合自身特色的研究生培养模式。与此同时，研究生教育的质量，直接关系到高等教育乃至整个国民教育体系的水平，关系到国家未来的核心竞争力。要充分认识加强新时代研究生教育的战略性紧迫性，新时代研究生教育发展，首先要立足"两个大局"，要瞄准自治区"三大战略"，面对国内的竞争，我区加强知识创新、教育创新、体制创新，促进宁夏研究生教育创新体系的逐步建立与完善，使学位与研究生教育在宁夏高质量发展中发挥应有的作用。

四、始终坚持把研究生培养质量作为工作核心

宁夏学位与研究生教育的主要目的是为国家和自治区培养高质量、高素质的复合型创新人才。因此，保证研究生培养质量和学位授权质量有着特殊的意义，我区要积极实施"服务需求，提高质量"的发展策略：一是树立全面质量观，强调德、智、体、美、劳全面发展；二是加强制度建设，依规管理学位与研究生教育，按照有关法规制度，实行严格的学位授权制度和教学培养管理制度，并不断完善从招生、培养、管理到授予学位各个环节的工作制度，层层把好质量关；三是充分发挥国家、地方、高校三级领导和监管作用以及各类学位评定委员会的管理与自律作用；四是充分发挥学位点以及专家系统在执行监督、学科评议、质量监督以及决策咨询等方面的辅助作用，充分发挥研究生指导教师在研究生业务学习和思想政治教育方面的引导作用；五是加大检查评估力度，建立并不断完善质量检查、监督和奖惩机制。宁夏在进行人才培养模式的改革实践过程中，各研究生教育单位始终坚持把提高学位与研究生教育质量、大力培养创新人才作为工作重点，实行了从研究生招生到论文答辩等环节的全过程管理；建立由教育行政部门、高校、学位点、导师、研究生参与的质量保证体制；重点深化研究生教学、科研工作领域的改革，试行弹性学制，坚决破除"五唯"，形成正确的研究生教育质量评价体系。

五、始终坚持研究生教育建章立制且规范有序

宁夏的研究生教育始终把服务需求、提高质量作为发展主线，面向国家和区域发展战略，面向科技前沿，面向教育现代化，全面提高研究生教育的结构适应性、人才培养质量、科技创新水平和社会服务能力，切实将学位授予单位的发展重点引导到提高质量、内涵发展上来。学位与研究生教育是一个复杂的系统工程，涉及许多方面的问题，每一项改革、每一点发展、每一次突破，都与相关制度建设密不可分，正是制度的确立为学位与研究生教育的发展规划了方向、确立了规范、巩固了成果。宁夏学位与研究生教育在改革发展的历程中，宁夏各研究生培养单位在贯彻落实国家研究生教育政策的基础上，不断完善着自己的制度建设，先后印发了研究生教育各环节、各类型的研究生教育制度和规定等，这些文件和方案的出台，极大地规范了宁夏学位与研究生教育活动，促进了宁夏学位与研究生教育事业持续健康快速发展。

六、始终坚持积极发展专业型学位研究生教育

专业学位研究生教育是培养高层次应用型专门人才的主渠道。自1991年开始实行专业学位教育制度以来，我国逐步构建了具有中国特色的高层次应用型专门人才培养体系。一是开辟了高层次应用型专门人才的培养通道，实现了单一学术学位到学术学位与专业学位并重的历史性转变；二是探索建立了以实践能力培养为重点，以产教融合为途径的特色专业学位培养模式；三是培养输送了一大批人才；四是有力支撑了行业产业发展；五是探索形成了国家主导、行

业指导、社会参与、高校主体的专业学位研究生教育发展格局，积累了专业学位发展经验，完善了硕士专业学位类别设置和授予标准，推动硕士专业学位研究生教育规模稳健增长，加快发展博士专业学位研究生教育，大力提升专业学位研究生教育质量，加强专业学位研究生导师队伍建设，深化产教融合专业学位研究生培养模式改革，完善专业学位研究生教育评价机制。

第二章 宁夏研究生教育的现状研究

宁夏研究生教育经过多年的建设与发展，取得了可喜的成果，已经构架了具有自身特点的研究生教育格局，形成了比较合理的研究生教育结构，培养规模在西部地区占有一席之地，培养质量不断提高。宁夏研究生教育是我国西部研究生教育的重要力量，并逐步扎根西部大地，向研究生教育强区迈进。

第一节 宁夏研究生教育发展的现状

宁夏研究生教育自改革开放以来，经过四十多年的发展，已形成了较为合理的布局和结构，培养规模逐年扩大，为西部经济社会发展输送了大批高层次专门人才，为国民经济建设和社会发展，尤其是宁夏社会发展作出了重要贡献。

一、宁夏大学研究生教育的发展现状

宁夏大学始建于1958年。学校坐落在历史悠久、风光秀丽的塞上历史文化名城银川市，占地面积2 938亩，教学实验农场1 890亩，校舍建筑面积87万平方米，在校教职工2 690人。宁夏大学学位与研究生教育始于1978年。随着研究生培养工作的不断发展以及培养质量的进一步提高，2003年，学校取得了博士学位授权点零的突破，草业科学获博士学位授权资格，开始招收博士研究生。学校研究生培养涵盖全日制博士、全日制硕士研究生和非全日制硕士研究生，学校现有博士生导师129人，硕士生导师799人。至2020年12月在校博士研究生399

人，硕士5 124人。

（一）博士、硕士学位点分布及结构

当前，学校一级博士点6个（民族学、数学、生物学、水利工程、畜牧学、草学），一级硕士点31个（哲学、理论经济学、法学、教育学、心理学、中国语言文学、外国语言文学、中国史、物理学、化学、地理学、生态学、力学、机械工程、电子科学技术、计算机科学与技术、土木工程、化学工程与技术、食品科学与工程、作物学、园艺学、兽医学、农业资源与环境、工商管理、农林经济管理、民族学、数学、生物学、水利工程、畜牧学、草学）。其中博士点涵盖了法学、理学、工学、农学4个学科门类；而硕士点涵盖了哲学、经济学、法学、教育学、文学、历史学、理学、工学、农学、管理学10个学科门类。新增国家重点学科1个、国家重点（培育）学科1个；"十三五"自治区优势特色学科8个、"十三五"自治区重点学科8个；校级重点学科20个。学位授权专业覆盖11个学科门类。新设民族学、水利水电工程、草学3个博士后科研流动站。

表2-1　宁夏大学一级学科学位点分布及结构

学科门类	硕士点	博士点
01 哲学	0101 哲学	
02 经济学	0201 理论经济学	
03 法学	0301 法学	
	0304 民族学	0304 民族学
04 教育学	0401 教育学	
	0402 心理学	
05 文学	0501 中国语言文学	
	0502 外国语言文学	
06 历史学	0602 中国史	

续表

学科门类	硕士点	博士点
07 理学	0701 数学	0701 数学
	0710 生物学	0710 生物学
	0702 物理学	
	0703 化学	
	0705 地理学	
	0713 生态学	
08 工学	0801 力学	
	0802 机械工程	
	0809 电子科学与技术	
	0812 计算机科学与技术	
	0814 土木工程	
	0815 水利工程	0815 水利工程
	0817 化学工程与技术	
	0832 食品科学与工程	
09 农学	0901 作物学	
	0902 园艺学	
	0903 农业资源与环境	
	0905 畜牧学	0905 畜牧学
	0906 兽医学	
	0909 草学	0909 草学
12 管理学	1202 工商管理	
	1203 农林经济管理	

（二）专业学位情况

学校现有15个硕士专业学位授权点（法律硕士、社会工作硕士、教育硕士、体育硕士、翻译硕士、新闻与传播硕士、工程硕士、农业推广硕士、兽医硕士、林业硕士、工商管理硕士、公共管理、会计、旅游管理硕士、艺术硕士)。

表2-2 宁夏大学专业硕士学位点分布及结构

宁夏大学专业硕士学位点名称	
学位点代码	专业学位点
0351	法律硕士
0352	社会工作硕士
0451	教育硕士
0452	体育硕士
0551	翻译硕士
0552	新闻与传播硕士
0852	工程硕士
0951	农业推广硕士
0952	兽医硕士
0953	林业硕士
1251	工商管理硕士
1252	公共管理硕士
1253	会计硕士
1254	旅游管理硕士
1351	艺术硕士

（三）学科建设情况

宁夏大学坚持以习近平新时代中国特色社会主义思想为指导，深入贯彻党的十九大和十九届二中、三中、四中全会精神，全面落实习近平总书记两次视察宁夏重要讲话精神，认真贯彻全国教育大会、全国研究生教育会议精神，根据全区教育大会决策部署，紧密围绕宁夏经济社会发展需求，紧紧抓住"双一流"建设与"部区合建"叠加的历史性机遇，对标"双一流"建设总体方案、实施办法和指导意见等国家、自治区统筹规划，对表学校建设方案，以立德树人为根本，以学科建设为龙头，以高质量发展为核心，以关键领域改革为突破口，坚定不移提升内涵水平，全力推动"双一流"建设各项任务落实，各个领域、各项工作都有了新起色、新进步、新提升。

宁夏大学现有1个国家重点学科、1个国家重点（培育）学科，18个自治区重点学科，8个"十三五"自治区优势特色学科、8个"十三五"自治区重点学科，10个学科被选为自治区"一流学科"立项建设。现有国家级大学生校外实践教育基地1个、国家级教学名师2人、国家级精品课程1门、国家级精品资源共享课1门、国家级实验教学示范中心1个、国家级教学团队3个、国家级特色专业8个、双语教学示范课程建设项目1个、国家级大学生创新实验计划240项，重点建设水利工程、草学、生态学等11个学科。

2020年经过系统研判学校现有学位点分布特征、高效整合优势资源，经学校学位评定委员会审核推荐，顶层设计了"6+1+1"学科为主导的增列博硕士学位点申报体系。拟推荐化学工程与技术、中国语言文学、园艺学、生态学、地理学、物理学申报一级学科博士学位授权点；拟推荐教育申报专业学位博士类别；拟推荐马克思主义理论、体育学、管理科学与工程、新闻与传播学申报一级学科硕士学位授权点；拟推荐文物与博物馆申报专业硕士学位授权类别。同时，为抢抓机遇，创新学位点申报方式，与北方民族大学、宁夏医科大学联合申报马克思主义理论一级学科博士学位点。

二、宁夏医科大学研究生教育的发展现状

宁夏医科大学研究生教育始于1978年，首次招生24名硕士研究生，招生专业涉及10个学科。1986年，人体解剖学、生理学、药理学、放射学4个学科率先获得硕士学位授予权，宁夏医科大学成为宁夏最早获得硕士学位授权的单位之一。2000年，分别获得同等学力人员申请硕士学位工作单位和临床医学硕士专业学位教育试点工作单位。2008年，获得推荐免试攻读硕士学位研究生资格和招收高校教师在职攻读硕士学位资格。2013年，学校被教育部批准为博士学位授权单位，获得临床医学、基础医学、公共卫生与预防医学3个一级学科博士学

位授权点，2014年首次招收博士研究生10人。2018年首次招收临床医学专业学位博士15人。

宁夏医科大学现有3个一级学科博士学位授权点（基础医学、临床医学、公共卫生与预防医学）和1个博士专业学位授权类别（临床医学）；9个一级学科硕士学位授权点（基础医学、临床医学、公共卫生与预防医学、药学、中医学、护理学、口腔医学、公共管理和生物学）和6个硕士专业学位授权类别（临床医学、口腔医学、公共卫生、药学、中医和护理）。宁夏医科大学现有博士生导师115人，硕士生导师897人。至2020年12月在校全日制研究生2 555人，来华留学研究生31人。

长期以来，宁夏医科大学坚持"稳定规模、优化结构、强化内涵、精英教育"的发展思路，通过加强思想政治教育、严把招生录取质量、优化导师队伍结构、改革培养模式、完善培养机制、强化质量监控等有力措施，全面推进研究生教育改革，提高人才培养质量，为宁夏医药卫生事业培养了大量高层次专业人才。宁夏医科大学毕业生成为所在单位和部门的骨干，成为支撑宁夏医学教育和医疗卫生事业的中坚力量，为"健康宁夏、幸福宁夏"建设提供了强有力的支撑。

（一）博士、硕士学位点分布及结构

当前，宁夏医科大学可授予医学博士学位以及医学、理学和管理学3个学科门类硕士学位。宁夏医科大学现有3个一级学科博士学位授权点（基础医学、临床医学、公共卫生与预防医学）和1个博士专业学位授权类别（临床医学）；9个一级学科硕士学位授权点（基础医学、临床医学、公共卫生与预防医学、药学、中医学、护理学、口腔医学、公共管理和生物学）和6个硕士专业学位授权类别（临床医学、口腔医学、公共卫生、药学、中医和护理）。

表 2-3　宁夏医科大学学位分布及结构

学科门类	授予硕士学位学科名称		授予博士学位学科名称	
	一级学科	专业学位授权类别	一级学科	专业学位授权类别
医学	基础医学	—	基础医学	—
	临床医学	临床医学	临床医学	临床医学
	公共卫生与预防医学	公共卫生	公共卫生与预防医学	
	药学	药学		
	中医学	中医		
	护理学	护理		
	口腔医学	口腔医学		
理学	生物学			
管理学	公共管理			

（二）专业学位情况

宁夏医科大学现有6个医学硕士专业学位授权类别，分别为：临床医学、口腔医学、公共卫生、药学、中医和护理；1个医学博士专业学位授权类别为临床医学。

（三）学科建设情况

宁夏医科大学现有8个国家中医药管理局中医药重点学科，5个自治区级重点学科，4个自治区级优势特色学科，4个自治区一流建设学科，有科技部省部共建国家重点实验室培育基地1个，教育部重点实验室2个，教育部省部共建协同创新中心1个，国家卫健委重点实验室1个，自治区级重点实验室6个，自治区工程技术研究中心3个。临床医学和中医学为国内一流建设学科，基础医学和公共卫生与预防医学为西部一流建设学科。

近年来，学校研究生规模逐渐扩大，并逐渐形成了由统招博士研究生、统招硕士研究生、来华留学博士研究生、来华留学硕士研究生以及以同等学力申请硕士学位学生等组成的多元化学生结构。一方面按照国家政策精神，严格控制学术学位研究生招生数量，扩大专业学位研究生招生数量；另一方面通过加强宣传工作，吸引各地优秀学生报考学校。截至2020年12月，宁夏医科大学共有全日制博士研究生236人，硕士研究生2 319人。留学博士研究生5人，留学硕士研究生26人，以同等学力申请硕士学位学生1 197人（自2013年10月在册人数）。按照培养类型，学术学位研究生主要分布在基础医学院、临床医学院、公共卫生与管理学院、中医学院、口腔医学院、药学院、护理学院、上海公利医院、颅脑疾病重点实验室、生育力保持重点实验室和中医药现代化重点实验室等；专业学位研究生主要分布在临床医学院（总医院、区医院、市医院）、口腔医学院、中医学院（区中医院、市中医院）、公共卫生与管理学院、药学院和护理学院等；此外，在上海、南京、深圳、湖南、湖北、陕西、甘肃、青海等地还有十余个校外研究生培养实践基地。

三、北方民族大学研究生教育的发展现状

北方民族大学直属国家民族事务委员会，是一所综合性民族类普通高等院校，也是我国唯一一所建立在民族自治区的部（委）属综合性高校。学校伴随着改革开放应运而生，始建于1984年，前身是西北第二民族学院，2008年更名为北方民族大学。2003年被国务院学位委员会批准为硕士学位授权单位，2004年开始招收首届硕士研究生，开展学位与研究生教育。

2003年北方民族大学获批中国少数民族史、应用数学、计算机应用技术3个二级学科硕士点。2006年北方民族大学获批思想政治教育等7个二级学科硕士点，为学校顺利更名奠定坚实基础。2011年学校获批民族学、中国语言文学、数学、材料科学与工程、计算机科学与技术5个一级学科硕士点，学位点建设已初具规模。2017年3月国务院学位委员会启动新一轮学位审核工作。2018年北方民族大学被国务院学位委员会批准为博士学位授权单位。2019年获批民族学一级学科博士学位授权点和应用经济学等4个一级学科硕士学位授权点、金融硕士等6个专业学位授权点，实现了博士学位授予单位和一级学科博士点"零"的突破，实

现学校又一次跨越式发展。

建校三十多年来,在国家民委和自治区党委政府坚强领导下,学校各项事业行稳致远、蓬勃发展。学校具备了博士学位、硕士学位、学士学位的完整学位授权体系。经过十多年的发展历程,学校学位与研究生教育也已形成学科门类相对齐全,布局不断优化,培养和学位授权类型多样化的研究生培养和学位授权格局。北方民族大学现有1个一级学科博士学位授权点,9个一级学科硕士学位点,9个专业硕士学位点。学科涵盖了经济学、法学、文学、历史学、理学、工学、管理学、艺术学等学科门类。

近年来,学校持续推进研究生教育内涵式发展,加快推进新时代研究生教育改革,按照"立德树人、服务需求、提高质量、追求卓越"的工作主线,坚定走高质量、内涵式发展道路,推进研究生教育办出特色、办出水平,全面提升研究生教育服务国家战略和区域发展能力,加快研究生教育强校建设。

(一)博士、硕士学位授权分布及结构

经国务院学位委员会批准,学校自2003年至2019年2月共获批民族学1个一级学科博士学位授权点,数学等9个一级学科硕士学位授权点,涵盖经济学、法学、文学、历史学、理学、工学6个学科门类。

2020年12月经宁夏回族自治区人民政府学位委员会审议,数学、电子科学与技术、材料科学与工程、"中华民族共同体"4个一级学科博士学位授权点通过了会议评审,报国务院学位委员会审核;马克思主义理论(二升一)、中国史(二升一)、工商管理(动态调整)、食品科学与工程4个一级学科硕士学位授权点通过会议评审,报国务院学位委员会审议备案。

(二)重点建设发展的学科情况

学校现有17个省部级重点学科,其中,3个自治区一流学科(电子科学与技术、数学、材料科学与工程)、4个自治区"十三五"重点学科(计算机应用技术、民族学、语言学及应用语言学、思想政治教育)、10个国家民委重点学科(化学工程与技术、食品科学与工程、信息工程、生态学、数学、信息与计算科

学、民族学、中国古代文学、中国语言文学、工商管理）；在省部级重点学科里面，民族学既是自治区又是国家民委重点学科，也是学校博士点；还有12个校级重点培育学科按照学科性质和建设实际，学校把现有学科分为省部级（培育）重点学科、校级重点学科和校级一般学科三个层次进行建设与管理，以省部级重点学科带动校级重点学科和一般学科的发展，通过对现有学科分类，分重点、分层次、分阶段进行建设，学科特色优势逐步凸显，逐步形成相辅相成、互相促进、协调发展的学科建设新局面，构建了"特色工科、优势理科、精品文科"的学科建设体系。

（三）学科评估

2017年1月，学校电子科学与技术被确定为自治区"国家一流"重点建设学科（A类），数学、材料科学与工程被确定为自治区"西部一流"重点建设学科（B类）。经过首轮"双一流"建设，学校一流学科建设成效突出，在2020年7月宁夏回族自治区教育厅组织开展的自治区"双一流"一期建设总结验收工作中，学校3个一流学科在学科定位与特色、人才培养质量、师资队伍与资源、科学研究水平、社会服务贡献、学科建设特别成就等方面的建设成果成效突出，其中：数学学科获评优秀等级，电子科学与技术、材料科学与工程学科获评良好等级。2021年1月，学校9个一级学科全部参加国家第五轮学科评估。

（四）专业学位情况

学校现有金融、应用统计、国际商务、法律、电子信息、材料与化工、公共管理、会计、艺术9个专业硕士学位授权点，涵盖经济、法律、工程、管理、艺术5个学科门类。

2020年12月经宁夏回族自治区人民政府学位委员会审议，机械、土木水利、能源动力、生物与医药、翻译、新闻与传播6个专业硕士学位授权点均通过自治区人民政府学位委员会审议，报国务院学位委员会审议备案。

四、宁夏师范学院研究生教育的发展现状

宁夏师范学院2012年获批服务国家特殊需求人才培养项目教育硕士专业学位研究生试点单位。2018年,正式获批硕士学位授权单位。2019年开始招生,目前有2个一级学科学位点和1个专业学位点,在校生人数220人。

(一)宁夏师范学院硕士研究生培养的意义

第一,是为宁夏基础教育培养高质量师资不可替代的紧迫需求。宁夏师范学院作为宁夏唯一一所建立在南部山区的高等院校,承担着为宁夏全区培养合格基础教育师资的重任。总体上,宁夏基础教育教师队伍的知识结构、学历层次同基础教育改革发展的实际需要不相适应,主要表现为基础教育教师队伍中的学科带头人紧缺,骨干教师队伍建设任务十分繁重。在《宁夏中长期教育改革和发展规划纲要(2010—2020年)》中,提出尽快提高基础教育师资数量和质量,全面提高教师队伍和管理队伍的整体素质。积极拓展宁夏师范学院的硕士研究生培养空间,是实现这一目标的重要途径,也是宁夏"创新驱动、脱贫攻坚、生态立区"战略对基础教育结构改革和质量提出的要求。

第二,是落实中央重大决策和国家民族政策必然要求。党和国家领导人特别关注、特别用情、特别着力于宁夏脱贫攻坚,重要讲话重要指示多,重大战略重大举措实。教育部部长陈宝生同志《在中西部高等教育振兴计划工作推进会上的讲话》指出,中西部高等教育发展水平,决定中西部地区能否在2020年与全国同步实现小康,也决定着中西部今后能否与东部一起"同频共振"发展,实现中华民族伟大复兴。脱贫攻坚,重在观念,思想之大,始于教育,从根本上解决脱贫任务就是思想唤醒,研究生教育是落实中央重大决策和国家民族政策的具体体现。

第三,是培养地方经济社会发展高层次人才、打造人才事业平台的迫切需要。宁夏师范学院自建校至今与地方经济文化有密切的天然的联系。长期以来,在地方基础教育、经济文化建设等方面作出了重要贡献。教育专业硕士、中国

语言文学、化学等几个优势学科授权点的设立，必将为地方经济建设培养更高端的人才，使学校服务地方的能力更强。"双一流"建设以来，高层次人才又一次出现了新的流动，要从根本上解决西部民族地区高层次人才需求和外流问题，必须依靠自主培养和政策引进结合的方式，这是西部民族地区人才政策的客观反映和必由之路。

（二）新增硕士学位点的情况

2016年启动新增点审核工作，2017年全力准备，2018年5月2日被国务院学位委员会确立为硕士学位授权单位，新增中国语言文学和化学2个一级学科学术学位、1个教育硕士专业学位硕士学位授权点。研究生培养学科、专业领域、规模、导师队伍建设取得了显著进步，研究生培养有了宽厚坚实的平台。目前共有教育硕士10个专业领域、学术硕士，2个一级学科授权点，5个二级学科招生，2020年录取研究生177人，目前研究生在校人数220人。学校现有硕士研究生导师97人，其中专业学位导师71人，学术学位导师26人，专职导师中有教授38人，副教授59人，博士33人，兼职导师全部具有副高级以上职称。另外，有4人被上海交通大学、西安外国语大学、宁夏大学等高校聘为兼职博导和硕导。导师队伍中有首届国家"百千万人才工程"一、二层次人选，"万人计划"百千万工程领军人才1人，享受国务院政府特殊津贴3人，宁夏科技创新领军人才2人，宁夏回族自治区教学名师5人，宁夏"新世纪313人才工程"2人。

（三）研究生培养助力学校升格宁夏师范大学

将"宁夏师范学院建设成宁夏师范大学"列入宁夏回族自治区"十四五"发展规划和教育事业发展"十四五"规划，针对建设需求，出台特殊支持政策，加大经费投入，加快建设步伐，提升内涵质量，确保建设任务和目标如期实现。研究生培养质量、数量、规模都是学校升格大学必备条件。研究生占学生人数比例、学科专业领域交融、学科门类学位点交叉渗透等，将是新增学位点建设的重要内容。三年内，力争研究生人数占比达到或超过总学生人数的5%，教育硕士专业领域涵盖思政等师范专业的10个方向，学术学位类增加数学、物理、教育学、中国史、美术学5个一级学科学术学位点，专业学位增加体育、艺术和工程3个专业学位点，到"十四五"末学术学位点达到10个，专业学位达到4个以上。

第二节　宁夏研究生教育存在的主要问题

宁夏扎实推进研究生教育、加强内涵建设是大学行稳致远的神圣使命，也是学校长远发展的必然要求。经过多年的建设与发展，宁夏研究生教育从无到有、由小到大，取得了可喜的成绩。通过对宁夏研究生教育现状分析可以看出，宁夏研究生教育仍存在不少问题。

一、博硕授权点布局结构不尽合理

研究生培养单位在布局上的不尽合理，从以上对研究生培养单位布局现状分析可以看出，宁夏博士学位授权单位3所、硕士学位授权单位4所、一级学科博士学位点偏少、学科专业布局欠均衡。宁夏仅有11个一级博士授权点，学位点分布失调，整体招生规模较小，学术资源配置不均衡，制约了宁夏学科建设高质量、快速发展。基础学科、工程学科、哲学社会科学博士学位点急需拓展，硕士学位授权点及学科专业方向需要调整优化。一级学科博士学位点偏少、布局欠均衡，目前仅有11个一级博士授权点，学位点分布失调，招生规模较小，学术资源配置不均衡，制约了"双一流"建设学科高质量、快速发展。工程学科、哲学社会科学博士学位点急需拓展，硕士学位点及专业方向需要调整优化。

二、专业学位人才培养质量不高

研究生培养模式同质化，实践体系建设相对滞后。《国家中长期人才发展规划纲要（2010—2020年）》中明显提出，我国研究生教育在今后10年内实现战略转移，由培养以学术型研究生为主向以培养应用型研究生为主转变。国务院学位委员会第二十七次会议上，明确提出，要在2015年，达到学术型研究生培养与应用型研究生培养并重的目标，到2020年，实现以应用型研究生培养为主的目标，满足国民经济建设和社会发展对应用型高层次专门人才的大量需求。目前，宁夏专业学位招生人数远高于学术型研究生招生人数。目前，学术学位和专业学位两种类型分类发展的格局虽已形成，但沿用学术型研究生培养模式培养专业学位研究生的现象较为普遍；高层次专门人才培养适应性不强，学科专业核心课程体系亟待重构，改革课程教学和实习实践等环节的教育方式，建构适应国家战略和区域经济社会发展需求的分类培养新模式，并突出个性化培养特色。专业学位研究生的质量期待基本上沿用学术型研究生的标准，以学术水平而不是以行业标准和执业能力进行质量判断。培养方案和整个培养过程的设计仍然以导师的学术研究方向来培养学生的学术性，而不是以行业性的整体要求来培养应用型人才，这种培养方式使得培养出来的人才不符合专业学位的应用特点，难以得到社会及行业的青睐。

三、研究生人才培养质量有待提高

宁夏研究生教育人才培养质量有待提高，按研究生培养类型，主要包括学术型研究生培养和专业型研究生培养，学术型研究生培养质量有待提高主要表现在与其他高等教育大区的差距，而应用型研究生培养质量有待提高主要表现在与用人单位的需求上的差距。

宁夏高校招生总量增加较快，但生源质量不够理想。宁夏高校较少，又身处大西北，学校的社会影响力和美誉度都受到局限，以至于第一志愿考生总量偏少，考分偏低，不能满足录取需要，招生中调剂生源比例偏高，优质生源不足。生源质量不够理想，造成后续培养压力大，成效低。从培养类型上看，专业学位研究生与学术学位研究生教育的同质化问题尚未得到很好解决。从培养模式上看，教学方法传统、教学内容更新缓慢，难以适应应用型创新人才培养需要。在个别单位中，还存在诸如研究生培养方案不规范、课程管理松散等问题，已有的培养管理制度没有得到很好执行。

导师队伍的政治素质和指导水平有待进一步提高。少数导师立德树人意识不强，对"三全育人"理念的理解和行动不到位；重科研轻教学、重数量轻质量现象依然存在；与研究生沟通交流欠充分，有效破解课程思政难题成效不显著，需要进一步改革管理服务与评价激励机制。研究生思想政治教育和心理健康教育亟待加强。目前，研究生思想政治教育是高等学校相对薄弱的环节，研究生心理健康问题较为突出，在专兼职思政队伍建设、创新思政理论课程教育方式、提升课程思政的时效性、进一步压实导师第一培养责任人职责等方面亟待完善。

四、研究生教育管理体制不健全

我国高等教育实行中央、区级政府两级管理，以区级政府为主的管理体制。但是区级管理的权限和职能并未完全落实，特别是在区级政府对所属院校投入责任增加的情况下，出现了财权和事权相分离的现象。区级学位委员会对所属高校学位与研究生教育缺乏相应的决策权，如招生计划的制订、学科专业的设置、研究生院的建设、重点建设项目和重点学科的建设等等。近年来的一些管理和改革举措，使区级学位委员会的责、权、利发生了一些变化。区级学位委员会对学位与研究生教育的统筹权减弱，存在工作被动的局面，客观上强化了中央和培养单位的两级管理，新的学位授权审核的工作机制需要完善，区级学位委员会对学位授权点的统筹能力较弱，区级学位委员会办公室参与学位与研究生教育规划与管理工作的力度较弱，对"双一流"建设的合力和资源统筹的力度还较弱。区级学位委员会办公室承担工作的引领能力还需要强化，这样，才能实现既能减轻国务院学位办的工作，又能进一步实现高等教育实行两级管理，以区级管理为主的管理体制。在加强高水平培养平台建设、加强优质教学资源建设和加强卓越导师队伍建设方面，要强化示范引领，开展好"研究生教育质量监督保障体系"的建设。同时，对违反导师职业道德规范"十不准"的要进行定期通报。要加强导师培训，实现全区研究生导师在线培训全覆盖、无遗漏。强化指导督查，推动落实导师全过程育人、全方位育人。

第三章 宁夏高校研究生教育的典型案例分析

宁夏大学是教育部与宁夏回族自治区人民政府合建高校，国家"双一流"建设高校，国家"211工程"重点建设高校。学校始建于1958年，研究生教育始于1978年。1997年12月，宁夏大学与原宁夏工学院、银川师专（含宁夏教育学院）合并；2002年2月，与宁夏农学院合并，组建了新的宁夏大学，揭开了学校改革发展崭新一页。学校坐落在历史悠久、风光秀丽的塞上历史文化名城银川市，占地面积2 938亩，教学实验农场1 890亩，校舍建筑面积87万平方米。在校教职工2 690人。面向28个省、自治区、直辖市招生，现有全日制普通本科生19 296人，研究生6 355人，少数民族预科生997人，在校留学生179人。校园楼宇林立、花木繁茂、环境幽雅，是读书治学的理想园地。

学校秉承"尚德、勤学、求是、创新"的校训，弘扬"不怕困难，不畏风寒；根深叶茂，本固枝荣"的"沙枣树精神"，艰苦创业，负重拼搏，勇于创新，开拓进取。特别是近年来，学校抢抓省部共建、中西部高校综合实力提升工程"双一流"建设"部区合建"等历史性机遇，坚持走特色发展之路，着力提高办学质量，不断促进内涵发展，现已成为一所理、工、农、经、管、文、法、艺等多学科协调发展的综合性大学。学校现有"化学工程与技术"1个世界一流建设学科，"化学工程与技术学科群"和"民族学学科群"2个"部区合建"优势特色学科群，"草业科学"1个国家重点学科、"中国少数民族史"1个国家重点（培育）学科。18个自治区重点学科、8个"十三五"自治区优势特色学科、8个"十三五"自治区重点学科、16个自治区一流建设学科；7个一级学科博士点、31个一级学科硕士点、19个专业硕士学位授权点、3个博士后科研流动站。

经过四十多年的发展，学校的研究生教育规模从小到大，导师队伍从弱到强，培养条件不断改善，教学质量不断提高，研究生教育翻开了崭新的篇章。学校围绕发展目标，立足新起点，实现新跨越，全面贯彻落实立德树人根本任务，抢抓"双一流"建设和"部区合建"新契机，坚持特色发展、创新发展和高质量发展，为把宁夏大学建设成为区域特色鲜明、服务地方能力突出的西部一流大学而努力奋斗。目前，我国研究生教育改革已经进入新的时期，提高质量已经成为当前研究生教育最核心、最紧迫的任务。深化研究生教育综合改革、全面提高研究生教育质量是今后学校研究生教育工作的主线。

第一节 宁夏大学研究生教育"十三五"规划

高校的研究生教育是否达到一定规模、层次和水平，已成为衡量学校教学、科研和办学水平高低的标志，成为一所大学的核心竞争力，是学校争建西部一流大学、一流学科的关键。为学校明确定位、梳理发展思路，确定目标任务，提出兼具前瞻性与可行性的举措，依据《国家中长期教育改革和发展规划纲要（2010—2020年）》及国家出台的有关研究生教育教学改革的文件和政策精神并结合我校实际，制定宁夏大学学位与研究生教育"十三五"发展规划。

一、学位与研究生教育现状

（一）研究生规模及学位点布局

目前在校生3 610人，其中全日制硕士研究生2 149人，博士研究生114人，在职攻读专业学位研究生1 347人。目前宁夏大学每年研究生招生人数在1 300人左右，其中全日制研究生每年招生950人左右，在职攻读学位研究生每年招生400人左右。学校现有一级学科博士学位授权点5个，二级学科博士学位授权点26个；一级学科硕士学位授权点26个，二级学科硕士学位授权点163个；专业学位授权学科8个，授权领域27个。

（二）导师队伍

学校现有博士生导师65人，硕士生导师440余人。导师中具有博士学位者占65.3%，具有硕士学位者占28.2%，年龄在40岁以下者占24%，40~50岁者占46.7%，50岁以上导师占29%。形成了一支专业、年龄、学历、职称、学缘结构较为合理的导师队伍。

二、"十二五"期间取得的成绩

（一）加大招生宣传，吸引优秀生源，改善生源结构，提高一志愿录取率

2011年一志愿报考宁夏大学1 773人，录取人数705人，外地生源比例接近30%，2015年一志愿报考人数2 459人，录取人数940人，外地生源比例接近45%，同时建立了以普通招考、推荐免试、硕博连读相结合的较完善的研究生选拔录取方式。

（二）加强指导教师队伍建设是提高研究生培养质量的关键措施之一

为规范宁夏大学研究生指导教师选聘、招生等工作，出台了《宁夏大学硕士生导师选聘及招生规定（试行）》《宁夏大学关于研究生导师终止招生年龄的规定（试行）》等文件，对新上岗导师进行岗前培训，组织各培养单位开展硕士研究生导师招生资格认定工作，实现导师队伍动态管理。着力推进研究生培养机制改革，探索实施以科学研究为主导的导师责任制、导师项目资助制。

（三）严格培养环节，完善教学设施

完成了研究生培养方案的第四次修订工作，改善研究生教学条件，逐步完善学位论文质量保障体系。建成研究生语音室3个，扩建研究生多媒体教室25个，建设研究生高水平学术报告厅3个，建成研究生微格教室4个，与中国科学院计算技术研究所共建实验室1个，建设研究生学习研修室8个，增加研究生专业书籍10万余册。获得全国优博论文提名奖1篇，113篇学位论文被评为区级优秀学位论文。

（四）研究生创新能力进一步得到提升

目前学校实施的研究生教育创新工程主要有博士研究生高水平学位论文培优计划、研究生高水平学术会议计划、研究生竞赛培育计划、研究生国内外访学计划、研究生创新能力提升计划、研究生文献调研计划、学位点研究生教育创新计划等，累计受益学生达700余人，资金投入达500余万元。

共资助11名博士研究生进入学校高水平学术论文培优计划，资助168名研究生参加高水平学术会议计划，受资助学生发表高质量会议论文80余篇，资助研究生出版专著1部。资助了164项研究生创新项目，鼓励研究生在专业领域内的学术创新和突破。

进一步活跃了学校研究生学术氛围。组织国际性学术会议1场、全国性学术会议1场、西北地区学术论坛2场、校内学术论坛8场、专业性学术论坛2场。硕博导师做学术报告60场，举办金波论坛75场、宁夏高校研究生创新学术论坛2次，举办"塞上研华"研究生学术文化艺术节系列活动6场次等。资助学生参加各类竞赛10场，全国性竞赛10场，西北地区竞赛4场。参加竞赛学生人数累计达60人，获得各类竞赛二等奖3项、三等奖6项、优秀奖5项，活跃了研究生的学术生活。

（五）开启高层次人才培养的国际化道路，加强与区外高校的交流

资助博士生国外访学2名，硕士研究生33名，公派出国研究生6名。设立研究生外语能力提升计划，鼓励研究生提高外语水平，资助22名研究生通过全国各类英语水平考试。

（六）完善研究生奖助体系

2014年国家开始实施研究生全面收费制度，为完善宁夏大学研究生奖助体系，规范研究生奖助学金资助标准，印发了《宁夏大学国网宁夏电力推荐免试攻读硕士学位研究生奖学金评选办法（试行）》《宁夏大学研究生国家奖学金评审管理办法（修订稿）》《宁夏大学研究生国家助学金管理办法》《宁夏大学2014—2015年研究生学业奖学金管理办法（试行）》等文件，进一步规范了宁夏大学研究生奖助学金资助体系政策。

（七）服务地方经济社会发展

宁夏大学目前是宁夏高层次人才培养的规模最大，层次最丰富的大学，在高等教育、社会科学研究、政府管理、社会工作等领域作出基础性贡献，为社会和谐发展和西北多民族地区团结稳定提供智力支持和人才保障，宁夏大学培养的硕士研究生服务宁夏累计占比为41%，博士研究生服务宁夏占比为64%。宁夏大学培养的高层次人才，广泛分布于西部及宁夏各行各业，为推进宁夏地方经济社会发展，作出了贡献。

三、研究生教育存在问题

（一）学科、导师、专业学位建设不足

学科总体水平较低，缺少居于国内前列的学科；学科发展不平衡，布局有待调整优化；高水平的学科带头人与学术骨干、领军人才的引进和培养亟待加强，缺乏一定数量的优势学科、学术团队。导师承担的高级别科研项目和科研经费分布不均衡，学术水平差异较大，人文社科专业导师课题经费不足；专业学位导师队伍薄弱，具有丰富实践经验的行业导师缺乏，双导师制落实不到位，培养条件需要完备。

（二）研究生教育经费投入不足，缺乏持续投入机制

研究生培养单位、学位点、研究生导师、学生支配和使用的经费有限，活力和积极性有待激发；研究生培养过程和质量提升支撑经费不足；人才培养投入不够充足，提高研究生资助力度、覆盖面有困难。

（三）发展理念需要转变

学位点建设的作用发挥不够，积极性、主动性、创新性意识不强，盲目扩张发展的冲动依然存在，仍然把增设学位授权点、增加招生指标作为研究生教育工作的重点，培养工作重心尚未转变到内涵发展的道路上来，提高质量还没有完全成为学校、导师和研究生的自觉意识。

四、研究生教育建设目标

（一）总体目标

围绕学校建设西部一流大学总体发展目标，实现研究生教育由数量与规模发展向质量与内涵发展的重心转移，研究生培养规模、培养层次、学位点数量达到西部高校的中上等水平，学位点的布局更加科学、合理，明显提高研究生创新能力和人才培养质量，形成符合宁夏大学研究生教育特点的培养模式和质量保障体系。

（二）具体目标

到2020年，一级学科博士学位授权专业达到8个，一级学科硕士学位授权专业达到30个，专业学位硕士授权点达到15个。研究生规模实现6%的增长，学校对研究生教育的经费投入稳步增长。

五、研究生教育建设措施

（一）明确学校学位点建设目标和任务

以一级学科博士点和一级学科硕士点建设为核心，重点扶持、发展一批应用性强、生源好、社会需求量大的二级学科硕士点，积极发展专业学位。在全面建设并确保所有学位授权学科专业达到国家要求的前提下，突出重点，强化特色，带动学校学位点建设全面发展。

（二）积极推进研究生培养机制改革

导师招收培养研究生，必须依托其科研工作进行，并为研究生提供助理研究的岗位和报酬，强化研究生培养的科研主导机制，使研究生培养向优势学科集中、向高水平的科研任务集中，使宁夏大学研究生教育与自治区的社会经济发展相适应。以提高研究生培养质量为目标，紧紧围绕建立以科研为主导的导师负责制和资助制这一核心，大幅度提高宁夏大学研究生培养质量和研究生的自主创新能力。

（三）加强导师队伍建设

加强带头人选拔，引进和培养一批能够领导本学科达到国内先进水平的优秀学科带头人和学术带头人。每个学位授权学科专业，特别是博士学位授权学科专业，根据确定的研究方向配备骨干带头人。对学科带头人和学术带头人实行项目管理的培养模式，通过合理配置学术梯队、提供实验设备条件、支持开展国内外合作、扶持重大项目预研究等举措，为优秀人才成长及跻身学科前沿提供条件。

（四）积极发展专业学位研究生教育

根据宁夏经济社会发展需求，加强对专业学位人才需求的调研和预测，充分发挥和挖掘现有学科优势和潜力，规划和建设一批特色专业学位领域。扩大专业学位设置力度，使专业学位覆盖面更广泛。努力加强专业学位导师队伍建设，健全校内外双导师制，扩大选拔兼职导师的范围、力度和待遇，扩大专业学位研究生招生规模，制定、完善专业学位研究生培养方案和实施细则。

（五）加强国内外合作和交流。

紧密结合学科发展需求，每年有计划地聘请国内高校相关学科的研究生导师，以及国际知名学者专家来校讲学。实施访学和培训计划，有重点地推动教师赴国内外高校进修或访学，促进教师与国际学术前沿的联系与互动，开展学院管理人员的培训，不断提高教师和管理人员学术水平和综合素质。继续扩大学校对外的交流、合作和沟通渠道，加强与国内外高校、科研机构和企事业单位的联系，积极参与科研项目合作，不断提升学科水平。

（六）加强研究生培养质量体系建设

加强研究生培养质量评估体系研究，建立健全研究生教育质量评估体系和评价标准，定期组织自我质量评估，做好学位授权点合格评估。结合国务院学位委员会关于开展博士、硕士学位授权学科和专业学位授权类别动态调整工作的文件精神，调整宁夏大学学位授权点布局。

（七）构建完善研究生资助体系

将资助体系纳入研究生培养计划，理顺体制机制，落实资助经费。"三助"等资助体系普遍建立，力争博士研究生奖（助）学金等各类资助覆盖面达到100%，硕士研究生覆盖面达80%，吸引优秀生源。

第二节　宁夏大学筹建研究生院的调研报告

一、我国研究生院的形成与发展

（一）由最高立法机构批准试办研究生院

为适应改革开放对高层次人才的需求和研究生教育迅速发展的需要，利于国家集中人力、物力和财力，重点建设一批培养博士、硕士的基地，保质保量地为国家的现代化建设特别是为20世纪90年代的经济振兴培养和准备高层次专门人才，第五届全国人民代表大会第五次会议批准的国家"六五"计划中，正式提出要试办研究生院。

（二）由最高行政机关批准试办研究生院

根据我国国民经济和社会发展第六个五年计划提出的要试办研究生院的任务要求，1984年5月16日教育部向国务院建议，先在北京大学、中国人民大学等22所高等学校试办研究生院。1986年，国家教育委员会请示国务院同意，又批准中国协和医科大学、东北大学等10所高等学校第二批试办研究生院。1995年10月，国家教育委员会根据国务院《高等教育管理职责暂行规定》，印发了《研究生院设置暂行规定》，明确规定"研究生院设置，由国家教育委员会负责规划、审批"、"设置研究生院需经过试办阶段"、"国家教育委员会组织对试办研究生院进行考核评估,试办合格的,批准其正式建院"。根据这个规定,1995—1996年,已试办10年的33所高等学校研究生院,经过国家教育委员会组织的评估,先后被批准正式成立研究生院。1999年11月,由33所高等学校研究生院的院长或常务副院长组成的中国研究生院院长联席会,经教育部批准在北京成立。

(三)对试办研究生院实施管理的法律依据

《中华人民共和国高等教育法》(以下简称《高教法》)颁布前,试办研究生院是经最高立法机关批准的国家"六五"计划中的教育事业发展项目。国务院批准若干高等学校试办研究生院并对试办研究生院的活动进行管理,是依据法定职权实施的行政行为。《高教法》第三十七条规定:"高等学校根据实际需要和精简、效能的原则,自主确定教学、科学研究、行政职能部门等内部组织机构的设置和人员配备。"《高教法》的实施,意味着研究生院的设置与否,已经成为不需要国家教育行政部门审批的高等学校自主权利之一。

二、国内院校研究生院设置情况调研

目前,我国共有国家层面批准设立的研究生院56所,除此56所研究生院外,国内的一些高校根据本校学位与研究生教育的发展实际,已经或正在将本单位管理研究生的机构更名为研究生院。纵观兄弟单位研究生管理机构的称谓,主要有以下这些名称:①研究生处,这是大多数研究生管理机构的名称;②研究生部;③研究生学院,例如西北师范大学;④研究生教育中心,少数几个高校这么称呼,比如中国海洋大学;⑤研究生工作部;⑥研究生教育学院,例如山东科技大学;⑦研究生院。称研究生院的高校除了56所国家设立的研究生院外,一些大学也更名为研究生院,几乎每个省都有这样的学校,他们或经过省级政府的批准,比如河南大学,或作为学校内部的一个自设机构而成立,比如中北大学。实践证明,研究生院的建设,已经成为我国研究生教育质量保障体系的一个重要环节。加强研究生院的设置和发展,不断完善研究生院的功能和职责,给予研究生院相应的特殊政策和更多的办学自主权,有利于研究生培养单位研究生教育的健康发展,有利于高校研究生教育水平的不断提高。因此，有必要把国内建立研究生院的高校情况及机构设置、人员配备情况做一个整理统计，以利决策。

（一）已建立研究生院的高校情况

从1984年6月到2003年8月，国家分4次批准设立56所高校试办研究生院。具体情况见下表。

表 3-1　国家设立研究生院数量统计（1984—2003）

批次	时间	试办研究生院数	批准单位
第一次	1984年6月—1986年4月	33所（高校合并后为31所）	教育部
第二次	2000年6月	22所	教育部
第三次	2002年5月	2所	教育部
第四次	2003年8月	1所	教育部
总数		56所	

除国家设立的56所研究生院外，一些高校或在省级政府的批准下，或由学校自设研究生院，这样的高校共有29所，其办学水平、学校层次不尽相同，与宁夏大学所处的位置相比，有高有低。

具体建立或筹建研究生院的高校情况见下表。

表 3-2　高校自主设立研究生院数量统计

序号	所属省区	学校名称	研究生管理机构名称
1	贵州	贵州大学	贵州大学研究生院
2	山西	太原理工大学	太原理工大学研究生院
3	山西	中北大学	中北大学研究生院
4	河南	郑州大学	郑州大学研究生院
5	河南	河南大学	河南大学研究生院
6	新疆	新疆大学	新疆大学研究生院

续表

序号	所属省区	学校名称	研究生管理机构名称
7	内蒙古	内蒙古大学	内蒙古大学研究生院
8	内蒙古	内蒙古农业大学	内蒙古农业大学研究生院
9	四川	四川农业大学	四川农业大学研究生院
10	武汉	武汉理工大学	武汉理工大学研究生院
11	江西	南昌大学	南昌大学研究生院
12	黑龙江	大庆石油学院	大庆石油学院研究生院
13	辽宁	大连海事大学	大连海事大学研究生院
14	四川	成都中医药大学	成都中医药大学研究生院
15	福建	福建师范大学	福建师范大学研究生院
16	辽宁	辽宁师范大学	辽宁师范大学研究生院
17	天津	天津医科大学	天津医科大学研究生院
18	吉林	延边大学	延边大学研究生院
19	上海	上海医药大学	上海医药大学研究生院
20	辽宁	大连医科大学	大连医科大学研究生院
21	北京	北京体育大学	北京体育大学研究生院
22	江苏	南京中医药大学	南京中医药大学研究生院
23	河北	华北电力大学	华北电力大学研究生院（筹）
24	江西	江西师范大学	江西师范大学研究生院
25	四川	成都理工大学	成都理工大学研究生院
26	北京	中国传媒大学	中国传媒大学研究生院
27	安徽	安徽医科大学	安徽医科大学研究生院
28	辽宁	东北财经大学	东北财经大学研究生院
29	福建	福州大学	福州大学研究生院（筹）

（二）研究生院机构设置及人员配备情况

教育部批准设立研究生院的56所高校，因每个高校的情况不同，其机构和人员配备情况大致如下图所示。

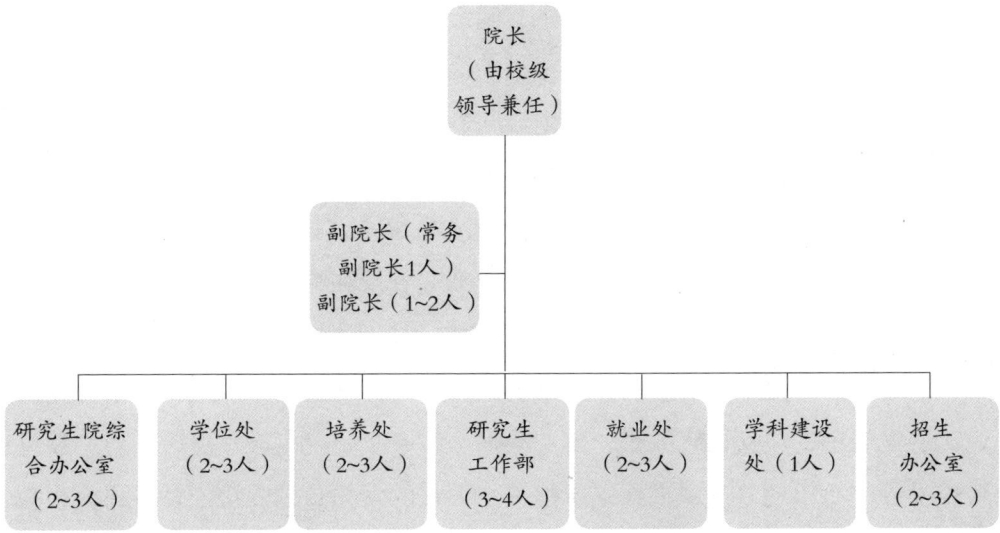

图3-1　国家设立研究生院机构设置

除56所教育部批准设立的研究生院外，其他高校的研究生院的机构设置及人员配备情况也因每个学校自身的管理实际和需要不同，设置情况也不尽相同，但其机构设置及人员配备都是以有利于学校的学位与研究生教育发展为目的，大致情况如下图所示。

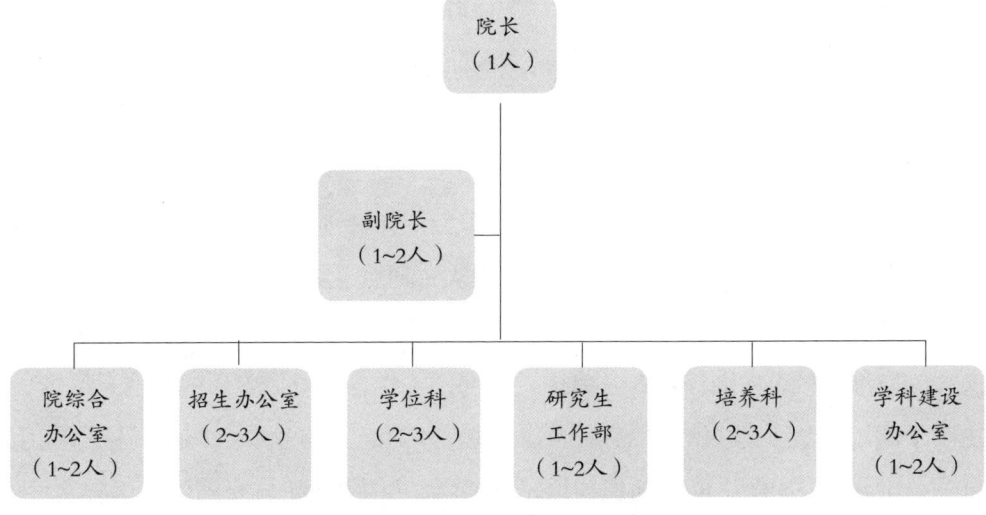

图3-2　高校设立研究生院机构设置

（三）研究生院机构职责功能定位

1. 招生办公室：全面负责博士生、硕士生的招生工作；制定招生计划、编制招生目录；研究生考生资格审查；组织命题、考试、判卷等考务工作；负责研究生录取工作；委培、定向研究生合同签订和管理；负责研究生教学管理信息系统中有关的数据库的建设和维护；研究生招生计算机辅助管理；研究生招生宣传、报名、登录、准考证及有关资料发放；招生各类试题收发、安全管理；研究生招生考试的考务工作；考生考试成绩的登录和管理；考生的各类报考材料和档案登录、管理；与招生有关的各种资料的报表报盘。

2. 培养办公室：研究生培养方案制定和培养计划落实；研究生教学计划制定和教学管理，包括课表编排、落实教师、教室及研究生教学编班；教学质量检查及硕士生中期筛选、考核；课程进修人员的学习计划安排；负责研究生教学管理信息系统中有关的数据库的建设和维护；新生电子注册；研究生成绩管理、数据库维护；完成院领导交办的其他工作。

3. 学位办公室：负责研究生（包括以同等学力申请硕士学位人员）申请学位的资格审查、论文送审和学位授予准备工作，把好论文质量关，组织好对优秀论文的评审工作；协助院领导组织好对新增学位点材料的审核、申报工作，及对已获学位点的建设管理工作；负责对研究生导师遴选的组织工作和实施管理；制定有关研究生学位管理的相关文件并实施管理；办理硕士学位证书及对学位材料进行整理，将有关材料上报国务院学位办及归档；毕业研究生电子注册；负责校学位评定委员会办公室日常工作，并组织相关会议；完成院领导交办的其他工作。

4. 院综合办公室：印章管理；草拟本单位工作计划、工作总结和有关文件；与研究生教育有关的数据统计、报盘和报表；研究生院办公设备与固定资产管理；经费管理；研究生院日常办公管理；研究生院文件编发、归档及教学管理文件的整理归档；协调与院内各单位、各部门工作，注意调查研究和信息反馈；主动了解与研究生教育有关的情况和问题，并对有关信息综合归纳后向研究生处领导汇报，提出解决问题的建议供领导参考，并协助处理；负责签收学校文件，供处内传阅并分类整理归档；负责研究生处日常工作，包括接待来访、处理信件、复印、档案整理及信息统计等工作；负责研究生院宣传和网络管理；各种大型会议的组织安排；承担院领导交办的其他工作。

5.学科建设办公室：学位授权点的规划、立项申报的组织；学位授权点的建设、检查与评估的组织和实施；重点学科的申报、建设、检查与评估的组织和实施；协助学位岗完成研究生毕业报盘和学位报盘；担任研究生院信息员；探索学科规律，研究本校学科发展状况，完善学科建设管理制度，推动学科建设与发展；根据国务院学位委员会要求，组织开展博士、硕士学位授权审核工作；组织博士学位授权一级学科范围内自主设置学科、专业审核及备案工作；组织开展博士、硕士学位授权一级学科范围内二级学科点申请招生的审核工作；根据国务院学位委员会要求，组织开展博士、硕士学位授权点定期评估工作；根据教育部学位与研究生教育发展中心要求，组织开展一级学科整体水平评估工作；完成研究生院、学位授权点交办的其他工作。

6.研究生工作部：在学校党委的直接领导下，主要负责全校研究生的思想政治教育、制度建设和宏观管理工作；协助指导全校研究生的党团组织及研究生会的组织建设和管理工作；负责研究生的迎新、就业指导、离校等相关手续的办理工作；负责研究生奖学金的评定及管理工作；负责研究生的"三助"与困难补助工作；负责研究生的助学贷款和医疗保险工作；负责研究生学籍管理；负责研究生证等相关证件的办理及管理工作；防范、处理研究生突发性事件，维护学校的安定和研究生的生命安全；负责研究生会指导工作；负责评定奖学金、各种评优工作；组织研究生学术报告会和学术活动；承担研究生院领导交办的其他工作。

（四）宁夏大学研究生院的机构设置设想

为适应学位与研究生教育发展的需要，学校应该筹建研究生院，以整合资源，发挥功能，在校党委领导下负责统筹、协调和管理全校学位与研究生教育工作。初步设想研究生院机构设置为招生办公室、培养办公室、学位办公室、研究生工作部、院综合办公室。宁夏大学学位评定委员会办公室挂靠研究生院。鉴于实际情况和工作需要，对各科室的功能职责设立定位。研究生部现有在编人员10人，可根据工作实际增加工作人员。

三、宁夏大学筹建研究生院的可行性

（一）宁夏大学研究生教育总体环境

宁夏大学是随着宁夏回族自治区成立组建起来的一所高等学校。近半个世纪以来，在教育部的关心指导下，在自治区党委、政府的领导和大力支持下，学校坚持立足宁夏、面向全国，积极培养各民族高层次专业人才，努力为宁夏和全国经济建设和社会发展服务，取得了一定成绩。特别是"十五"期间，学校抓住对口支援、省部共建的有利时机，认真落实自治区党委、政府提出的"重点建设宁夏大学"的要求，各方面都有了巨大进步，规模扩大，实力增强，教育质量和水平有了较大提升，为今后的发展和奋斗目标的实现打下了坚实的基础。

宁夏大学研究生教育始于1978年，是宁夏最早招收和培养研究生的高等学校。1986年，宁夏大学被国务院学位委员会批准为硕士学位授权单位。2003年，被批准为博士学位授权单位，草业科学成为宁夏第一个博士点，实现了宁夏博士授权单位和博士点零的突破。在改革中，宁夏大学学位与研究生教育不断发展壮大。特别从2000年以来，宁夏大学学位授权学科专业建设和研究生教育步入了发展的快车道，为学校的整体发展和水平提升创造了重要的条件。宁夏大学是宁夏人民政府与教育部共建的地方综合性大学，即将进入"211"建设高校行列。1991年被国务院学位委员会评为全国学位与研究生教育管理先进单位。"十五"期间，国家大力扶持西部少数民族地区和边远地区发展研究生教育，宁夏大学抓住有利时机，积极发展研究生教育，着力改善研究生教育的办学条件和研究生教育的布局和结构，逐步实现办学规模与办学层次的协调发展，在校研究生规模有了较大的发展。

学校现有博士点3个，一级学科硕士学位授权点1个，二级学科硕士学位授权点49个，涵盖了12大学科门类中除医学、军事学以外的哲学、经济学、法学、教育学、文学、历史学、理学、工学、农学、管理学十大学科门类，专业学位4个具有高校教师在职攻读硕士学位授予权。现有研究生导师243人，博士生导师15人，导

师中具有博士学位的83人。有34个研究所（中心）和85个实验室，其中西部特色生物资源保护与利用实验室是教育部重点实验室；葡萄及葡萄酒工程技术中心是教育部工程研究中心；能源化工实验室、西北退化生态系统恢复与重建实验室是省部共建重点实验室，西夏学研究中心是教育部省属高校人文社科重点研究基地。现有12个自治区级重点学科，其中少数民族历史文化与社会发展、西部特色生物资源保护与利用、应用化学和草业科学与生态工程为拟建"211工程"重点学科。

学校现有各类研究生2 000余人，其中科学型研究生1 456人，专业学位及在职攻读硕士学位研究生591人。经过近几年的快速发展，宁夏大学目前每年研究生招生人数稳定在900人左右，其中科学型研究生每年招生600人左右，专业学位及在职攻读学位每年招生300人左右，研究生教育初步呈规模化发展态势。

学校积极开展对外交流与合作，除教育部确定的与上海交通大学对口支援外，还先后与山东大学、华中科技大学、西北农林科技大学、南京师范大学、南昌大学5所院校结成对口支援对子，开展了实质性合作，并与日本、加拿大、法国、英国、美国、挪威等国的十几所大学开展了合作交流。

（二）宁夏大学筹建研究生院面临的困难

1. 先天的区域劣势以及经济欠发达、教育资源少是制约研究生教育持续发展的根本原因

宁夏地小、人少、居民收入低。地小人少的区情决定了宁夏缺少雄厚的生源支持，与云南、贵州、广西、甘肃、内蒙古等西部地区大学相比，生源不足将成为宁夏研究生教育发展的重要制约因素。而宁夏城乡居民收入偏低，不仅限制了受教育者的教育投入，也使宁夏大学的研究生学费无法提高。目前，宁夏大学自筹经费研究生学费仍保持在1999年以前的每生每年5 700元的低水平上。但是尽管如此，每年仍然有一些考生因学费原因被迫放弃录取资格。而在校研究生或因家庭困难，或因结婚成家，或因不愿再增加父母负担，一般难以再得到来自父母经济上的支持和资助，较之本科生而言，研究生群体是一个经济上更困难的群体。但是，由于本地生源多，学费标准低，学校目前还无法提供完善的研究生奖助学金制度。助教、助管、助研"三助"岗位少，导师课题经费少，

也无法为研究生提供更多途径的经济资助，随着"研究生热"逐渐消退，考生在更加理性化地选择报考学校时，这些将会逐渐成为影响宁夏大学研究生生源的重要因素。这一点在近年研究生报考中已现端倪。

2. 导师科研课题少、科研经费总量不高将成为限制宁夏大学研究生教育发展的重要因素

目前，国家研究生教育政策越来越明确，一方面鼓励和支持博士、硕士培养单位积极承担研究生培养任务，以适应国家现代化建设的人才需要和国际教育资源竞争的新形势，但在另一方面，对研究生培养单位也提出了更高要求。国家对教育资源雄厚、科学研究水平较高的学校给予了更多的政策支持，如招生名额分配不再依据招生单位和当地教育行政部门的申报，而主要依据招生单位科研经费数额的多少。以宁夏大学为例，2021年和2022年的招生申报名额均因科研经费总量不高而未获全额批准。因此，宁夏大学积极发展研究生教育的任务能否完成，很大程度上取决于我们的学科建设和科学研究的发展。

3. 研究生教育创新意识不够，创新能力差，将是影响宁夏大学研究生教育整体竞争力的重要因素

教育部从2002年开始提出实施研究生教育创新计划，每年通过立项方式支持一批项目。2005年教育部出台了《关于实施研究生教育创新，加强研究生创新能力，进一步提高培养质量的若干意见》，教育部学位管理与研究生教育司和国务院学位办也制定了《关于加强研究生教育创新计划项目管理的通知》，并成立了研究生教育创新计划项目管理专家工作小组。研究生教育创新工作已在全国高校，尤其是教育部直属高校开展起来。宁夏大学自2004年起先后选派草业科学、应用数学、生物化学与分子生物学等专业研究生参加了全国研究生暑假学校，但是全国博士生学术论坛宁夏大学尚未参加，"研究生训练工程与实践平台""研究生创新中心""研究生精品课资源共享""研究生国内访学"多种形式的创新项目，宁夏大学或因受政策限制，或因缺乏资金支持，或因缺少自治区有关部门统一协调等原因尚未开展。实践证明，研究生培养的核心竞争力是创新。研究生教育不是要培养不了解社会，不了解自然，不了解人的书呆子，而是要造就一批具有健全人格、思想独立、内心自由、具有科学精神、关注人类前途

命运、情操高尚、热爱生活、为人类福祉贡献青春的高素质专门人才。对于一所大学而言，对于一名研究生导师而言，这既是一个高尚的目标，又是一项非常具有挑战性的任务。

4. 一些导师业务素质和指导能力不高，直接影响着宁夏大学研究生培养质量的提高

导师队伍存在的问题，一是数量仍显不足。近年来，宁夏大学导师队伍得到扩充，每年新增导师40人左右，保证了研究生正常培养的师资要求，但是，一些学位点骨干导师流失较多，导师队伍较之以前呈现削弱趋势。随着招生规模扩大，个别专业导师队伍难以保证甚至出现危机。二是导师不导，研究生不研。导师不指导，空挂其名的现象呈现扩大趋势。导师不导的原因，既有责任心问题，又有缺乏指导能力、不会指导的问题。而研究生不研，究其原因也在导师，大多是因为导师疏于管理，放任自流造成的后果。

5. 经费紧张、教育资源短缺仍然是我们面临的重大困难

图书资料得不到及时补充更新，访学不能及时安排。学术交流活动减少，校园文化建设和学术氛围不浓，理工农科研究生培养条件仍需改善，等等。

6. 学校的办学综合实力尚待提高

国内高校设置研究生院的高等学校普遍都是硕士点多，一级学科点多，博士点多，而宁夏大学博士点少，目前只有3个博士点，一级学科博士点尚未有，更无博士后流动站。目前宁夏大学拥有硕士生导师243人，博士生导师15人，导师中具有博士学位的83人，占32%，缺少院士等一批在国内有影响力的学术大师，宁夏大学虽然已经是省部共建的综合性地方大学，积极争取进入"211"，但尚未进入。

（三）宁夏大学筹建研究生院的优势

宁夏大学地处西部，受地域经济社会环境的制约，筹建研究生院尚有一定的不利条件，与56所国家批准设立的研究生院相比，办学实力尚有一定的距离，但宁夏大学也有自己的有利优势，从周边环境看，宁夏大学面临着西部地区同类型高校与省部共建高校的激烈竞争。这些学校近年来呈现出全面快速发展的态势，投入增加，条件改善，实力提升。在全国高等教育市场进一步开放、资

源配置更加灵活、相互竞争日益激烈的形势下，宁夏大学必须增强紧迫感，聚精会神搞建设，一心一意谋发展，力争在西部新一轮高校的竞争中走在前列。具体宁夏大学筹建研究生院的有利条件可简单归纳如下。

1. 教育部对宁夏大学的支持

教育部一直高度重视并积极支持宁夏高等教育事业的发展，宁夏大学作为自治区唯一的综合性大学更是得到了教育部的一贯关注和大力扶持。

（1）2001年作为响应国家西部大开发战略的一项重要举措，教育部启动实施了对口支援西部地区高等学校计划，上海交通大学被确定为宁夏大学对口支援单位。5年来，上海交通大学在学科建设、师资队伍建设、人才培养诸多领域对宁夏大学开展对口支援，并取得了可喜成绩。

（2）省部共建宁夏大学协议签署后，教育部直属司积极落实协议内容，对宁夏大学制定发展战略规划、学科建设和师资队伍建设规划以及校园建设规划给予了多方面的帮助与指导。

（3）在教育部的支持下，宁夏大学实现了博士点零的突破，西部特色资源保护与利用实验室成为省部共建重点实验室并得到了长足发展，取得了一批高水平的科研成果，通过了教育部组织的专家验收，成为宁夏第一个教育部重点实验室。葡萄与葡萄酒工程研究中心被批准为教育部工程研究中心。

（4）宁夏大学成为省部共建高校后，每年都参加教育部组织召开的直属高校重要会议及中外大学校长论坛，极大地推动了宁夏大学与教育部直属高校的相互学习与信息交流，从而得以及时了解国内外高等教育发展的主流，开阔了视野，增强了改革发展的信心。

（5）2005年中央与地方共建高校基础实验室项目正式纳入省部共建的实施项目。该项目2004年到位资金700万元，2005年到位资金1 000万元，2006年到位资金有望超过1 200万元。项目重点支持了宁夏大学基础物理实验中心、基础化学实验中心、电工电子实验中心、基础生物实验中心、工程训练中心、现代教育中心、网络教学中心、计算机基础教学中心共8个校级基础课实验中心。同时也使14个学院的基础课实验室的条件得到了根本性的改善，也使宁夏大学基本建成了一个能够满足本科教学需求，并在自治区高校具有示范作用的基础实验体系。

2. 自治区党委政府对宁夏大学的支持

在自治区党委、政府的高度重视与正确领导下，宁夏大学经历了两次合并重组，在政策、人力、物力、财力等方面得到了大力支持，使学校的面貌发生了巨大变化，办学水平和综合实力明显提高。

（1）自治区党委、政府把宁夏大学的建设作为自治区人才培养和科技创新工程纳入自治区经济建设和社会发展的整体规划之中，作出了重点办好宁夏大学的重要决策。

（2）自治区领导多次亲临宁夏大学检查工作并作出重要指示，支持宁夏大学进入"211"工程立项建设，支持宁夏大学博士点的申报，支持宁夏大学科技创新平台建设，支持宁夏大学的改革与发展。

（3）2002年第二轮合校时政府赠地400亩，解决了宁夏大学校本部A区的用地问题。

（4）自治区教育厅在人才培养、学位点建设、自治区级重点学科、重点实验室等方面为宁夏大学创造了良好的政策环境，宁夏大学本科生源地扩大到全国25个省、自治区、直辖市，本科生录取提前了一个批次。

（5）2005年自治区政府第68次常务会议审议并原则通过了宁夏大学"十一五"建设发展规划，并决定将宁夏大学"十一五"建设发展所需经费纳入自治区政府信用贷款平台，自治区发改委批准了宁夏大学"十一五"建设项目。目前项目贷款已基本落实。

（四）宁夏大学明确的办学理念

有了教育部和自治区党委、政府的支持，加上宁夏大学自身明确的目标和发展思路使得筹建研究生院的设想有了行动指针。

宁夏大学的总体目标是遵循"巩固、深化、提高、发展"的方针，坚持内涵发展和外延发展相结合、以内涵发展为主的发展思路。以学科建设为龙头，以结构优化为主线，以师资队伍建设为基础，以科技创新及其成果转化为突破口，全面推进素质教育，努力培养各类高层次人才，全面服务于地方经济建设和社会发展，争取进入国家"211"工程重点建设学校的行列。经过"十五"期间的建设，学科和专业结构更趋合理，师资队伍的整体素质不断提高，办学条件大幅度改善，学科特色明显显现，学校整体实力进一步增强。争取把学校建设成为宁夏及其周边地区高层次高质量人才培养的中心和基地，成为办学综合实力优势明显，重点学科特色显著，服务地方经济卓有成效，具有地域优势和民族特色，完成本科教育与研究生教育并重，教学与科学研究及科技创新并重的战略转型，把宁夏大学建设成为西部地区具有区域特色的较高水平，较高声望的综合性大学。

宁夏大学的发展思路很明确，解放思想，实事求是，与时俱进，牢固树立发展意识和机遇意识，以改革求发展，以创新求发展。充分认识自治区的区情和宁夏大学的校情，理工农学科坚持走产学研相结合的道路，人文社会学科坚持学校教育与社会实践相结合的原则，努力形成宁夏大学的办学特色。稳定规模，发挥办学整体的优势；调整结构，理顺学科专业的关系；注重质量，提高教学科研的水平；讲求效益，增强服务地方经济的活力，使得规模、结构、质量、效益协调发展。到2010年，争取实现宁夏大学由"以本科教育为主到本科教育与研究生教育并重""以教学为主到教学与科学研究及科技创新并重"的根本性转变，完成学校发展的战略转型，实现宁夏大学在新世纪以内涵提升为主的跨越式发展思路。筹建研究生院，提升宁夏大学的教学、科研水平，促进高水平研究型人才的培养，就是对宁夏大学内涵提升最有力的支撑。

何建国校长在宁夏大学召开的2006年研究生教育工作会议作了讲话，就宁夏大学的研究生教育工作提出了意见。明确了宁夏大学学位点建设和研究生教育工作的任务，并要求继续做好并重点完成扩大研究生招生规模，实现研究生年增长率不低于15%，到2010年，博士生达到50人，硕士生2 500人。增加学位点，力争到2010年，博士点达到5~7个，硕士点达到70~75个。目前，宁夏大学的研究生教育开始呈现招生规模化，学位点类型和研究生培养类型呈现多元化的趋势，为了适应这一变化，筹建研究生院是合理可行、与时俱进的举措，可充分利用研究生院的质量优势、管理优势，提高办学的规模效益。

（五）高效务实的研究生管理机构

2003年9月，根据宁夏大学研究生教育发展的需要，实现同国内兄弟院校的研究生管理模式接轨，研究生的日常管理由研究生部划归各学院。经过三年多调整，研究生管理的职责基本明确，各学院都建立起了由院长或分管院长—研究生工作秘书—导师负责的管理模式。研究生部和各学院学习兄弟院校经验，摸索具有自己特点的管理模式和方法上做了大量工作，保证了研究生学习和生活的正常秩序。宁夏大学的研究生管理机构大致经历了以下几个阶段。

1978—1993年教务处设有研究生科，专管研究生教育工作。

1993—1997年研究生教育转归科研处管理，设有研究生科。

1997年，成立研究生处，至此研究生教育由处级机构专门负责管理。

2000年至今，更名为研究生部。

2005年研究生部下设三个科室：综合科、培养科、学位管理科。

同时学校成立研究生招生办公室，研究生部现有工作人员10名，具有硕士学位8人，在读博士1人，具有教授职称2人，博士生导师1人，硕士生导师2人，是一支结构合理、素质优良、充满活力、可持续发展的管理队伍，经过30多年的学位与研究生教育，具备了一定的经验和管理实力，同时研究生部借鉴国内高水平大学的研究生管理经验，建章立制，使宁夏大学的研究生教育走上了科学化、规范化和制度化的道路。面对新世纪科学技术的迅猛发展和知识经济时代所带来的机遇与挑战，宁夏大学学位与研究生教育以"扩大规模、提高质量、优化结构"为工作方针，以培养具有突出创造能力人才为工作目标，充分发挥自身的办学优势和特色，面向市场、面向未来，努力加强学科建设，不断优化结构，深化教育改革，提高培养质量，树立宁夏大学研究生教育培养的品牌，为把宁夏大学建设成为研究教学型的高水平大学的目标而努力。借鉴有关研究生院的经验，为筹建宁夏大学研究生院奠定了人才和管理基础。

（六）有利于扩大学校的影响，利于招生和学生就业

目前宁夏大学以教学与科学研究及科技创新并重、研究生教育与本科生教育并重为目标进行建设，学校正在积极发展研究生教育，学校的目标是到2010年全日制在校生规模将达到23 500人左右，其中研究生2 500人左右，到2015年，全日制在校生规模达到30 000人左右，其中研究生4 800人左右。实现上述目标，就得有一个统筹全局的机构，协调全校的资源，更好地实现宁夏大学既定的发

展目标。研究生院的建立，能更好地反映学校的办学实力，有利于形成品牌优势。宁夏大学的研究生教育在西部地区院校中已占有一席之地，被越来越多的考生认同并得到他们的较高评价。

目前宁夏大学招生生源仍有较大压力。一是量，报考人数逐渐呈下降趋势（2006年至2008年，报考人数依次为1 324人、1 286人和1 270人，其中区外考生依次为212人、235人和246人）。二是质，约五分之四的生源来自本省区，外省生源多限于长江以北，且较多来自经济欠发达地区和区域。每年招生均需调剂外省区考生约四分之一。这种形势对实现学校发展战略规划提出的研究生人数年增长率15%的目标形成了压力，对提高培养质量也提出了挑战。筹建研究生院，可以更好地吸引生源，利于扩大招生宣传，扩大生源地，利于宁夏大学的招生。

目前研究生就业形势日趋严峻，就业指导急需加强。近三年宁夏大学毕业研究生初次就业率呈下降趋势，2005届毕业131人，就业率94.6%；2006年毕业219人，就业率82.5%；2007届毕业386人，就业率79.3%（均包括考取博士者：2005年15人、2006年14人、2007年21人）。研究生院的成立可以更好地整合资源，学校的声望高了，研究生的就业指导加强了，培养出来的学生就有了更好的出路。

四、宁夏大学筹建成立研究生院结论

对研究生院设置、建设的规划和管理，有利于高等学校分层次办学的定位和研究型大学的形成。研究生院这种特殊组织形式的设置，应成为我国进行大学定位和衡量办学层次的一个重要标志。一流的研究生教育与具体组织实施这项工作的管理机构——研究生院，有着不可分割的关系。对研究生院的设置和建设进行统一的规划和管理，即根据高等学校分层次办学的需要统筹规划研究生院的设置与建设，是建设和发展研究型大学进行分类指导、按需建设的一个重要要求。

2008年是自治区成立50周年和宁夏大学建校50周年的日子，学校抓住有利时机，筹建研究生院，具备了一定的软环境，研究生院是使研究生教育能够在一种制度化、规范化的状态下运行，把培养人才和科学研究有机地结合起来，使研究生能够在一种有目的、有计划、有指导、有规定程序的组织形式中得到系

统训练的特殊组织形式，有利于从整体上提高宁夏大学研究生教育的质量和办学效益。筹建研究生院是一个需要勇气和具有战略眼光的行为，同时也是一个复杂的系统工程，需要学校通盘考虑，不仅仅是换个牌子的问题。筹建研究生院需要学校在人财物方面的投入，需要争取获得自治区政府的批准，为正式获得教育部的批准创造条件。

展望未来，宁夏大学研究生教育进一步落实科学发展观，按照"以学位管理为纲、以质量为命脉、以学科建设为载体、以创新能力提高为衡量标准"的要求统揽全局，全面推进学位与研究生教育工作的和谐快速发展，努力加快高水平研究教学型大学的建设步伐，争取在"十一五"期间正式筹建研究生院，宁夏大学早日跻身全国高水平研究生培养基地之列。

综合分析各种情况，我们的结论是：宁夏大学应该筹建研究生院，作为学校内部的一个自设机构，以便使它更好地发挥研究生院的管理和影响优势，推动宁夏大学的学位与研究生教育迈上更高的台阶。

第三节 宁夏大学研究生教育年度质量报告

一、研究生教育概况

宁夏大学研究生教育始于1978年。1986年以前，一直采取与区外重点大学联合培养的形式，由我校负责培养，区外院校授权硕士学位。1986年宁夏大学被国务院学位委员会批准为硕士学位授权单位；1991年被国务院学位委员会评为全国学位与研究生教育管理先进单位；2003年被批准为博士学位授权单位，草业科学成为宁夏回族自治区第一个博士学位授权点，实现宁夏博士学位授权点零的突破。在多年的改革与建设中，宁夏大学学位与研究生教育不断发展壮大，尤其2000年以来，宁夏大学研究生教育步入了发展的快车道，为学校的整体发展和水平提升创造了重要的条件。

学校现有一级学科博士点5个，二级学科博士点26个；一级学科硕士点26个，二级学科硕士点162个；8个专业学位硕士授权点，涉及学科领域26个。学校现有博士生导师54人，硕士生导师508人。在校研究生规模为3 789人，其中全日制在校研究生为2 689人（其中，博士研究生114人，学术型硕士研究生1 315人，专业型硕士研究生1 260人），在职攻读专业学位研究生1 100人。专业学位研究生培养占宁夏大学研究生培养规模的63.7%，学术型研究生（硕、博）培养规模占36.3%。每年研究生招生人数稳定在1 000多人，研究生教育呈规模化发展态势。

学校高度重视研究生的培养质量，大力创新人才培养体系，实施并不断完善研究生培养机制，大力推进研究生教育教学改革。通过导师学术报告制度、"金波论坛""塞上研华"研究生学术文化艺术节、宁夏高校研究生创新学术论坛等一系列活动，推动研究生学风建设。开展"研究生科研创新项目""研究生创新基地建设项目""研究生国际学术交流资助项目""博士论文培优项目""研究生出国与联合培养项目""研究生奖助学金改革项目""研究生科研训练和学位论文质量提升项目""研究生个性化培养项目"、宁夏大学研究生参加"高水平学术会议资助计划"等，提升研究生培养的质量。评选研究生国家奖学金，设立研究生助学金、学业奖学金，增设"三助"岗位，进一步加强过程管理，完善了研究生奖助学金资助体系。从全校建设发展的高度和宁夏大学在全区经济社会发展中的地位来认识研究生教育，努力培养适合西部地区区域经济结构调整、产业升级和经济增长方式转变所需的高层次人才，为地方经济社会发展作出更大的贡献。

近年来，学校先后被评为"全国先进基层党组织""全国高校党的建设和思想政治教育工作先进单位""全国精神文明建设先进单位""全国文明单位"等。面向未来，学校将认真实施学科统领战略、人才强校战略、质量提高战略、科研创新战略、社会服务战略和开放办学战略，不断提高办学质量，大力推进协同创新，为把宁夏大学建设成为区域特色鲜明、服务地方能力突出、西部一流的高水平教学研究型大学而努力奋斗。

（一）研究生培养目标

1. 指导思想和教育理念

高举中国特色社会主义伟大旗帜，以邓小平理论、"三个代表"重要思想、科学发展观为指导，全面贯彻党的教育方针，把立德树人作为研究生教育的根本任务，努力培养具有社会责任感、创新能力和实践能力的高层次人才，紧密服务国家战略需求和经济社会发展需求，遵循研究生教育规律，深化研究生教育改革，弘扬"不怕困难、不畏风寒；根深叶茂、本固枝荣"的"沙枣树"精神和一代代宁大人"艰苦创业、负重拼搏"的传统，坚持走内涵式发展道路，以"服务需求、提高质量"为主线，以"分类推进培养模式、统筹构建质量保障体系"为着力点，突出科教结合和产学结合，积极探索符合学校"区域特色鲜明、服务地方能力突出、西部一流的高水平教学研究型大学"发展定位的特色研究生教育发展道路，推动宁夏大学研究生教育不断迈上新台阶。

2. 人才培养的目标定位

专业学位研究生培养以职业需求为导向，以实践能力培养为重点，以产学结合为途径，建立与经济社会发展相适应，具有区域特色的专业学位研究生培养模式。学术型研究生以增强硕士研究生的适应性和发展性为出发点，以强化过程培养为重点，突出对硕士研究生的创新能力、实践能力和创新精神的培养，增强硕士研究生的人文素养和科学素质，初步具备独立从事科学研究的能力。博士研究生以增强博士研究生的适应性和发展性为出发点，以强化过程培养为重点，突出对博士研究生的创新能力、实践能力和创新精神的培养，具有独立从事科学研究的能力，并能够产出创新性的成果。

3. 学校的建设目标与思路

研究生教育能够为学校"西部一流"大学、一流学科的建设发挥重要引领作用。研究生培养规模、培养层次、学位点数量达到西部高校的中上等水平，学位点的布局更加科学、合理，体现地方区域特色，研究生的培养质量得到提升，为地方经济社会发展输送德才兼备的高层次人才能力较强，一级学科博士学位授权点、一级学科硕士学位授权点、专业学位授权点在数量上有所突破，全校上下形成重视研究生教育的环境，各单位谋划学科建设、人才培养、学位点建设工作成效显著，实现研究生教育由数量与规模发展向质量与内涵发展的重心转移，形成符合宁夏大学研究生教育特点的培养模式，明显提高研究生创新能力和人才培养质量，以提高导师队伍建设水平为基础，以改革培养方式为途径，以学生的个性化培养为中心，为地方经济和社会发展提供持续、稳定的高质量人才保证。

（二）主要工作

1. 研究生招生工作

2015年共录取各类研究生1 466人，其中录取博士研究生42人，全日制硕士研究生898人（其中学术型研究生440人，专业学位研究生458人），较上一年度增长10%，非全日制攻读硕士学位526人。本科毕业于"985""211"高校317人，占招生人数的35%。2015年录取的全日制硕士研究生中，调剂学生404人，占招生计划的44%。

2. 推免生工作

2015年组织修订了《宁夏大学推荐优秀本科毕业生免试攻读硕士学位研究生工作管理办法（修订）》，并根据修订后的办法进行了推免生选拔工作。推免生选拔工作依托各研究生培养单位，所有面试环节均由培养单位负责组织，研究生院与校纪检部门加强对整个环节的监督管理。2015年共推荐245名优秀应届本科生免试攻读硕士学位，其中201名推免生被"985""211"高校录取，在本校攻读硕士学位的推免生44人，录取外校推免生2人。

3. 入学教育

举行2015级新生开学典礼，上好进校第一课，由研究生院组织面向2015级研究生的"科学道德和学风建设宣讲教育活动"专题报告会。各培养单位组织对新入校2015级硕士研究生进行了专业方面的入学教育。

4. 信息化建设

在学校各部门的大力支持下，研究生院在9月份正式启用了新的研究生信息管理系统，并顺利完成2015级新生电子信息注册工作及其学籍注册、学籍异动、网上选排课、个人培养计划制订等工作。

5. 培养方案修订

在充分调研和研讨的基础上，征求导师、任课教师、校外专家、学位评定分委员会成员及在校研究生对培养方案的意见和建议，各培养单位学位评定分委员会全面负责培养方案的修订工作，对博士研究生培养方案、学术型硕士研究生培养方案进行了修订，博士研究生培养方案涉及12个学院19个专业，学术型硕士研究生培养方案涉及23个学院84个专业，全日制专业学位研究生培养方案涉及8个专业学位授权点的10个学院26个学科授权领域。通过修订培养方案，凝练学科特色，优化培养计划，切实提高不同类型研究生的培养要求。

6. 实习实践基地建设

在各培养单位配合下，对全校研究生实习实践基地的情况进行备案，逐步规范校内外实习实践基地管理，并利用《研究生实习实践基地建设项目》，先行资助民族学、翻译硕士、化学工程等学位点，积极推进研究生实习实践基地建设。

7. 研究生课程建设

修订《宁夏大学研究生课程建设试点工作方案》，进一步明确课程学习在研究生培养环节中的基础性作用。通过实施精品课程项目，借力兄弟院校的优秀师资和优势资源，为研究生提供优质教学。

8. 培养过程管理

组织培养单位完成了2015级在校研究生的开题、中期考核工作。部署中期教学检查工作，进一步落实学位点负责人、研究生管理工作负责人听课制度。对全校15个培养单位进行了为期两个月的调研工作，及时掌握师生对教学及培养等方面的意见和建议，为改进研究生院服务工作提供思路和切入点。

9. 硬件环境建设

建成研究生语音室3个，扩建研究生多媒体教室25个，建设研究生高水平学术报告厅1个，建成研究生微格教室4个，与中国科学院计算技术研究所共建实验室1个，建设研究生学习研修室8个，增加研究生专业书籍10万余册。

10. 学位授予工作

完成毕业生的学位资格审查、学位授予、信息采集、证书制作等一系列工作。2016年6月授予885人学位，其中博士13人（含2名留学生），学术型硕士425人（含5名留学生），专业学位硕士447人（含在职MBA 50人）。表彰27名获得2015年区级优秀学位论文称号的研究生及其指导教师，同时推荐2016年授予学位的39篇学位论文参加区级优秀学位论文的评选。

11. 学位授权点专项评估

在数学一级学科博士学位授权点、翻译硕士专业学位授权点专项评估合格的基础上，根据《国务院学位委员会教育部关于开展2016年学位授权点专项评估工作的通知》（学位〔2016〕17号）文件精神，积极做好2016年宁夏大学学位授权专项评估工作。宁夏大学MBA（工商管理硕士）、教育硕士已完成校内自评估工作，并上报教育部学位中心。

12. 导师队伍建设

遵照"坚持标准、保证质量、公正合理、有进有退、竞争上岗"的原则，组织各培养单位开展了2016年硕士研究生导师招生资格认定工作，并新遴选硕士研究生导师99人，实现导师队伍动态管理。开展优秀研究生指导教师评选工作，2016年5月进行了2015年优秀指导教师评选工作，共评选出33名优秀指导教师，并予以表彰。

13. 学位点管理

修订完善了《宁夏大学学位点负责人管理办法》，根据《宁夏大学学位点负责人管理办法》的要求，经各学位点推荐，研究生院审核，校学位评定委员会审议，确定了博士学位点负责人、硕士学位点负责人、专业学位点负责人，无一级学科二级学位点负责人名单，对各学位点负责人予以明确，同时明确了各学位点负责人职责，进一步理顺研究生培养的管理机制。

14. 研究生创新计划

继续实施"宁夏大学博士研究生学位论文培优计划""宁夏大学研究生参加高水平学术会议计划""宁夏大学研究生创新论坛资助项目""研究生实习实践基地建设项目""宁夏大学研究生竞赛专项""宁夏大学研究生文献调研计划""宁夏大学研究生外语能力提升计划"等创新项目，对2014年博士学位论文培优计划5名博士研究生进行结题考核，同时资助6名博士研究生进入培优计划，资助168名研究生参加高水平学术会议，受资助学生发表高质量会议论文80余篇，资助研究生出版专著1部。设立了80项研究生创新项目，资助约100名研究生外出进行文献调研，资助学生参加全国性竞赛10场，西北地区竞赛4场，资助22名研究生通过各类全国性英语考试。参加竞赛学生人数累计达60人，获得各类竞赛一等奖5项、二等奖4项、三等奖6项、优秀奖5项。

15. 研究生学术论坛

启动了导师学术报告制度、"金波论坛"、宁夏高校研究生创新学术论坛、"塞上研华"研究生学术文化艺术节等一系列活动。研究生院邀请国内外知名学者、专家讲学，举办高质量、高水平"金波论坛"10余场，各研究生培养单位组织各类研究生学术论坛278场，共同为研究生创造了良好的学术交流与研讨平台，营造了良好的校内学术氛围。

16. "三好""优干"评选

根据自治区教育工委办公室、教育厅办公室《关于评选表彰全区普通高等学校三好学生、优秀学生干部和先进班集体的通知》（宁教工委办〔2016〕20号）文件精神及《宁夏大学研究生三好学生、优秀研究生干部评选办法》的有关规定，授予刘呈琦、宋永永区级"三好研究生"称号，王芳芳区级"优秀学生干部"称号，并予以表彰。根据《宁夏大学优秀毕业研究生评选办法》规定，经各培养单位评选推荐，研究生院审核，学校优秀毕业研究生评审领导小组评审，2016年共授予李甜等45名学生宁夏大学校级"优秀毕业研究生"称号，并予以表彰。

17. 研究生教育国际化

积极与国外知名大学接洽联系，寻求国际化合作的机会，推动研究生教育国际化步伐和交流合作水平。先后选派2名博士生国外访学，28名硕士研究生赴澳大利亚进行为期8周的创新能力培训，5名工商管理专业学生赴迪拜大学进行为期3个月的学习和实践，2016年7月18日—2016年8月16日，选派朱庆武等10名研究生参加台湾东吴大学"溪城讲堂"暑期研习班，资助共计119 675元，同时加大国家公派留学出国政策宣讲，2015年宁夏大学共2名研究生获得国家公派出国攻读博士学位的资格。

（三）亮点工作

1. 实施人才培养国际化项目

在学校层面，我们积极与国外知名大学接洽联系，寻求国际化合作的机会，在学生方面，学校加大对研究生培养国际化工作的宣传。宁夏大学研究生国际化培养开展局面良好，在学校和学生间产生了较大的影响力。选派各类研究生出国研修，并与多所国外大学建立了合作关系。

2. 启动研究生教育创新工程

推进研究生教育创新项目，研究生科研创新项目，研究生创新基地建设项目，研究生国际学术交流资助项目，博士论文培优项目，研究生出国与联合培养项目，研究生奖助学金改革项目，研究生科研训练和学位论文质量提升项目，研究生个性化培养项目。

3. 完善研究生资助体系建设

将资助体系纳入研究生培养计划，理顺体制机制，落实资助经费。博士研究生奖（助）学金等各类资助覆盖面达到100%，硕士研究生覆盖面达80%，研究生"三助"覆盖学生12%，资助的力度持续增强。

4. 质量保证体系逐步完善

从学校、院系、学位点、导师四个层次规划，建立系统的质量监控、评估与保证机制，推行教学督导制，加强对教学过程的检查，加强对学位点的评估，强化教学评优和抽查制度，强化中期考核、论文开题、论文预答辩、论文盲审、论文检测工作力度，加大学位论文质量提升工作力度。

5. 实施新版培养方案

为积极推进研究生教育教学改革，学校以"服务需求，提高质量"为主线，按照"分类推进、统筹构建"的原则，在充分调研和研讨的基础上，征求导师、任课教师、在校生对培养方案的意见和建议，分析兄弟院校和本校研究生培养的具体情况与特点，对博士研究生培养方案、学术型硕士研究生培养方案、全日制专业学位研究生培养方案进行了修订，新的培养方案从2015年秋季起实施，培养方案作为学校人才培养的纲领性文件，进一步明确和规范了培养目标、研究方向、学制、课程及必修环节设置、中期考核、学术成果、学位论文工作、毕业及学位授予要求等，以适应不同类型、不同层次研究生培养的需要。

6. 制定学位与研究生教育"十三五"发展规划

为学校明确定位、梳理发展思路，确定目标任务，提出兼具前瞻性与可行性的举措，依据《国家中长期教育改革和发展规划纲要（2010—2020年）》及国家出台的有关研究生教育教学改革的文件和政策精神并结合宁夏大学实际，制定了宁夏大学学位与研究生教育"十三五"发展规划。该规划对宁夏大学学位与研究生教育的现状、存在的问题、发展的目标、建设的总体目标和具体目标、建设的任务、建设的措施等做出了具体明确的规划，为宁夏大学实现研究生教育由数量与规模发展向质量与内涵发展的重心转移，明显提高研究生创新能力和人才培养质量，形成符合宁夏大学研究生教育特点的培养模式和质量保障体系，指明了方向，奠定了基础。

二、学校的基本信息

（一）学位与学科

学校现有一级学科博士授权点5个，二级学科博士授权点26个；一级学科硕士授权点26个，二级学科硕士授权点162个；8个专业学位硕士授权点，涉及26个学科授权领域。一级学科博士点涵盖了法学、理学、工学及农学4个学科门类，其下设的二级学科博士点辐射到全校的7个教学单位和2个科研单位；宁夏大学的一级硕士点涵盖了哲学、经济学、法学、教育学、文学、历史学、理学、工学、农学、管理学10大学科门类，其下设的二级硕士点辐射到宁夏大学的20个教学单位和3个科研单位，8个专业学位授权点，涉及宁夏大学10个学院26个学科授权领域。

表3-3 宁夏大学授权学科基本情况一览表

序号	项目	数量
1	博士学位授权一级学科点	5
2	博士学位授权二级学科点	26
3	硕士学位授权一级学科点	26
4	硕士学位授权二级学科点	162
5	专业学位授权点	8
6	专业学位授权点学科领域	26

表 3-4 宁夏大学博士学位授权点设置情况一览表

序号	学科门类	一级学名称	二级学科代码	二级学科名称	批准时间
1	法学（03）	民族学（0304）	030401	民族学	2011
2			030402	马克思主义民族理论与政策	2011
3			030403	中国少数民族经济	2011
4			030404	中国少数民族史	2006
5			030405	中国少数民族艺术	2011
6			0304Z1	民族社会学★	2011
7			0304Z2	民族心理与民族教育★	2011
8			0304Z3	西北民族地区语言文学与文献★	2013
9			0304Z4	民族地区公共管理★	2013
10	理学（07）	数学（0701）	070101	基础数学	2006
11			070102	计算数学	2006
12			070103	概率论与数理统计	2006
13			070104	应用数学	2006
14			070105	运筹学与控制论	2006
15	工学（08）	水利工程（0815）	081501	水文学及水资源	2011
16			081502	水力学及河流动力学	2011
17			081503	水工结构工程	2011
18			081504	水利水电工程	2006
19			081505	港口、海岸及近海工程	2011
20			0815Z1	水资源利用与化学工程★	2013
21			0815Z2	土水工程与计算科学★	2013

续表

序号	学科门类	一级学名称	二级学科代码	二级学科名称	批准时间
22	农学（09）	畜牧学（0905）	090501	动物遗传育种与繁殖	2011
23			090502	动物营养与饲料科学	2011
24			090504	特种经济动物饲养	2011
25			0905Z1	动物生产系统与工程★	2011
26			0905Z2	动物生物技术★	2011
27		草学（0909）	090900	草学（草学下暂无二级学科设置）	2003

注：一级学科博士授权专业5个，二级学科博士授权专业26个，其中目录内18个，目录外8个，加黑体为当年已经在招生的14个（含草学一级学科）专业，加★为目录外自主设置专业。

表3-5 宁夏大学硕士学位授权点设置情况一览表

序号	学科门类	一级学科名称	二级学科代码	二级学科名称	批准时间
1	哲学（01）	哲学（0101）	010101	马克思主义哲学	2011
2			010102	中国哲学	2011
3			010103	外国哲学	1993
4			010104	逻辑学	2011
5			010105	伦理学	2011
6			010106	美学	2011
7			010107	宗教学	2011
8			010108	科学技术哲学	2011

续表1

序号	学科门类	一级学科名称	二级学科代码	二级学科名称	批准时间
9	经济学（02）	理论经济学（0201）	020101	政治经济学	2000
10			020102	经济思想史	2011
11			020103	经济史	2011
12			020104	西方经济学	2011
13			020105	世界经济	2011
14			020106	人口、资源与环境经济学	2011
15	法学（03）	法学（0301）	030101	法学理论	2003
16			030102	法律史	2011
17			030103	宪法学与行政法学	2011
18			030104	刑法学	2011
19			030105	民商法学	2011
20			030106	诉讼法学	2011
21			030107	经济法学	2011
22			030108	环境与资源保护法学	2011
23			030109	国际法学	2011
24			030110	军事法学	2011
25		社会学（0303）	030303	人类学▲	2006
26		民族学（0304）	030401	民族学	2000
27			030402	马克思主义民族理论与政策	2011
28			030403	中国少数民族经济	2011
29			030404	中国少数民族史	2006
30			030405	中国少数民族艺术	2011
31			0304Z1	民族社会学★	2011
32			0304Z2	民族心理与民族教育★	2011

续表2

序号	学科门类	一级学科名称	二级学科代码	二级学科名称	批准时间
33	法学（03）	民族学（0304）	0304Z3	西北民族地区语言文学与文献★	2013
34			0304Z4	民族地区公共管理★	2013
35			99J1	民族传统体育文化★	2011
36		马克思主义理论（0305）	030501	马克思主义基本原理▲	1993
37			030505	思想政治教育▲	1993
38	教育学（04）	教育学（0401）	040101	教育学原理	2011
39			040102	课程与教学论	2000
40			040103	教育史	2011
41			040104	比较教育学	2011
42			040105	学前教育学	2011
43			040106	高等教育学	2011
44			040107	成人教育学	2011
45			040108	职业技术教育学	2011
46			040109	特殊教育学	2011
47			040110	教育技术学	2011
48			0401Z01	少年儿童组织与思想意识教育★	2012
49		心理学（0402）	040203	应用心理学▲	2006
50	文学（05）	中国语言文学（0501）	050101	文艺学	2011
51			050102	语言学及应用语言学	2011
52			050103	汉语言文字学	1993
53			050104	中国古典文献学	2011
54			050105	中国古代文学	1986

续表3

序号	学科门类	一级学科名称	二级学科代码	二级学科名称	批准时间
55		中国语言文学（0501）	050106	中国现当代文学	2003
56			050107	中国少数民族语言文学	2011
57			050108	比较文学与世界文学	2011
58		外国语言文学（0502）	050201	英语语言文学	2000
59			050202	俄语语言文学	2011
60			050203	法语语言文学	2011
61	文学（05）		050204	德语语言文学	2011
62			050205	日语语言文学	2011
63			050206	印度语言文学	2011
64		外国语言文学（0502）	050207	西班牙语语言文学	2011
65			050208	阿拉伯语语言文学	2011
66			050209	欧洲语言文学	2011
67			050210	亚非语言文学	2011
68			050211	外国语言学及应用语言学	2011
69		中国史（0602）	060201	史学理论及史学史	2011
70			060202	历史地理学	2011
71	历史学（06）		060203	历史文献学	2003
72			060204	专门史	1996
73			060205	中国古代史	2006
74			060206	中国近现代史	2011
75		数学（0701）	070101	基础数学	1998
76	理学（07）		070102	计算数学	2003
77			070103	概率论与数理统计	2006
78			070104	应用数学	1993

续表4

序号	学科门类	一级学科名称	二级学科代码	二级学科名称	批准时间
79		数学（0701）	070105	运筹学与控制论	2006
80			070201	理论物理	2011
81			070202	粒子物理与原子核物理	2011
82			070203	原子与分子物理	2011
83		物理学（0702）	070204	等离子体物理	2011
84			070205	凝聚态物理	2000
85			070206	声学	2011
86			070207	光学	2011
87	理学（07）		070208	无线电物理	2011
88			070301	无机化学	2011
89			070302	分析化学	2000
90		化学（0703）	070303	有机化学	2003
91			070304	物理化学	2000
92			070305	高分子化学与物理	2011
93			070501	自然地理学	2011
94		地理学（0705）	070502	人文地理学	2000
95			070503	地图学与地理信息系统	2011
96			0705Z1	旅游开发与规划管理★	2013
97			071001	植物学	2003
98			071002	动物学	2006
99		生物学（0710）	071003	生理学	2011
100			071004	水生生物学	2011
101			071005	微生物学	2011
102			071006	神经生物学	2011

续表5

序号	学科门类	一级学科名称	二级学科代码	二级学科名称	批准时间
103	理学（07）	生物学（0710）	071007	遗传学	2011
104			071008	发育生物学	2011
105			071009	细胞生物学	2011
106			071010	生物化学与分子生物学	2000
107			071011	生物物理学	2011
108		生态学（0713）	0713L1	生态学	2011
109			0713Z1	植物生态学★	2011
110			0713Z2	恢复生态学★	2011
111	工学（08）	力学（0801）	080101	一般力学与力学基础	2011
112			080102	固体力学	2011
113			080103	流体力学	2011
114			080104	工程力学	2011
115		机械工程（0802）	080201	机械制造及其自动化	2003
116			080202	机械电子工程	2011
117			080203	机械设计及理论	2011
118			080204	车辆工程	2011
119		电子科学与技术（0809）	080901	物理电子学	2011
120			080902	电路与系统	2003
121			080903	微电子学与固体电子学	2011
122			080904	电磁场与微波技术	2011
123		计算机科学与技术（0812）	081201	计算机系统结构	2011
124			081202	计算机软件与理论	2003
125			081203	计算机应用技术	2011

续表6

序号	学科门类	一级学科名称	二级学科代码	二级学科名称	批准时间
126	工学（08）	土木工程（0814）	081401	岩土工程	2011
127			081402	结构工程	2003
128			081403	市政工程	2011
129			081404	供热、供燃气、通风及空调工程	2011
130			081405	防灾减灾工程及防护工程	2011
131			081406	桥梁与隧道工程	2011
132		水利工程（0815）	081501	水文学及水资源	2006
133			081502	水力学及河流动力学	2011
134			081503	水工结构工程	2011
135			081504	水利水电工程	1996
136			081505	港口、海岸及近海工程	2011
137			0815Z1	水资源利用与化学工程★	2013
138			0815Z2	土水工程与计算科学★	2013
139		化学工程与技术（0817）	081701	化学工程	2011
140			081702	化学工艺	2011
141			081703	生物化工	2011
142			081704	应用化学	2000
143			081705	工业催化	2011
144		农业工程（0828）	082802	农业水土工程▲	2003
145		食品科学与工程（0832）	083201	食品科学▲	2003

续表7

序号	学科门类	一级学科名称	二级学科代码	二级学科名称	批准时间
146		作物学（0901）	090101	作物栽培学与耕作学	1996
147			090102	作物遗传育种	2000
148		园艺学（0902）	090201	果树学	2000
149			090202	蔬菜学	2011
150			090203	茶学	2011
151			0902Z1	葡萄与葡萄酒学★	2011
152			0902Z2	园艺设施学	2015
153	农学（09）	农业资源与环境（0903）	090302	植物营养学▲	2003
154		植物保护（0904）	090402	农业昆虫与害虫防治▲	2000
155		畜牧学（0905）	090501	动物遗传育种与繁殖	2003
156			090502	动物营养与饲料科学	2000
157			090504	特种经济动物饲养	2011
158			0905Z1	动物生产系统与工程★	2011
159			0905Z2	动物生物技术★	2011
160		兽医学（0906）	090601	基础兽医学	2011
161			090602	预防兽医学	2011
162			090603	临床兽医学	2000
163		草学（0909）	0909	草学（暂无二级学科）	1993
164	管理学（12）	农林经济管理（1203）	120301	农业经济管理▲	2000

注：1. 加▲为二级学科硕士授权专业。2. 一级学科硕士授权专业26个，二级学科硕士授权专业164个，其中目录内148个（不含草学），目录外14个，加黑体为当年已经在招生的86个（含草学）专业，加★为目录外自主设置专业。

表 3-6 宁夏大学专业学位授权点设置情况一览表

序号	代码	专业名称	依托学院	批准时间
1	125100	工商管理硕士（MBA）	经济管理学院	2003
2	045100	教育硕士	教育学院、人文学院、马克思主义学院、体育学院、化学化工学院、物理电气学院、数学统计学院	2003
3	095100	农业推广硕士	农学院	2004
4	085200	工程硕士	土木与水利工程学院、机械工程学院、化学化工学院、物理电气学院、数学统计学院	2007
5	055100	翻译硕士	外国语学院	2011
6	125300	会计硕士	经济管理学院	2014
7	125200	公共管理硕士	政法学院	2014
8	135100	艺术硕士	音乐学院、美术学院	2014

（二）在校研究生情况

1. 研究生的规模与结构

2015—2016年度学校在校研究生的规模达到3789人，其中全日制在校研究生为2689人（博士研究生114人，学术型硕士研究生1315人，专业学位硕士研究生1260人）；在职攻读专业学位研究生为1100人。专业学位研究生培养占宁夏大学研究生培养规模的63.7%，学术型研究生（硕士、博士）培养规模占36.3%。每年研究生招生人数稳定在1000多人，研究生教育呈规模化发展态势。

表 3-7 研究生规模与结构

	数量（人）	比例
博士研究生	114	3%
学术型硕士研究生	1315	34.7%
全日制专业型硕士研究生	1260	33.3%
在职攻读专业学位硕士研究生	1100	29%
合计	3789	

2. 学位授权点培养情况

2015—2016年度学校培养研究生的硕博比例23.6%，学术型研究生和专业型研究生的比例1.04%，在职攻读研究生与全日制研究生的比例0.39%，博士点平均培养研究生比例4.4%，硕士点平均培养硕士生比例1.7%。

表3-8 学位授权点培养情况统计表

类别	在校生规模统计	比例	备注
1	硕博比例	23.6%	硕士生数/博士生数
2	学术型与专业型硕士的比例	1.04%	学术型人数/专业型人数
3	在职与全日制比例	0.39%	在职人数/全日制人数
4	博士点平均培养博士生数	4.4%	博士人数/博士点数
5	硕士点平均培养硕士生数	1.7%	硕士人数/硕士点数
6	专业学位平均培养研究生数	90.8%	专业学位人数/专业学位点数

（三）导师队伍

1. 导师队伍规模与结构

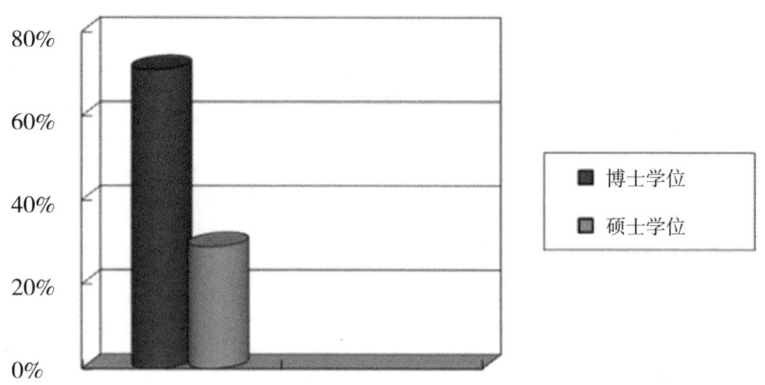

图3-3 宁夏大学导师队伍规模

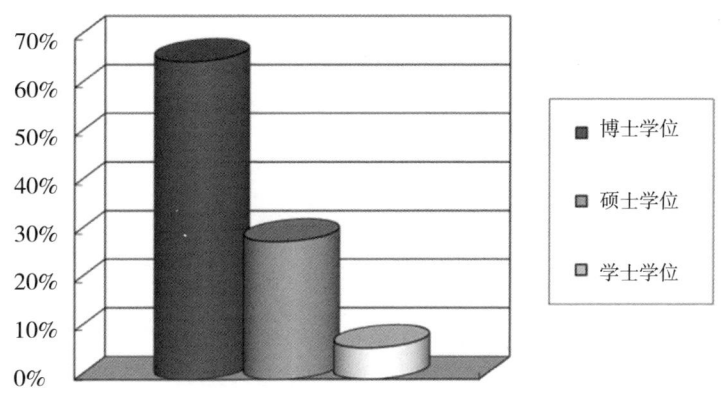

图3-4 宁夏大学导师队伍结构

学校研究生导师共562人，其中博士生导师54人，硕士生导师508人。

表3-9 宁夏大学导师队伍规模与结构一览表

		共计	30岁及以下	31—35岁	36—40岁	41—45岁	46—50岁	51—55岁	56—60岁	61—65岁	66岁及以上
		1	2	3	4	5	6	7	8	9	10
	总计	562	3	41	98	139	99	128	42	10	2
	其中：女	207	2	14	37	59	36	57	2	0	0
分职称	正高级	47	0	0	0	13	14	15	5	0	0
	副高级	28	0	5	11	11	1	0	0	0	0
	中级	2	0	2	0	0	0	0	0	0	0
指导关系	博士导师	54	0	0	0	4	8	23	12	6	1
	其中：女	10	0	0	0	3	1	6	0	0	0
	硕士导师	508	2	41	98	135	91	105	30	5	1
	其中：女	197	2	14	37	56	35	51	2	0	0
	博士、硕士导师	0	0	0	0	0	0	0	0	0	0
	其中：女	0	0	0	0	139	0	0	0	0	0

注：本表列关系1=2+3+4+5+6+7+8+9+10；行关系1=3+4+5=6+8+10，2=7+9+11。

2. 生师比情况

表 3-10　宁夏大学生师比表

	在校生人数	导师人数	生师比
博士生生师比	114	54	2.1
硕士生生师比	2 689	508	5.29
研究生生师比	2 803	562	4.99

注：在校研究生生师比计算仅统计全日制在校研究生。

（四）办学资源

表 3-11　宁夏大学 2015 年办学基本情况数据统计表

学生人数	总人数	36 554	本科生		15 981	专科生		80	留学生	214
	研究生 3 610					成人学生			预科生	
	博士生	全日制硕士研究生		在职硕士研究生		函授生	夜大生		回族预科生	其他少数民族预科生
		学术型	专业硕士							
	114	1 292	857	1 347		13 900	234		1 267	1 268
学科建设	国家重点学科			1		国家重点培育学科			1	
	自治区级重点学科			18		校级重点学科			20	
	"十三五"自治区重点学科			8		"十三五"自治区优势特色学科			8	
	一级学科博士授权专业			5		二级学科博士授权专业			26	
	一级学科硕士授权专业			26		二级学科硕士授权专业			163	
	专业硕士学位授权点数			8		院士工作站			11	
	博士后科研流动站数			3						

续表1

学生人数	总人数	36 554		本科生	15 981	专科生	80	留学生	214
	研究生 3 610				成人学生		预科生		
	博士生	全日制硕士研究生		在职硕士研究生	函授生	夜大生	回族预科生	其他少数民族预科生	
		学术型	专业硕士						
	114	1 292	857	1 347	13 900	234	1 267	1 268	

科研情况					
	上一年纵向科研经费数（万元）	8 368	上一年横向科研经费数（万元）	1 187	
	国家自然科学基金立项数（项）	62	国家社会科学基金立项数（项）	16	
	省部级重点实验室个数	11	省部级人文社科重点研究基地个数	3	
	上年度核心刊物发表论文	697	上年度 SCI、EI、CPCIS 收录论文	159	
	上年度出版的著作、教材	64	上年度获得授权的专利	18	
	上一年度省部级以上奖励数	7	"长江学者和创新团队发展计划"团队	1	
	自治区科技创新团队	9			

固定资产					
	学校占地面积（平方米）	1 587 741	建筑面积（平方米）	583 804	
	产权面积（平方米）				
	教学及辅助用房面积	行政办公用房面积		运动场	其他
	159 052	58 935		20 052	106 095
	实验室用房面积（平方米）	95 250	学生宿舍面积（平方米）	144 420	
	固定资产总值（万元）	140 347	房屋建筑物总值（万元）	81 903	
	教学科研仪器设备总值（万元）	42 244	新增教学科研仪器设备总值（万元）	11 386	
	40万元以上大仪台数	147	教学科研用计算机台数	10 314	

教学资源				
	本科专业数量	76	本科专业涵盖学科门类	10
	教学实验室数	93	学生开放创新实验室个数	7
	国家级实验教学示范中心个数	1	自治区级实验教学示范中心个数	9
	国家级特色专业	8	多媒体教室和语音实验室座位数	19 096
	自治区级优势特色专业	17	国家级精品资源共享课	1
	自治区级精品课程	63	国家级"精彩一课"	2
	自治区重点建设专业	10		

续表2

学生人数	总人数	36 554	本科生		15 981	专科生		80	留学生	214
	研究生 3 610					成人学生			预科生	
	博士生	全日制硕士研究生		在职硕士研究生	函授生		夜大生		回族预科生	其他少数民族预科生
		学术型	专业硕士							
	114	1 292	857	1 347	13 900		234		1 267	1 268

信息化建设	主干网带宽	1万兆	核心设备数	5台	汇聚设备数	7台
	IP地址资源数	28 448	网络节点数	29 000	二级网站数	65个
	无线网节点数	1 908个			校级业务系统个数	13个

图书资料	图书馆纸质藏书册数（册）	1 725 758	非纸质图书资源数（电子图书）	1 636 637 种
	中外文期刊数据库数（个）	29	当年新增图书量（册）	170 922

师资队伍	教职工总数	2 636	专任教师人数	1 605	博士学位人数	488
	硕士学位人数	1 240	教授人数	359	副教授人数	608
	博士生导师人数	54	硕士生导师人数	508	高级实验师人数	38
	二级教授岗位人员		37	长江学者人数		1
	享受国务院政府特殊津贴人员		18	国家突出贡献中青年		2
	国家"百千万人才工程"人员		21	国家"万人计划"哲学社会科学领军人才		1
	国家级教学名师		2	区级教学名师		10
	教育部"新世纪优秀人才支持计划"人员		13	教育部学科教学指导委员会委员		3
	享受自治区政府特殊津贴人员		17	自治区"新世纪313人才工程"人员		28
	自治区"百人计划"人员		10	自治区"最美教师"		1
	自治区"塞上英才"工程人员		3	自治区"国内引才312计划"人员		8
	柔性引进院士		26			

注：本表数据来源于学校发展规划与学科建设处2015年学校基本情况统计表。

三、招生的生源质量

（一）录取情况

1. 博士录取情况

2015级博士研究生录取53人，其中定向委培23人，留学生2人，非定向委培28人，来自"211""985"工程学校生源比例占69.8%，来自国外大学3人。

2. 硕士录取情况

录取为2015级硕士研究生共876人（全日制学术型研究生430人，专业学位研究生446人），毕业于本校的生源占31.3%，来自"211""985"工程学校生源比例占36.8%，其他各类生源占31.9%，接收留学生4人。

3. 推免生的情况

2015年教育部下达我校推免生名额共245人，其中外推171人，接收推免生74人，留校率30.2%。

（二）生源质量

1. 全日制硕士研究生生源情况

宁夏大学2015级当年报考总人数为2 456人，其中非本地考生1 639人。

2. 博士研究生生源情况

2015级博士研究生为53人，毕业于"211""985"工程学校的生源为23人，留学生2人，直接攻读博士研究生28人。

3. 推免生生源情况

2013年留校191人，外推43人；2014年留校74人，外推161人；2015年留校46人，外推194人。

四、培养过程的质量

（一）培养方案

1. 培养方案

研究生培养方案具有权威性，是开展研究生培养工作的纲领性文件，是进行研究生培养过程管理、质量评估的重要依据。从2015级研究生入校开始，学校全面实施新修订的研究生培养方案。

2. 课程设置

学术型硕士研究生的课程体系设置体现基础性、交叉性、前沿性和前瞻性，反映学科的基本理论知识及最新成果；专业型硕士研究生突出提升创新实践能力和职业能力，体现应用型人才培养的需要；博士研究生课程突出创新性、前瞻性、研究性。

表 3-12 宁夏大学研究生课程设置及学分情况一览表

课程类型			博士研究生	学术型硕士	全日制专业学位硕士
学位课	公共课	思政	1	2	2
		外语	4	6	3
	专业必修课	基础课专业课	4	12	不低于教指委标准
非学位课	公共课 专业选修课		7	7~8	不低于教指委标准
实践环节			2	4	4
	创新能力			3	
总学分			≥18	34~35	≥32

注：所有课程考核成绩实行百分制，专业必修课为学位课，及格标准为75分以上（含75分），非学位课程及格标准为60分以上（含60分）。

（二）学术交流

2015—2016年度，宁夏大学共举办各类研究生学术讲座278场。导师参加学术会议275次，研究生外出参加学术会议309人次，学生外出交流、访学91人次，举办高水平学术会议62场。

（三）研究生培养成果

2015—2016年度，宁夏大学研究生共发表各类层次学术论文915篇，获得各级各类奖励204项。

（四）创新项目

1. 研究生创新项目

为进一步提升宁夏大学研究生的科研创新能力，激励研究生潜心学术研究，营造良好的学术氛围，继续提高和深化宁夏大学研究生的培养质量，2015—2016年度学校一共资助各类研究生创新项目186项，资助金额合计136万元，参与项目团队学生495人。

2. 博士学位论文培优计划

为激发宁夏大学博士研究生的学术创新能力，提高博士研究生的培养质量，学校特制定博士研究生学位论文培优计划，2015—2016年度博士研究生学位论文培优计划资助8名同学，资助金额34万元。

3. 区级研究生教育创新计划

2015年，宁夏回族自治区教育厅批准立项研究生教育创新计划项目10项，资助金额100万元。

（五）实习实践基地

为了服务学校的人才培养目标，创新人才培养模式，为研究生的实习和实践创造条件，宁夏大学各研究生培养单位积极拓展实习实践基地。截至2016年8月底，各研究生培养单位共建立105个实习实践基地。

（六）学术道德与诚信教育

1. 科学道德与学风建设

学校积极在广大师生中深入持久地开展科学道德和学风建设宣讲教育活动，广泛宣扬科学精神、科学道德和科学规范，积极倡导、开展负责任的科学研究，坚决抵制一切违反科学道德的科研行为，不断提升宁夏大学科学道德和学风建设水平，营造风清气正的学术生态环境。

2015年，宁夏大学共举行两场研究生入校教育，入校教育以"学术不端与科学道德建设"为专题报告，集中对2015级新生进行科学道德与学风教育集中宣讲，有940名同学受益。

2. 宣讲案例

研究生新生入学之际，研究生院常务副院长冯秀芳为940名研究生新生做了两场入学教育专题报告。报告会上，冯秀芳院长针对当今社会学术不端现象阐述了其原因及危害，认为研究生作为宁夏大学科学研究的主体和生力军，对学术不端现象要坚决抵制，培养诚实守信的学术态度，不作假、不剽窃他人研究成果，积极维护科学研究的尊严。

宁夏大学2015级研究生入学教育，对研究生自身的成长、做人修身、科学道德养成，都具有积极的导向作用，对提高宁夏大学研究生思想道德建设水平、营造校园学术文化氛围具有积极意义，也奏响了2015级研究生学习生活的序曲。

五、培养结果

（一）学位授予及毕业论文

2015—2016年度，宁夏大学根据《中华人民共和国学位条例》有关规定，经校学位评定委员会会议审查通过，授予13人博士学位，874人硕士学位，239人在职硕士学位。

2015—2016年度，学校共有27篇硕士论文，获得2015年自治区优秀硕士学位论文。

（二）就业情况

2015—2016年度共毕业研究生1 126人。其中就业研究生858人，占毕业人数的76%。858名毕业研究生分布在全校20个学院，其中男生316人，占36.83%，女生542人，占63.7%。截至2016年9月，毕业研究生就业率为92.77%，就业岗位与专业相关度81.82%，毕业研究生中，共有35人选择国内升学深造，升学率为4.08%。

六、教育质量的保证

（一）制度建设

2015—2016年度，学校继续完善研究生教育管理制度，制定（修订）的有关政策和文件，涵盖了招生工作、培养工作、管理工作、学位工作及导师队伍建设等研究生教育的各个环节。

表3-13　2015—2016年度制定（修订）的研究生教育相关政策和制度

序号	文件名	分类
1	宁夏大学研究生学业奖学金管理办法（试行）	综合
2	宁夏大学研究生"三助"工作管理办法（试行）	综合
3	选聘硕士学位研究生指导教师的补充规定	学位
4	宁夏大学研究生档案管理规定（试行）	学位
5	宁夏大学博士生在学期间发表学术论文规定（修订）	学位
6	宁夏大学硕士、博士学位授予工作细则（修订）	学位

（二）评估工作

学位授权点合格评估是我国研究生教育质量监督的重要手段。按照《宁夏大学学位授权点合格评估工作方案》的工作要求，积极做好学位授权点专项评估与合格评估工作，2015年宁夏大学参评的数学一级学科博士学位授权点和翻译硕士专业学位授权点均顺利通过教育部专项评估，宁夏大学MBA（工商管理硕士）、教育硕士已完成校内自我评估工作，并上报教育部学位中心，同时启动宁夏大学学位授权点自我评估工作，博士学位授权点、硕士学位授权点率先进行自我评估。各研究生培养单位认真组织，凝心聚力，认真梳理和总结各学位授权点的培养实力，为学校"西部一流"大学的建设搭好学科基础。

（三）学位点建设

根据《中华人民共和国学位条例暂行实施办法》和实际工作需要，对校学位评定委员会人员进行调整，校学位评定委员会在各学院和部分科研单位设置了23个学位评定分委员会，履行相关职责。根据《宁夏大学学位点负责人管理办法》有关精神，经各学位点所在单位推荐，研究生院审核，校学位评定委员会审议，学校公布了宁夏大学博士、硕士学位点负责人名单，加强了学位点管理和建设力度。

（四）论文盲审抽检

根据《宁夏大学关于研究生学位论文"双盲"评阅的若干规定》的要求，实行一票否决制。2016年宁夏大学71篇硕士学位论文、21篇博士学位论文送校外进行盲审，其中1篇硕士论文、8篇博士论文未通过盲审。配合盲审工作，继续对申请研究生学位论文进行相似性检测，2016年，共检测博士论文23篇，学术硕士论文435篇，专业硕士论文450篇，其中4篇论文未通过相似性检测，对检测未通过的毕业生做出延期毕业的处理决定。

（五）导师管理

根据《宁夏大学硕士生导师选聘及招生规定（试行）》《宁夏大学关于研究生导师终止招生年龄的规定（试行）》等文件精神，研究生院遵照"坚持标准、保证质量、公正合理、有进有退、竞争上岗"的原则，组织各培养单位开展了2016年硕士研究生导师招生资格认定工作，实现导师队伍动态管理。

2016年宁夏大学新选聘硕士研究生导师99人。在导师队伍规模扩大的同时，注重导师指导能力的提升，首次联合区内其他两所研究生培养单位举行了宁夏大学、北方民族大学、宁夏师范学院三校研究生导师联合培训会，邀请厦门大学研究生院负责人对新上岗导师进行岗前培训，提高新导师的综合素质。

为鼓励研究生指导教师教书育人、积极探索、不断创新，加强研究生教育的内涵建设，不断提高研究生培养质量，2016年5月进行了2015年优秀指导教师评选工作，共评选出33名优秀指导教师，并予以表彰。

（六）资助体系

2015年研究生国家奖学金评选，共有49人获得2015年国家奖学金奖励，其中博士3人，硕士46人，共发放奖金101万元。2015年国家学业奖学金评选，共有992人获得奖励，其中获得一等奖学金71人、二等奖学金285人、三等奖学金636人，共发放奖学金432.8万元；博士研究生共有13人获得奖励，其中获得一等奖学金4人、二等奖学金9人，共发放奖学金11.2万元。博士、硕士共计发放444万元。2015年研究生华藏、孝廉奖学金评选，共有4人获得奖励，其中2人获得华藏奖学金，2人获得孝廉奖学金；2015年研究生共计发放国家助学金1 111.29万元。

（七）信息化管理

宁夏大学研究生教育管理信息化建设已经取得了长足发展，为学校学位与研究生教育工作快速发展提供了科学、有效保障，信息化建设给研究生教育管理的日常业务工作带来了先进的管理模式和手段，在高效管理和科学决策方面发挥着显著作用，影响日益深入，对于推动管理工作的观念创新和制度创新，具有重要作用和意义，为此，学校先后投入两期工程，共计投入建设经费150万元。

七、教育存在的问题

（一）研究生教育的持续投入机制尚有缺乏

研究生培养单位、学位点、研究生导师、学生支配和使用的经费有限，活力和积极性有待激发；研究生培养过程和质量提升关键点支撑经费不足；生源质量堪忧，且学校在人才培养投入不够充足，资助体系建立困难；人才培养方式单一，培养过程同质化倾向严重，国际视野不够开阔，有效开展国际交流困难。

（二）研究生教育的国际化程度有待提高

通过学校努力，研究生交流学习、出国访问、国际学术会议等渠道，越来越多的研究生具有对外交流学习经历，但研究生教育国际化程度仍然较低。宁夏大学招收的外国留学生攻读博士、硕士学位的人数较少。总体而言，宁夏大学研究生教育国际化程度提升规模有限，还需进一步加强。

（三）研究生教育的生源质量尚待改善

宁夏大学地处西部，学位点布局与其他高校存在差异，高层次、高水平的学术创新团队、教学团队建设水平亟待提升，学科核心竞争力、学科特色和优势不够明显，加之学校综合水平和影响力不够高等原因，报考宁夏大学的考生基本来源于本区考生及省外普通院校，甚至来自三本院校，且相当一部分考生为调剂生，"985""211"等高水平的院校考生较少，生源质量不够理想，优质生源较为缺乏，学校吸引优秀生源手段较为有限。

八、改革发展的思路

（一）明确学位点建设目标和任务

以一级学科博士点和一级学科硕士点建设为核心，重点扶持、发展一批应用性强、生源好、社会需求量大的二级学科硕士点，积极发展专业学位。在全面建设并确保所有学位授权学科专业达到国家要求的前提下，突出重点，强化特色，带动学校学位点建设全面发展。

（二）健全管理体制和运行机制

实行研究生院、学院、学位点三级管理体制。研究生院负责宏观管理，学院负责运行管理，学位点负责高质量地完成研究生培养任务；发挥学校学术委员会、学位评定委员会、学位评定分委员会、研究生工作秘书、研究生教育质量督导的作用；加强研究生培养质量评估体系研究，建立健全研究生教育质量评估体系和评价标准，定期组织自我质量评估，及时发现问题，以评促改，以评促建。

（三）主动推进培养机制的改革

导师招收培养研究生必须依托其科研工作进行，并为研究生提供"助理研究"的岗位和报酬，强化研究生培养的科研主导机制，使研究生培养向优势学科、高水平科研任务集中，使宁夏大学研究生教育与自治区的社会经济发展相适应。通过以提高研究生培养质量为目标，紧紧围绕建立以科研为主导的导师负责制和资助制这一核心，大幅度提高宁夏大学研究生培养质量和研究生的自主创新能力。

（四）加强导师队伍建设和管理

加强导师队伍建设，实行导师动态管理，调动导师工作积极性，提高导师指导水平和指导能力。严格导师遴选制度，加强工作调研，进一步明确学位点管理范围和工作责任，完善学位点负责人制度。建立校、院两级导师培训制度，加强对导师工作的评估，侧重评估学生培养质量；加强兼职导师队伍建设和管理。

（五）重视专业学位研究生教育

根据宁夏经济社会发展需求，加强对专业学位人才需求的研究和预测，充分发挥和挖掘现有学科优势和潜力，规划和建设一批特色专业学位领域。扩大专业学位设置力度，使专业学位覆盖面更广泛，努力加强专业学位导师队伍建设，健全校内外"双导师制"，扩大选拔兼职导师的范围、力度和待遇，扩大专业学位研究生招生规模。制定、完善专业学位研究生培养方案和实施细则。

（六）加快国内外合作和交流步伐

加强实施对外交流项目，建立研究生对外交流合作基金。探索与国内外高水平院校和研究机构交流研习的途径，拓宽合作渠道，推进研究生培养国际化进程。每个培养单位都要提出研究生进行国际交流的培养要求，积极与国外知名大学接洽联系，启动国内外交流项目。积极发展留学生教育，适当扩大留学生规模，积极构建国内外交流合作平台，寻求国际化合作的机会，推动研究生教育国际化步伐，提升国际交流与合作水平。

第四章 宁夏研究生教育面临的形势分析

2020年国家密集出台了有关加强研究生教育的政策和文件。7月29日,首次全国研究生教育会议召开,习近平总书记对研究生教育作出重要指示,李克强总理作出重要批示,孙春兰副总理发表重要讲话,教育部部长陈宝生作出工作部署。习近平总书记高度肯定研究生教育在全面建设社会主义现代化国家新征程中的重要地位,这是我区下一步做好研究生教育工作的根本遵循和行动指南。

全区教育系统要切实把思想和行动统一到习近平总书记重要指示和党中央、国务院重大部署上来,深入学习贯彻党的十九大,十九届二中、三中、四中、五中全会精神,全面贯彻落实全国教育大会、全国研究生教育会议精神,促进研究生德智体美劳全面发展,提升研究生教育支撑引领自治区经济社会发展能力,奋力推动新时代宁夏研究生教育高质量发展的新局面。

第一节 国际高等教育对研究生教育的影响

我国建设研究生教育强国一定要有大视野、大胸怀、大担当、大格局。伴随着人类社会的不断发展,当今世界已步入百年未有之大变局的时代。激烈的经济发展和国际竞争,使得作为经济发展支撑的高等教育事业也显示日益激烈的竞争态势。宁夏研究生教育事业的发展作为中国高等教育的重要组成部分,也会受到这一影响。

一、国际高等教育发展的形势

伴随着百年未有之大变局,当今世界竞争日趋激烈,而这种竞争归根到底是高水平人才的竞争。研究生教育的竞争是国与国之间顶端教育的竞争,代表的是国家最高教育水平,竞争舞台是国际舞台,对手是全世界的顶级高校。中国的研究生教育要放眼世界、立足世界、走向世界。美国科学、工程与政策委员会在研究报告中指出,研究生教育不仅是未来科学与工程领袖的源泉,而且是国家强盛和繁荣的不可缺少的基石,在研究生教育阶段加强对关键领域的支持对于维持竞争优势和保证所有美国居民的安全至关重要。欧盟自20世纪90年代末期启动了"博洛尼亚进程",规划建设欧洲的高等教育和科学研究特区,突出强调要增进欧洲各国高等教育机构彼此间在培养博士和新一代科学家方面的合作,追求卓越。德国近年来启动了"卓越大学计划",其目的在于占据未来人才和科技竞争的制高点。日本2002年启动的"21世纪COE(卓越研究中心)计划"试图在大学中的若干学科方向上建立世界最高水平的研究生教育基地,"培养新一代学术水平高、创新能力强、能参与国际竞争的年轻的科学家"。在随后发布的《研究生教育振兴纲要》中进一步提出,要强化研究生院培养高水平人才的功能,构筑具有国际影响力的研究生教育,强化国家整体竞争力。韩国于1999年制订并启动了"BK21计划",旨在开发能够迎接21世纪知识社会挑战的高素质人力资源,先后重点建设12所大学和2个科研院所进入世界一流大学重点建设计划和42个地方大学建设全国优秀大学建设计划。

二、对宁夏研究生教育的影响

面对世界百年未有之大变局,竞争激烈,培养一批具有创新意识和创新能力的高水平人才,是关系到我国由人力资源大国向人力资源强国转变的关键所在,是决定我国创新型国家建设顺利推进的关键所在。为此,我国加强了高水平大学建设和重点学科建设,于20世纪90年代先后启动了"211"工程和"985"

工程建设，在这两项国家工程建设中，研究生教育均被列为重要建设内容，反映出国家对研究生教育的高度重视。

改革开放以来我国研究生教育事业得到了快速、有序发展，取得了举世瞩目的伟大成就，实现了历史性的跨越，研究生教育规模已列入世界前列。站在新的历史起点上，如何在新时代全面落实研究生教育强国建设，实现由高等教育大国向高等教育强国的转变，加快创新型国家建设，提升我国的国际竞争力，推进我国各项事业又好又快发展，研究生教育肩负着国家发展和社会进步赋予的重要历史使命。在这一关键发展时期，我国研究生教育的发展目标、战略重点和主要任务也随之发生重要变化，将由原来的规模发展转移到优化结构和提高质量的工作重心上来。提高质量，服务需求，正成为主旋律。从世界发达国家研究生教育的成功经验可以看出，为适应社会发展和经济建设的需要，必须积极发展研究生教育。在这一转移过程中，结构优化的重要内容包括研究生培养类型的结构优化，即研究生教育布局、结构，研究生培养的结构优化，要切实以质量为研究生教育发展的生命线，着力提高研究生培养质量。

宁夏研究生教育需要结合国家关于研究生教育的整体发展思路，精心谋划宁夏研究生教育的长远发展，积极推进宁夏研究生教育的发展，为我国整体上实现研究生教育的战略转移，推动我国学位与研究生教育事业的科学发展作出应有的积极贡献。当前，世界百年未有之大变局加速演进，美国对我国实施全方位打压阻遏日益露骨，在经贸、科技、金融、产业、人才、政治等领域频频发难。站在"两个一百年"奋斗目标的历史交汇点上，我区要做好较长时间应对外部环境变化的思想准备和工作准备，以确定性工作有效应对不确定的风险挑战，全力服务国家重大战略，充分发挥中国特色社会主义制度优势和世界最大规模高等教育体系优势，重点培养一批尖端人才和大批高层次创新型人才，努力打造具有中国特色、国际影响的研究生教育，为中华民族伟大复兴战略全局贡献宁夏力量。

第二节　国家宏观政策对研究生教育的影响

党的十八大以后，党中央明确提出了我国今后一段时间内要"建设创新型国家"的战略思想和"人才强国"的战略思路。研究生教育作为国民教育体系的顶端，是国家人才竞争和科技竞争的重要支柱，是实施创新驱动发展战略和建设创新型国家的核心要素，是科技第一生产力、人才第一资源、创新第一动力的重要结合点。没有强大的研究生教育，就没有强大的国家创新体系。研究生教育的质量，直接关系到高等教育乃至整个国民教育体系的水平，关系到国家未来的核心竞争力。

一、人才强国战略对研究生教育的需求

研究生教育为我国经济建设和社会发展培养并输送大批高层次专门人才，是我国人才强国战略实施的重要基础。因此，我国人才强国战略的实施，对我国研究生教育提出了新的要求。由于宁夏地处边远，自然条件恶劣，经济落后，又是少数民族地区，对人才的吸引力较弱，加之近几年来与东部沿海地区的差距不断拉大，造成宁夏人才严重外流和竞争处于不利地位。每年的应届毕业硕士、博士生来宁夏就业数量有限，大量的委培、定向硕士生、博士生在学成后再次流失，致使经济建设和高等院校对高层次人才的需求处于饥渴之中。这一现实严重制约着自治区经济建设和高等学校的发展。为此，在高层次人才的培养上，宁夏只有树立起立足于本地区的思想，才能在发展本地区研究生教育上坚定信心，采取有效措施培养出一批具有地方特色、留得住、用得上的与自治区经济建设紧密结合的高层次人才，才能稳定现有的高层次人才队伍。

随着国家开发大西北战略的实施，宁夏经济建设和社会发展对高层次人才的需求十分迫切。加快学位与研究生教育发展，增加硕士点数量，拓宽多种培养渠道，扩大培养规模是宁夏研究生教育的当务之急。因此，扩大研究生培养规模的任务还十分艰巨。硕士点少是制约宁夏研究生教育发展的瓶颈，由于受

到薄弱学科因素的影响，今后几年，新增硕士点不会有较大数量的增加，招生规模仍受到限制，而发展专业硕士、同等学力硕士学位授权单位和专业，开通在职人员接受研究生教育的新模式，是扩大宁夏学位与研究生教育规模的有效途径。专业硕士、以同等学力申请硕士学位，丰富了研究生培养类型，开辟了在职人员以进校不离岗方式攻读硕士学位的渠道，将使宁夏教育、管理部门、企业高层次人才严重缺乏的局面得到改善，使学位与研究生教育也有力地推动与用人单位的联系和合作，促进知识向现实生产力的转化。因此，在增加新的硕士点的同时，创造条件新上一批具有招收专业硕士资格专业和举办研究生课程进修班资格的专业，开展同等学力申请硕士学位，对扩大宁夏学位与研究生教育的规模具有同等重要的作用。

2018年，自治区党委、人民政府《关于实施人才强区工程助推创新驱动发展战略的意见》，统筹推进各类人才队伍建设，以创新型科技人才、企业经营管理人才、高技能人才和"双创"人才为重点，突出抓体制机制改革，抓政治引领，抓人才作用发挥，抓统筹协调、部门协作、上下联动，谋划实施一系列补齐短板、激发活力的重大人才政策、重大人才项目和重大人才体制机制改革，以改革红利释放人才红利、用人才活力激发创新动力，推动宁夏人才总量不断增加、人才结构不断优化、人才素质不断提高、人才贡献率不断提升。通过努力，未来五年，力争实现"九个一"目标：新培养1000名以上高层次人才，新引进1000名以上高层次人才，新培养1000名企业经营管理人才，培养"双创"人才达到10万名以上，培养高技能人才达到10万名以上，建成100个左右科技创新平台，打造100个左右在西部地区具有比较优势的"人才小高地"，实施10个重点优势产业人才支持计划。通过培养引进壮大人才队伍，实现全区人才总量接近100万人的目标。为宁夏开启全面建设社会主义现代化国家新征程提供强有力的人才支撑，人才强区战略，为宁夏的研究生教育提供了一个非常好的发展环境。

研究生教育肩负高层次人才培养的重任。无论是高级行政管理人员、优秀企业家，还是比较杰出的科研人员，大体而言，都受过比较好的高等教育，在当前的形势下，一般都受过研究生教育和培养。研究生教育培养的规模与质量直接关系到我国高层次人才的数量和质量。因此，要实现国家提出的"人才强国"

发展战略，就必须进一步发展我区研究生教育培养规模，以适应国家对高层次人才数量上的需求；要加强学位授予单位和学位授权点内涵建设，保证高层次人才培养质量。从当前的国家需求来看，我国研究生教育培养规模，尤其是博士生培养规模和专业学位研究生培养规模需要有所增长，需要调整研究生培养类型的结构，实现从以学术型研究生培养为主向以专业型研究生培养为主的战略转移，为我国的高层次人才培养提供支撑。

二、创新型国家建设对研究生教育需求

创新型国家建设需要有一批具有创新精神和创新能力的高层次专门人才，而宁夏研究生教育事业正肩负着培养此类人才的任务。建设创新型国家是我国当前社会经济发展的必然选择，国际上各国发展的历史经验表明，当一个国家的人均生产总值达到1000到3000美元的时候，是国民经济和社会的重要转型期，也是重要的战略机遇期。许多发达国家都经历过这样一个时期，日本、韩国、芬兰、爱尔兰，都在这一发展机遇期成功实现了经济转型，发展成为经济和社会都比较发达的国家。比如韩国，1962年人均GDP为82美元，低于我国困难时期的水平，但30年以后的20世纪90年代就超过10000美元，如果没有亚洲金融危机，很可能达到20000美元的水平，原因就是韩国选择了自主创新的经济发展路线，拥有一大批有自主知识产权的产品。而另外一些国家，20世纪六七十年代就达到1000美元，如墨西哥、巴西、泰国、菲律宾，这些国家在这一发展期没有抓住这一机遇，经济始终上不去。比如巴西，20世纪60年代已经达到1000美元水平，可到2002年仅达到2000美元，并且徘徊不前。究其原因，主要是因为在巴西等国家，跨国公司始终占领高端产品市场，同时垄断他们的银行等金融机构，金融上没有宏观调控，技术上被别国控制。而韩国汽车工业发展一开始也是和美国合作，十年后拥有自主知识产权，而且返销美国。因此，从根本上说，能否实现在这一发展机遇期的跨越，根本在于是否具有创新能力。

研究生教育作为创新体系的重要组成部分，担负着创新升级和人才升级的双重使命。特别是在全球科技呈现多点突破、交叉汇聚的态势下，大力发展研

究生教育，有利于打造和完善创新链、人才链，加快自主创新进程，解决关键技术"卡脖子"问题；有利于抢占产业链高端，支持带动战略性新兴产业发展，构建创新驱动、内生增长的发展模式；有利于维护产业链供应链安全稳定，推动形成以国内大循环为主体、国内国际双循环相互促进的新发展格局。宁夏积极建设黄河流域生态保护和高质量建设先行区，重点抓好九大产业发展，迫切需要研究生教育紧盯科技前沿和关键领域开拓创新，不断适应和满足新时代现代化建设需要。最后，要瞄准自治区"三大战略"。党委政府明确提出创新驱动发展战略和实施人才强区战略。研究生教育位于国民教育体系的顶端，对包括本专科教育在内的各级各类教育具有高位引领作用，在教育理念、培养模式、人才选拔以及评价机制改革等方面具有示范效应。全区研究生教育战线要以更强的责任担当、使命担当，进一步提升研究生教育质量和水平，更进一步推动研究生教育改革发展走在前列，争做现代化教育强区建设的排头兵、领头雁。

宁夏研究生教育在创新型国家建设中发挥着重要的意义和作用。在创新型国家建设中，创新的主体是人才，而教育的基本任务就是培养人才。教育在创新型国家建设中具有三大功能：一是直接参与，成为中国特色自主创新体系的组成部分；二是培养拔尖创新人才和各类专门人才，为自主创新提供人才准备；三是通过各级各类教育，在全社会培育创新文化，营造创新氛围。宁夏作为我国研究生教育大区，在创新型国家建设中起着举足轻重的地位，成为自主创新能力提升和创新型国家建设的重要支撑。因此，从创新型国家建设来看，要进一步加强宁夏研究生教育建设，要适度扩大学位授予单位和学位授权点规模，同时要提升学位授予单位和学位授权点的整体水平和人才培养实力。

第三节 宁夏社会发展对研究生教育的影响

宁夏把坚持创新放在现代化建设全局的核心地位，把科技创新作为美丽新宁夏建设的战略支撑，着眼高质量发展需求，面向转型发展主战场，大力实施科教兴宁战略、人才强区战略、创新驱动发展战略，打造区域有影响力的创新中心。研究生教育肩负着高层次人才培养和创新创造的重要使命，是国家发展、社会进步的重要基石，是应对全球人才竞争的基础布局。

一、宁夏经济建设对研究生教育的需求

"十四五"时期，是我国全面建成小康社会、实现第一个百年奋斗目标之后，乘势而上开启全面建设社会主义现代化国家新征程、向第二个百年奋斗目标进军的第一个五年，也是宁夏努力建设黄河流域生态保护和高质量发展先行区，继续建设经济繁荣、民族团结、环境优美、人民富裕的美丽新宁夏的关键性五年。

宁夏回族自治区，位于中国西北内陆地区，东邻陕西，西、北接内蒙古，南连甘肃，宁夏回族自治区总面积6.64万平方公里，位于四大地理区划的西北地区。截至2018年末，宁夏回族自治区下辖5个地级市（9个市辖区、2个县级市、11个县）。2019年常住人口694.66万人，实现地区生产总值3 705.18亿元，其中第一产业279.85亿元，第二产业1 650.26亿元，第三产业1 775.07亿元。人均生产总值54 094元。当前，宁夏经济社会发展面临诸多重大历史机遇，宁夏是国家批准的内陆开放型经济试验区；中阿博览会永久举办地，这些国家战略把宁夏推到新时代、新发展阶段合作开放的前沿。

近年来，宁夏积极构建促进中国向西开放和国家实施"一带一路"倡议的重要战略支点，努力使宁夏成为西部经济要素富集、充满创新活力的区域，成为中西部发展现代服务业的重要平台，成为促进中西部地区崛起的重要增长极，在科学发展、社会和谐、改革创新等方面走在中西部地区的前列。站在新的历史起点，开启宁夏全面建设社会主义现代化国家新征程，必须全面贯彻落实党中央决策部署，以习近平新时代中国特色社会主义思想和习近平总书记视察宁夏重要讲话精神为根本遵循，立足新发展阶段，贯彻新发展理念，构建新发展格局，积极应对各种风险挑战，坚持不懈推动高质量发展，确保宁夏在全面建设社会主义现代化国家新征程中开好局、起好步。结合国家实施促进中西部地区崛起战略的契机，加快构建"一带三区"总体布局。

宁夏到2035年要基本实现社会主义现代化远景目标，确保与全国同步基本实现社会主义现代化。经济繁荣实现大跨越，年均经济增速高于全国平均水平、

经济总量比2020年翻一番以上，人均地区生产总值赶上全国平均水平，区域发展综合实力、科技创新能力、企业市场竞争力大幅跃升，投资结构、产业结构、供给结构契合新发展格局，形成优进优出的开放型经济新体制，基本实现新型工业化、信息化、城镇化、农业现代化，建成特色鲜明的区域现代化经济体系，区域协调发展水平、城乡融合发展能力走在西部地区前列。民族团结实现大进步，中华民族共同体意识扎根全民，民族区域自治制度展现出强大生命力，民族关系团结和谐，各族人民守望相助一家亲，建成全国民族团结进步示范区；宗教关系和顺健康，宗教与社会主义社会相适应；基本实现社会治理体系和治理能力现代化，人民平等参与、平等发展权利得到充分保障，建成更高水平的法治宁夏、平安宁夏。环境优美实现大改善，黄河流域生态保护和高质量发展先行区建设取得重大战略成果，主要污染物排放强度达到全国平均水平，碳排放达峰后稳中有降，水资源节约集约利用水平全国领先，万元GDP能耗水平位居西部地区前列，广泛形成绿色生产生活方式，生态环境根本转变、持续向好，生态系统功能完善、稳定高效，全区年平均降水量得到有效增加，"塞上江南"天蓝、地绿、水美，宁夏在全国的生态屏障、生态通道的重要作用进一步凸显。人民富裕实现大提升，城乡居民人均收入达到全国平均水平，中等收入群体显著扩大，城乡居民生活水平差距显著缩小，各级各类教育普及程度达到全国中上水平，人均预期寿命高于全国平均水平，社会保障待遇水平达到全国平均水平，基本公共服务均等化实现水平走在全国前列，社会文明程度达到新高度，基本建成文化强区、教育强区和健康宁夏，在幼有所育、学有所教、劳有所得、病有所医、老有所养、住有所居、弱有所扶上取得重大进展，在促进人的全面发展、实现共同富裕上取得更为明显的实质性进展。

  宁夏的社会发展进步对高层次专门人才的需求会大幅度增加。新的目标和前景规划已经明确，整个社会分工日趋精细、职业实践越来越复杂，社会对有较强的专业能力和职业素养、能够创造性地从事实际工作的高层次应用型专门人才的需求越来越大。宁夏经济正在步入新一轮上升通道，"三大战略"的实施，将促进宁夏经济的区域互动、产业融合和协调发展程度逐步提升，对各类别高层次应用型专门人才的需求将逐步增大。坚持把发展经济的着力点放在实体经济上，推进产业向高端化、绿色化、智能化、融合化方向发展，构建以九大产业为重点的现代产业体系，走出一条高质量发展的新路子。

研究生教育要根据国家、区域重大战略需求和行业产业发展需要，落实建设黄河流域生态保护和高质量发展先行区重大国家战略，重点建设和支持水利、生态、旅游等学科专业；对接自治区枸杞、葡萄酒、奶产业、肉牛和滩羊、绿色食品、新型材料、电子信息、清洁能源、文化旅游九大重点特色产业，重点建设和支持化工、材料、信息工程、作物、园艺、畜牧、药学、食品等学科专业；重点建设和支持民族学、中国语言文学、历史学、法学和冷门绝学学科专业；着眼人民群众健康医疗急需和发展公共卫生事业，重点建设和支持医学学科专业；高度重视马克思主义理论研究和建设工程，用好用足国家政策，鼓励和支持宁夏4所培养单位联合申报马克思主义理论一级学科博士授权点，推进马克思主义理论学科建设；紧跟当前科学技术发展的重大特征，鼓励和支持培养单位自主设置新兴交叉学科和新领域新方向。培育壮大先进制造业，加快产业体系升级和基础能力再造，提升产业链供应链现代化水平，推动制造业高质量发展。到2025年，制造业增加值占地区生产总值比重达到25%以上；提质发展高效种养业，着力构建现代农业产业体系、生产体系、经营体系，建设国家农业绿色发展先行区；提档升级现代服务业，推进服务业标准化、品牌化、融合化、数字化发展，提高服务效率和服务品质，构建优质高效、充满活力、竞争力强的现代服务业体系。到2025年，全区服务业增加值占地区生产总值比重达到53%以上；加快推进数字化发展，实施数字经济战略，推进数字产业化和产业数字化，加快经济社会数字化转型，建设数字宁夏；主动融入"一带一路"建设，为更好融入"一带一路"提供有力支撑，推动宁夏从内陆腹地走向开放前沿。

二、宁夏科技发展对研究生教育的影响

宁夏把坚持创新放在现代化建设全局的核心地位，把科技创新作为美丽新宁夏建设的战略支撑，着眼高质量发展需求，面向转型发展主战场，大力实施科教兴宁战略、人才强区战略、创新驱动发展战略，打造区域有影响力的创新中心。

2015年，全区R&D经费支出占GDP比重为0.88%，R&D水平在全国排名第24位，相当于同期全国平均水平的44%，2020年R&D经费支出占GDP比重的2.0%。

宁夏科技研发及成果转化绩效明显提高。通过组织实施一批重大科技专项、攻克一批支撑产业发展共性关键技术，科技研发及成果转化取得实质性突破。一是攻克一批制约产业升级的关键技术。大型水面舰艇阻拦装置用特种钢丝绳生产技术、高温铌钨合金涂层技术、电网继电保护省地一体化整定计算系统等技术处于国际先进水平。高效节水农业、农业物联网等方面取得一批国内领先的重要成果，农业科技进步贡献率达到57%。二是取得并转化一批重要科技成果。组织实施国家和自治区重点科技项目870项，取得重要科技成果1056项，比"十一五"增长29.46%。"十二五"期间，发明专利申请量年均增长51%，申请发明专利7888件，比"十一五"增长782.32%，万人拥有发明专利量达到1.74件。连续4年获得国家科学技术进步奖8项，获得何梁何利基金科技创新奖3人。

宁夏企业创新主体地位明显增强。以培育一批创新创业典型企业为抓手，通过实施企业科技创新后补助等政策，引导企业加大科技投入，企业研发经费占全社会R&D经费支出的75%，成为研发投入和技术创新主体。大力培育科技型企业，全区创新型（试点）企业达到50家，知识产权示范（优势、试点）企业达到52家，科技型中小企业达到274家，高新技术企业达到62家，高新技术企业总产值达到200多亿元。

宁夏创新平台与载体建设步伐明显加快。按照"整合、共享、服务、创新"的基本思路，构筑一批紧贴产业需求的创新平台、科技园区和资源共享平台。一是创新平台建设取得明显进展。国家和自治区重点实验室达到24个、工程实验室26个、工程技术研究中心44个、技术创新中心174个、企业技术中心72个，各类公共研发平台340个，比"十一五"末增长134.48%。建立国家和自治区科技企业孵化器11家，生产力促进中心7家，促进了中小企业发展壮大。二是科技园区和基地建设加快推进。石嘴山国家高新技术产业开发区及石嘴山、固原、中卫3个国家农业科技园区获批建设。国家级高新技术产业开发区达到2家，国家级农业科技园区达到5家，国家级大学科技园1家，实现国家农业科技园区市级全覆盖。建立国家科技示范基地10个、自治区农业科技示范园区30个和科技惠民示范基地22个,石嘴山市被评为全国首批"小微企业创业创新基地城市示范"。三是科技资源共享平台建设稳步推进。宁夏大型科学仪器共享服务平台在仪器设备集中的高校、科研、检测等机构开展仪器集中开放共享服务,服务企业428家。宁夏科技文献资源共享平台拥有各类文献数据库60个,文档回溯能力超过100年,资源总量18.5亿条,2015年科技文献服务工作跻身全国十强。

宁夏的科技人才队伍建设明显加强。围绕经济社会发展需要,加快培养结构合理的科技创新人才队伍。一是科技人才政策环境持续优化。制定出台支持人才培养、引进和使用的政策措施50多项,有效优化了科技人才创新创业政策环境。二是科技人员数量持续增长。先后柔性引进院士119人、知名专家338人,全区从事科技活动人员数量达到3.12万人,比"十一五"末增长20%。三是科技创新创业人才队伍持续壮大。引进培育科技人才1200多人,全区科技创新团队总数达到77个,涵盖能源化工、新材料、先进装备制造、现代农业、医药卫生等多个领域。大力推进科技特派员创业行动,全区科技特派员队伍总人数达到4 825人。

宁夏的对外科技合作与交流水平明显提升。以培育对外科技合作示范基地为抓手,加快推进对外科技合作与交流。一是国内科技合作不断深化。自治区人民政府与科技部建立会商工作机制,先后与北京、陕西等科技强省(市)和中国科学院、中国工程院等大院大所实施合作项目200多个,中国科学院银川产业育成中心进驻银川科技园,中关村科技产业园落户中卫。二是与发达国家科技合作取得重要成果。先后与40多个国家和地区建立科技合作关系,引进先进适用技术60多项,与50多家企业、科研院所、高校实施国际科技合作项目50余项。三是中阿科技合作迈入新阶段。2015年,中阿技术转移中心落户宁夏,在沙特、阿联酋(迪拜)、阿曼、约旦等国家和阿拉伯科技与海运学院等机构成立双边技术转移中心5个。依托中阿技术转移中心,中阿双方在椰枣、现代节水农业、农业物联网等领域开展了有效合作。

宁夏的科技体制机制改革持续推进。聚焦科技创新与经济发展,着力完善科技管理机制。一是推动自治区科技计划改革。制定科技计划管理改革方案、科研项目和资金管理办法,科技计划管理体系不断完善。二是创新财政科技投入机制。建立财政稳定支持基础性、社会公益性科研机制,对企业创新实行"先期引导+后补助"机制,运用科技与金融结合机制缓解中小微企业融资难题。三是促进产学研协同创新。"十二五"以来先后组建产业技术创新战略联盟9个,成为促进产学研协同创新的重要载体。

宁夏在"十四五"规划中,不断加强科技力量建设,实施科技强区行动,坚持战略性需求导向,整合科技资源、扩大对外合作,走协同创新之路,推动科技创新和经济社会发展深度融合,更多依靠科技进步和全面创新,增强高质量发展内生动力。加快关键共性技术攻关,围绕特色优势产业布局创新链,聚焦产业链关键环节,打好关键核心技术攻坚战,提高创新链整体效能。以清洁能源、新型材料、现代农业、生态环保、人口健康等领域为重点,加强基础和应用基础研究,开展重大关键共性技术研发攻关,力争突破一批关键核心技术、推出一批高端产品,不断增强产业竞争力。依托重大工程建设和有条件的行业骨干企业,推进首台(套)示范应用。

围绕促进产业高端化、绿色化、智能化、融合化发展,加快研究部署一批新的重大重点研发项目,推动产业向价值链中高端迈进。深化区域科技合作交流,完善东西部科技合作长效机制,精准对接东部科技资源,建立协同创新共同体,打造东西部科技合作示范区。引进培育一批创新型领军企业,联合实施一批高新技术产业化项目;共建一批研发平台、技术转移机构和新型研发机构,推动跨区域共建科技产业园区。鼓励区内企业、高等院校、科研院所与国家大院大所、重点高校、发达地区创新主体合作共建创新平台、培养创新人才、实施重大科技项目。支持企业在东中部地区设立研发中心、科技成果育成平台和离岸孵化器,开展科研代工、委托研发等合作模式。

深度参与"一带一路"科技创新行动计划,开展能源化工、葡萄酒、防沙治沙、医疗卫生等领域国际技术交流合作。提升平台载体建设水平,实施园区创新发展能力提升行动,推进银川、石嘴山国家高新技术产业开发区提档升级,鼓励有条件的工业园区创建国家级和自治区级高新区,加快建设国家级农业高新技术产业示范区。实施创新平台建设工程,加快布局建设重点实验室、创新中心、工程(技术)研究中心等科技创新平台,争取建设国家级重点实验室和国家技术创新中心,推动规模以上高新技术企业创新平台全覆盖,打造一批以工业园区和重点企业为支撑的创新小高地。整合优化科技创新平台资源，建设新材料、新能源、葡萄酒、枸杞等协同创新中心和新型研发机构。

提升企业创新能力，强化企业创新主体地位，推动创新链与产业链深度融合，促进各类创新要素向企业集聚，形成利益联结机制，建立创新主体有活力、创新活动有效率的技术创新体系。培育壮大科技型企业，实施科技型企业梯次培育计划，建立科技型中小企业、科技小巨人企业、高新技术企业、创新型示范企业培育库。推动资金、技术、人才、知识、数据等创新要素向企业集聚，支持企业组建研发机构、承担科技项目、开展技术合作，打造重点领域创新型领军企业。实施科技型企业升级赋能计划，发挥行业龙头企业引领带动作用，遴选培育一批创新型示范企业，带动创新型中小微企业成长发展。

激发人才创新活力，贯彻尊重劳动、尊重知识、尊重人才、尊重创造，深化人才发展体制机制改革，完善培养引进、使用评价、激励服务体系，建设数量充足、结构合理、梯度接续、素质优良的创新型人才队伍。培育各类创新人才队伍，搭建人才公共服务平台，推广"产学研用"协同育人模式，建立健全创新型人才梯度培养体系。实施创新人才培养计划，最大限度发挥现有人才作用，大力培养本土人才、实用人才，稳定基层人才队伍。实施创新人才引进计划，围绕重点行业、重要领域引进一批科技创新领军人才、急需紧缺高层次人才、企业技术管理人才和青年后备科技人才。实施"人才+产业"计划，完善常态化人才柔性引进机制，探索建立"政府出钱、企业育才"的人才培养储备机制。发挥国家级博士后科研工作站、中国工程科技发展战略宁夏研究院、院士工作站、专家服务基地、科技创新团队和全区人才小高地的作用，加大院士后备人才和各专业领域人才培养力度。实施知识更新工程、技能提升行动，加强创新型、应用型、技能型人才培养，壮大专业技术队伍、高技能人才队伍和高素质产业工人队伍。

加快推进国家和自治区级双创示范基地高质量发展，鼓励企业、院校建设多层次科技孵化载体，促进各类双创载体融通发展。完善激励创新创业政策措施，鼓励高校、科研院所等事业单位专业技术人员创新创业，吸引宁夏籍人才回乡创业。实施全民科学素质提升行动，加强科普基础设施建设，开展全域科普，加强青少年科学兴趣引导和培养，促进公民科学素质水平快速提升。营造良好创新生态，深入推进科技体制机制改革，推动重点领域科技资源一体化配置，促进科技成果有效转移转化，基本形成政府、市场、社会等多元主体协同的科技创新格局。

实现宁夏科技发展的重要保障条件，即高素质科技人才队伍，而高素质科技人才队伍从何而来？关键在于高等教育，尤其是研究生教育。从宁夏要实现自身的战略发展目标，在当前形势下，必须加大科研力度，加大对科研工作的支持，科技工作必须实现较快发展。从科技发展与研究生培养规模的强正相关性可以得出这样的结论：要实现宁夏科学技术的快速发展，必须增大研究生培养规模。

第五章　宁夏研究生教育改革与发展的总体目标

研究生教育肩负着高层次人才培养和创新创造的重要使命，是国家发展、社会进步的重要基石，是应对全球人才竞争的基础布局。结合宁夏研究生教育的发展现状分析及外部环境影响因素的考察，要实现宁夏研究生教育的科学发展，首先需要确立宁夏研究生教育改革与发展的总体目标，包括宁夏研究生教育改革与发展的基本原则、指导思想以及发展目标三部分内容。

第一节　宁夏研究生教育改革与发展的基本原则

为全面贯彻落实全国教育大会、全国研究生教育会议精神，落实好立德树人根本任务，促进研究生德智体美劳全面发展，切实提升研究生教育支撑引领经济社会发展能力，宁夏研究生教育以习近平新时代中国特色社会主义思想为指导，全面贯彻党的教育方针，坚定走内涵式发展道路，以立德树人、服务需求、提高质量、追求卓越为主线，面向区域经济社会发展主战场，面向人民群众新需求，瞄准科技前沿和关键领域，提升导师队伍水平，完善人才培养体系，推进研究生教育办出特色、办出水平，为实现中华民族伟大复兴的中国梦提供坚强有力的人才和智力支撑。在这个基本思路的统领下，要实现宁夏研究生教育的科学发展，要坚持如下几项基本原则。

一、贯彻国家精神，把握发展方向

国务院学位委员会近几年来高度重视学位与研究生教育工作，已对我国学位与研究生教育提出了明确的发展思路、发展目标和指导意见。宁夏作为我国研究生教育的重要组成部分，需要以国务院学位委员会的有关文件精神为指导，把握好宁夏研究生教育正确的发展方向，积极发展研究生教育，尤其是要大力发展专业学位研究生教育，积极服务于国家研究生教育的整体发展。扎根中国大地、扎根西部地区办好研究生教育，加快推进新时代研究生教育改革发展，到2025年，宁夏研究生教育达到较高水平，使规模结构更加优化、体制机制更加完善、培养质量明显提升、服务需求贡献显著、学科影响力不断扩大。到2035年，初步建成我国西部地区的研究生教育强省。

二、适应社会需求，实现科学发展

宁夏研究生教育的发展，必须以适应社会需求为出发点，紧密结合经济社会现实需求和发展趋势，尤其是宁夏社会发展需求，积极发展专业学位研究生教育，积极服务于地方社会发展，满足特定职业领域人才的迫切需要，将专业学位研究生教育与职业资格认证体系紧密结合起来，为专业学位研究生教育营造良好的用人环境。优化培养类型结构，大力发展专业学位研究生教育。认真贯彻执行国务院学位委员会、教育部《专业学位研究生教育发展方案（2020—2025）》，加快推进宁夏新时代专业学位研究生教育高质量发展。宁夏现有27个专业学位类别，占全部（46个）专业学位类别的59%，在校专业学位研究生5 962人，占全区在校研究生总数的62%。各培养单位要根据经济、社会发展需求和自身办学定位，切实提高专业学位研究生培养质量。

重点支持宁夏医科大学办好办强临床医学博士专业学位，重点支持宁夏师范学院申请增设教育博士专业学位授权单位和教育博士专业学位授权点，支持宁夏大学申请增设教育博士专业学位授权点，构建具有区域特色和优势的师范教育专业学位研究生高地。按照国务院学位委员会和教育部的统一部署，根据社会发展需求，开展硕士专业学位类别自主设置试点和行业主管部门、行业产业协会提出硕士专业学位类别设置申请工作。支持学位授予单位将主动撤销的学术学位授权点调整为专业学位授权点，支持学位授予单位优化人才培养结构，硕士研究生招生计划增量主要用于专业学位，将学术学位硕士研究生招生计划调整为专业学位硕士研究生招生计划。自治区学位委员会将结合区域发展实际，研究制定专业学位研究生教育发展方案或计划，明确工作方向、思路和支持政策。

三、优化结构布局，完善培养体系

结合宁夏研究生教育结构和布局中存在的主要问题，构建学位授予单位和学位授权点更为合理的区域结构布局；以服务地方经济和社会发展需要出发，实施重点建设，突出优势学科和特色专业的培育；围绕宁夏重点发展产业的需求出发，进一步完善宁夏博士和硕士学位授权点的门类和学科结构。宁夏学术型研究生教育涵盖13个学科门类中除军事学以外的12个学科门类，共41个一级学科，其中工学9个，农学7个，理学、医学各6个，法学3个，经济学、教育学、文学、管理学各2个，哲学、历史学各1个；34个专业学位授权点涉及30个学科专业，其中农科类7个，医科类6个，工科类、管理科类各4个，经济科类3个，法科类、文学科类各2个，教育科类、艺术科类各1个。上述布局反映了宁夏研究生教育初步形成了比较完备的学科专业体系，体现了服务区域经济社会发展、服务人民群众需求的基本状况，但还存在体系布局不够合理、调整比较缓慢、水平质量有待提升等问题。要统筹兼顾遵循学科发展科学规律，适应国家和区域重大急需两方面，推动不同类型、不同性质的学科专业协调发展，共建基础学科、应用学科、交叉学科分类发展新机制，按照单位自主调、市场调节调、国家引导调的思路，不断优化学科专业结构，健全退出机制。

四、完善体制机制，确保培养质量

发展宁夏研究生教育，要以提高质量为核心，完善现有的中央、地方和高校三级专业学位管理体制和研究生培养运行机制。要按照国家教育发展纲要的要求，充分发挥区级地方学位委员会对研究生教育的统筹职能，进一步扩大高校自主办学权，形成以高校自主办学为主，两级政府管理为辅，突出区级政府管理为主的发展思路，完善现有的研究生教育管理体制；探索研究生培养的制度体系建设，形成培养单位、两级管理部门、用人单位和社会多层面的、健全的研究生培养支撑体系和质量监控体系，构建从研究生招生、培养、导师选聘、学位授予等适应于研究生培养的培养过程体系；进一步加强对授权单位及学位授权点的师资队伍建设、人才培养条件建设和校外培养基地建设，从而形成有利于宁夏研究生教育科学发展的体制保障体系，形成有利于提高研究生培养质量的保障机制。

加强关键环节质量监控，完善落实分流退出机制。严格执行国务院学位委员会和教育部《关于加强学位与研究生教育质量保证和监督体系建设的意见》《关于加快新时代研究生教育改革发展的意见》《关于进一步严格规范学位与研究生教育质量管理的若干意见》等一系列文件，制定关键环节考核标准和分流退出措施。坚持质量检查关口前移，切实发挥资格考试、学位论文开题和中期考核等关键节点的考核筛查作用，提高考核的科学性和有效性。进一步加大学位论文抽检工作力度，适当扩大抽检比例，对连续或多次出现"存在问题学位论文"的学位授予单位，加大约谈力度，严控招生规模。对"存在问题学位论文"较多的学位授权点进行重点抽评，根据评估结果责令研究生培养质量存在严重问题的学位授权点限期整改，经整改仍无法达到要求的，依法依规撤销有关学位授权。完善和落实研究生分流退出机制，对不适合继续攻读学位的研究生要及早按照培养方案进行分流退出，严格规范各类研究生学籍年限管理。畅通分流选择渠道，分流退出的博士研究生，符合硕士学位授予标准的可授予硕士学位；未满足学位授予条件的研究生，毕业后一定时间内达到相应要求的，可重新申请授予学位。完善研究生学业相关申诉救济机制，加强研究生合法权益保护。自治区学位委员会和教育厅将加大督查检查力度，运用学位授权点评估、质量专项检查抽查等监管手段，加强招生、培养、学位授予等管理环节督查，强化问责。

第二节　宁夏研究生教育改革与发展的思路与目标

按照宁夏研究生教育改革与发展的指导思想与基本原则，要实现宁夏研究生教育事业的科学、有序、健康发展，还需要明确宁夏研究生教育改革与发展的具体思路，明确宁夏研究生教育改革与发展的具体目标，以指导宁夏研究生教育今后一段时间内的发展。

一、宁夏研究生教育改革与发展的指导思想

宁夏研究生教育作为我国研究生教育的重要组成部分，或者说作为中国研究生教育系统的一个子系统，它首先应服务于中国研究生教育改革与发展的需要，要紧紧把握我国研究生教育改革与发展的发展方向。

对于我国研究生教育的改革与发展，《国家中长期教育改革与发展纲要（2010—2020年）》中有明确的阐述："大力推进研究生培养机制改革。建立以科学研究为主导的导师责任制和导师项目资助制，推行产学研联合培养研究生的双导师制"，"适应国家和区域经济社会发展需要，建立动态调整机制，不断优化高等教育结构。优化学科专业和层次、类型结构，重点扩大应用型、复合型、技能型人才培养规模，加快发展专业学位研究生教育。"归结起来就是，在今后一段时间内，围绕研究生教育培养质量这一中心工作，要加大研究生教育培养机制改革力度，大力调整研究生人才培养类型结构，实现研究生培养类型由以学术型为主向应用型为主的战略转移。另外，宁夏研究生教育的改革与发展，尤其是宁夏区属高校的研究生教育，要紧紧围绕宁夏地方经济建设和社会发展的需要，结合地方经济建设和社会发展对高层次专门人才的需求，明确自身的发展重点，把握自身研究生教育改革与发展的方向。

基于以上的几点考虑，课题组认为，宁夏研究生教育改革与发展的指导思想为：高举中国特色社会主义伟大旗帜，以马克思列宁主义、毛泽东思想、邓小平理论、"三个代表"重要思想、科学发展观、习近平新时代中国特色社会主义思想为指导，全面贯彻党的十九大，十九届二中、三中、四中、五中全会精神，深入学习贯彻自治区党委十二届八次、九次、十次、十一次、十二次全会精神，坚持解放思想、实事求是、与时俱进，借鉴世界发达国家研究生教育的成功经验，把握国家宏观政策对研究生教育的战略需要，按照国家关于研究生教育改革与发展提出的整体发展思路与总体发展目标，结合宁夏研究生教育的现状与社会发展的需求，以培养大批适应社会发展，尤其是宁夏社会发展所需的高层次专门人才为目标，以保证质量为核心，统筹规划，调整布局，优化结构，完善制度，健全机制，创新研究生培养模式，规模发展与提高质量并重，分步实施，有序推进，努力开创宁夏研究生教育又好又快发展的新局面，促进宁夏研究生教育更好地为创新型国家和人力资源强国建设作出更大贡献。

二、宁夏研究生教育改革与发展的思路

实现宁夏研究生教育的科学发展，要改革现有学位与研究生教育管理体制，建立两级政府和高校合理的制度体系，建立高效、有序的地方政府和高校研究生教育管理运行机制；不断探索研究生培养模式，结合不同高校校情，不同层次、不同类型研究生培养的实际情况，以提高研究生培养质量为目标，构建多元研究生培养模式；结合宁夏研究生教育培养机制中导师和研究生积极性不足等问题，积极开展研究生培养机制改革；突出各高校的办学特色和现有的办学基础，形成合理的办学层次，建设一批高水平的宁夏重点学科，支撑宁夏研究生教育的发展，建设一批高水平的宁夏研究生培养创新基地；创造良好的办学环境，加强研究生教育法律法规体系建设，完善研究生教育质量保障体系，完善研究生教育服务系统。

三、宁夏研究生教育改革与发展的目标

宁夏研究生教育近五年的发展目标是：通过五年的努力，坚持立德树人，坚守意识形态和学术道德底线，改革创新研究生培养模式和管理服务机制，合理布局、动态调控，充分激发各学位点的培养主体意识，完善权责一体的质量监控与保障机制，在建设一流导师队伍、拓展一级学科博士学位点、持续优化生源结构、提高培养质量和国际化水平、建构"三全育人"高效运行机制等方面取得突破性进展，2025年，一级学科博士学位授权点增至10个以上，在学研究生规模达到6 000人，其中，博士生超过600人，具有国际化经历的研究生占比超过10%。坚定区域特色鲜明、服务地方能力突出的西部一流大学建设与发展方向，充分运用比较视野、历史与实践相融合的方法，分析、把握和运用新时期研究生教育发展规律，面向"一带一路"、黄河流域生态保护和高质量发展先行区建设需求，紧扣以"三全育人"为核心的立德树人育人主线，强化顶层设计，深入推进开放合作，主动调整优化学科专业布局，积极探索规模和教育质量并重的转型发展新机制。

以师德师风作为评价导师队伍的第一标准，立德树人、教书育人作为导师的首要职责，建设科学规范的导师培训体系，修订完善导师选聘和招生资格认定办法，由学科评议组认定代表性成果的学术水平和影响力，以政治素质、科研水平、培养质量等要素作为导师选聘和招生资格认定的重要依据，对师德失范行为实行一票否决制；优化导学关系，引导研究生坚守学术道德与科研诚信。进一步完善"本－硕－博"贯通培养体系，充分发挥学位点和导师组作用，优化生源结构，扩展博士生申请考核招生规模；以专业型研究生培养机制改革为重点，突出个性化培养特色；鼓励支持科研资源向育人资源高效转化，完善"双师型"联合培养长效机制，探索建立研究生产教融合培养基地；强化多元评价的质量自控机制建设，充分发挥课程思政成效，着力培养国家和区域经济社会发展急需的创新性、应用型、复合型人才。健全党委研究生工作部运行机制，加强研究生辅导员队伍建设，深入开展研究生政治思想教育，建构特色鲜明的

学术生态与校园文化环境，锻造新时代研究生完整人格和优秀品质；改革研究生培养费用的分担机制，完善多元化的研究生奖助体系，覆盖面达到基本学制内在校生的90%以上，鼓励、支持研究生群体积极开展科学探索、创新实践、文化传承和国际学术交流等活动。

全面从严加强管理，严抓培养质量保证。健全内部质量管理体系，压实培养单位主体责任。培养单位是研究生教育质量保证的主体，党政主要领导是第一责任人，要以全面从严治党引领质量管理责任制的建立与落实，落实落细《关于加强学位与研究生教育质量保证和监督体系建设的意见》《学位授予单位研究生教育质量保证体系建设基本规范》，补齐补强质量保证制度体系，加快建立以培养质量为主导的研究生教育资源配置机制。遵循学科发展和人才培养规律，根据《一级学科博士硕士学位基本要求》《专业学位类别（领域）博士硕士学位基本要求》，按不同学科或专业学位类别细化并执行与本单位办学定位及特色相一致的学位授权质量标准。制定各类各层次研究生培养方案，做到培养环节设计合理，学制、学分和学术要求切实可行，完善质量控制和保证制度，抓住课程学习、实习实践、学位论文开题、中期考核、论文评阅和答辩、学位评定等关键环节，落实全过程管理责任。培养单位要建立健全学术委员会、学位评定委员会等组织，提高尽责担当的权威性和执行力。培养单位要进一步细分压实导师、学位论文答辩委员会、学位评定分委员会等权责，杜绝学位"注水"。加快建立以教师自评为主、教学督导和研究生评教为辅的研究生教学评价机制，对研究生教学全过程和教学效果进行监督和评价。建立严格评审机制，分类制订不同学科或交叉学科的学位论文规范、评阅规则和核查办法。合理制订与学位授予相关的科研成果要求，破除"唯论文"倾向。建立区内相同或相近学科和专业领域研究生协同培养机制，相互比照，相互激励，共同进步。自治区学位委员会和教育厅、各培养单位要加快推进研究生教育信息公开，定期发布研究生教育发展质量年度报告。

第六章　加强研究生教育管理体制和运行机制构建

要实现宁夏研究生教育改革与发展目标，首先要构建适合宁夏研究生教育长远发展的合理的、有效的管理体制，需要建立高效运转的宁夏研究生教育运行机制。

第一节　构建政府和高校合理的管理体制

要构建地方政府和高等学校合理的管理体制，关键在于充分发挥宁夏学位委员会的职能，在于明确宁夏研究生教育各主体的责任。

一、充分发挥宁夏学位委员会的职能

在宁夏研究生教育改革与发展中，宁夏学位委员会作为区级地方学位与研究生教育的管理机构，在宁夏研究生教育发展过程中起着举足轻重的作用。因此，要实现宁夏研究生教育的预期目标，关键在于提高对宁夏学位委员会功能作用的认识，充分发挥其应有的功能作用。

要充分发挥区级地方学位委员会的功能作用，必须正确认识区级地方学位委员会的基本性质及其功能作用，必须改变一些错误的观念和认识，统一思想，才能使各级政府和相关机构在法律法规和政策的制定中，在学位管理工作的组织实施中，进一步明确并充分发挥区级地方学位委员会的功能作用。

（一）正确认识区级地方学位委员会的基本性质

为了正确认识区级地方学位委员会的基本性质，首先要弄清其上一级学位委员会即国务院学位委员会的性质。国家法律和国务院规章对国务院学位委员会的性质有两方面的界定。其一，国务院学位委员会是国务院下设的一个学位工作专门领导机构，具有行政领导机关的性质。《中华人民共和国学位条例》中明确规定："国务院设立学位委员会，负责领导全国学位授予工作"，"学位委员会设主任委员一人，副主任委员和委员若干人。主任委员、副主任委员和委员由国务院任免[①]"。其二，国务院学位委员会是我国学位工作的议事机构。2003年，《国务院关于议事协调机构和临时机构的通知》（国发〔2003〕10号）列入了国务院学委员会，并指出："国务院学位委员会，在教育部单设办事机构。2008年，《国务院关于议事协调机构设置的通知》（国发〔2008〕13号）再次列入了国务院学委员会，并指出："国务院学位委员会，具体工作由教育部承担。"在初期的实践中，国务院学位委员会在我国高等教育事业中，既发挥着对我国学位工作的议事职能，同时，也是我国学位工作的领导和管理机构，肩负并行使着议事、领导和管理的三重职责。明确对国务院学位委员会属性的认识，这既是我国学位工作的现实需要，也是正确认识和理解区级地方学位委员会的性质及其功能作用的需要。对区级地方学位委员会性质有清醒的认识，才能进一步明确其功能作用，有效实现并充分发挥其功能作用。

（二）系统把握区级地方学位委员会的主要功能作用

系统把握区级地方学位委员会功能作用，主要是从两个层面来综合地立体地认识和把握区级地方学位委员会功能作用。

首先，从横向上看，区级地方学位委员会功能作用的覆盖面应当涉及本地区学位工作的方方面面，概括地说，最基本、最主要的功能作用应当是如下四项。

[①] 国务院学位委员会办公室.学位与研究生教育文件选编[M].北京：高等教育出版社，1999.12。

一是根据国家和地方经济社会发展要求，确定并组织实施地方学位教育发展的战略规划；二是指导并组织开展区域内学位授予单位和授权学科的建设与管理；三是负责博士、硕士和学士三级学位标准的实施与学位质量的管理；四是依法维护学位申请者和学位获得者的正当权益。

其次，从纵向上看，区级地方学位委员会对上级应该充分发挥承继作用，对平级应该充分发挥协调作用，对下级应该充分发挥监管性功能作用，而且要把这三者紧密结合起来，使三者相辅相成，相互促进。综合起来说，发挥承继性功能作用，就是要贯彻好国家意志，包括贯彻党的教育方针、执行国家关于学位管理的法律法规、落实国务院学位委员会的重大部署等。发挥协调性功能作用，就是要把国家意志承继下来之后，放在本地区的环境之中，处理好与地方人民政府相关部门（如地方财政厅、科技厅、人事厅、发展和改革委员会等单位）、社会团体以及其他区级地方学位委员会的关系，合理调配利用相关资源，为把国家关于学位工作的法律法规、方针政策和具体要求加以贯彻落实而创造条件。发挥监管性功能作用，就是把国家关于学位工作的法律法规、方针政策和具体要求落实到各基层单位去，尤其是要落实到各学位授予单位去，当然也包括落实到各学位申请者和学位获得者身上去。

以上两个层面，系统地体现了区级地方学位委员会的立体型的功能作用。我区强调系统把握区级地方学位委员会的功能作用，是有一定的针对性的。在当前的实际工作中，很多人并没有清楚地认识区级地方学位委员会的功能作用，有的人只认识到了某个方面的功能作用，有的人把这些功能作用对立起来或者割裂开来，这些都不利于发挥区级地方学位委员会的功能作用。特别是有些人因为不能从纵向的角度正确认识和把握区级地方学位委员会的立体型的功能作用，忽略了区级地方学位委员会对上是承继性功能作用，自觉不自觉地把区级地方学位委员会的功能作用同国务院学位委员会的功能作用割裂开来甚至对立起来，结果不仅阻碍了区级地方学位委员会功能作用的正常发挥，而且阻碍了国务院学位委员会功能作用的有效发挥。所以说，这个问题不仅值得区级地方学位委员会反思，也值得国务院学位委员会反思。我区一定要全面系统地认识和把握区级地方学位委员会的功能作用，在充分发挥区级地方学位委员会功能作用的同时，促进国务院学位委员会功能作用更加有效地发挥。

二、强化宁夏研究生教育各自主体职责

当前研究生教育发展过程中，还存在着主体责任不够明确、任务分担不够合理等问题。而促进地方研究生教育发展，关键是地方研究生教育各参与主体要明确自己的责任，各安其位，做自己应该做和能够做的事，避免做自己不应该做或做不好的事。如果各主体发生职责错位，角色越位，就会造成研究生教育系统的杂乱，研究生教育的发展就不可能实现。因此，促进宁夏研究生教育发展，地方政府、高校、研究生导师、研究生、社会用人单位等相关主体的责任必须加以明确。

（一）地方政府在地方研究生教育发展中的责任

政府是我国研究生教育的举办者。长期以来，关于我国研究生教育发展的方针、政策，关于我国研究生的培养目标、培养规格、发展规模、招生、毕业分配以及学位授权学科的审批、学位的发放等等都掌握在政府手中，并主要掌握在中央政府的手中。改革开放以来，尤其是20世纪90年代以来，随着我国高等教育体制改革的不断深化，在中央与地方的关系上，确立了中央与区（自治区、直辖市）分级管理、分工负责，在国家宏观政策指导下，以区级政府统筹为主的条块有机结合的新体制。在新体制下，区级政府对高等教育的统筹权得到增强，其中就包括对研究生教育发展的统筹权。

1995年5月30日，国务院学位委员会制定了《关于加强区级学位委员会建设的几点意见》，明确了区级学位委员会的主要职责和授权范围。国务院学位委员会授权区级学位委员会担负的工作有五项，即贯彻执行国务院学务委员会的工作方针、决议和有关规定；审批学士学位授权学科和专业，对已有硕士学位授予权的所属单位新增硕士学位授予学科进行审批；对本地区各学位授予单位的学士学位授予、硕士学位授予、博士学位授予等工作进行管理，负责对研究生课程进修班进行管理和监督；对本地区学士学位、硕士学位授权学科、专业学

位授予质量等进行检查和评估并对不能确保学位授予质量的高等学校和有关单位给予暂停或撤销其授予学位资格的处罚；承担国务院学位委员会授权和委托的其他有关工作。

随着研究生教育发展出现新形势，区级学位委员会在地方研究生教育发展中的规范、促进作用不断显现，1997年3月5日国务院学位委员会颁发了《关于加强区级人民政府对学位与研究生教育工作统筹权的意见》，该意见在肯定区级学位委员会有利于调动地方政府的积极性，促进教育更好地为社会主义现代化建设服务，对推进高等教育体制改革具有积极作用的基础上，对进一步加强和健全区级人民政府对本地区学位与研究生教育的统筹权提出了明确的意见，即重新肯定了1995年颁布《关于加强区级学位委员会建设的几点意见》中的授权，进一步对区级学位委员会的主要职责进行了明确。此后，区级学位委员会又获得了对硕士点进行试点审批等权力。但总的来看，就研究生教育的管理而言，在中央和地方政府的关系上，尽管国务院学位委员会在逐步放权，但实际放权不够，区级学位委员会对地方研究生教育应有的统筹作用还未能得到很好的发挥。如果区级政府及其学位委员会缺失对地方研究生教育应有的统筹权，那么地方研究生教育发展的局面就很难实现。

我区对研究生教育的职责还应进一步明确，具体讲有以下七点。

一是区级人民政府负责制定本地区研究生教育的发展规划，对本地区研究生教育的规模、类型、结构、布局要有调控权，也就是在这些方面应有决策权，区级人民政府要运用这种决策权来处理好部委属高等学校与区属高等学校的关系，促使两类高校在研究生教育上协调发展。

二是区级人民政府应有硕士学位点的审批权，对硕士授权单位的资格由区级人民政府提请国务院学位委员会审议。

三是区级人民政府负责对本地区研究生教育质量进行评估、监督，并根据评估情况进行奖惩。

四是区级人民政府要增加研究生教育的经费投入，保证地方研究生教育的正常运转。

五是区级人民政府对本地区研究生教育开展对外交流与合作进行统筹。

六是区级人民政府可根据本地区经济社会发展实际,对本地区研究生的招生进行适当的政策调整。

七是区级人民政府要为地方研究生教育的发展创造良好环境,搭建服务平台。

(二)高校在地方研究生教育发展中的责任

高等学校是研究生教育的实际承担者,因此在研究生的培养中高等学校责任重大。从某种意义上讲,研究生教育发展的关键是高等学校研究生教育的发展。我国高等学校在研究生教育方面的职责,是由《中华人民共和国学位条例》和《中华人民共和国学位条例暂行实施办法》加以确定的,是通过高等学校内设的学位评定委员会来履行的。根据1981年颁布的《中华人民共和国学位条例暂行实施办法》,高等学校的学位评定委员会应履行以下具体职责:

(1)审查通过接受申请硕士学位和博士学位的人员名单;

(2)确定硕士学位的考试科目、门数和博士学位基础理论课和专业课的考试范围,审批主考人和论文答辩委员会成员名单;

(3)通过学士学位获得者名单;

(4)作出授予硕士学位的决定;

(5)审批申请博士学位人员免除部分或全部课程考试的名单;

(6)作出授予博士学位的决定;

(7)通过授予名誉博士学位的人员名单;

(8)作出撤销违反规定而授予学位的决定;

(9)研究和处理授予学位的争议和其他事项。

但是在实际的运行过程中,高等学校在研究生教育方面的权力和职责并没有完全到位,尤其是地方所属高等学校还存在研究生教育自主权缺失的问题,因而虽有发展研究生教育的积极性,但在办出特色,培养创新人才,主动适应地方社会政治、经济发展方面,其作用的发挥还不明显。考虑到政府与学校之间的关系,及扩大高等学校自主权的大趋势,我区认为,为了促进地方研究生教育的发展,应赋予或明确高等学校在研究生教育方面的下列职权。

一是根据国家的相关政策、法规和自身的实际(如发展历史,学校类型,师资力量，教学资源，学科种类及实力等）自主确定研究生培养规格、结构、规模。

二是负责学科点规划与建设、学位授权点申报与评估、实验室建设等工作。自主开展导师遴选等工作，自主评审、认定研究生指导教师资格，根据导师的专业素质和健康状况、道德素养等方面的综合情况来确定导师指导学生的人数和指导方式。

三是负责各种类型研究生招生的宣传、报名、考试录取工作。自主制定研究生招生政策，自主命题招考研究生。

四是负责各种类型研究生培养方案、培养计划、课程建设、课程评估、课程考试、成绩管理。自主确定研究生教育的学制，自主规定研究生培养环节和学位授予标准。自主设置研究生学习课程，自主确定专业必修课和选修课并对学分标准进行规定。

五是负责各类研究生的学位管理工作及论文答辩工作。

六是负责研究生思想政治教育工作及研究生的日常管理工作。

由于我国高校存在着不同的类型与层次，就地方而言，有所在地的中央部属高校和地方所属高校，而这两类高校中，中央部属高校一般为博士授权学校，而地方所属高校大多为硕士授权学校，这就决定了这两类高校在研究生教育发展中的地位与职责存在一定的差异。因此，促进宁夏研究生教育的发展，通过明确高校的职责，协调好所在地的中央部属高校和地方所属高校的关系就显得非常重要。

（三）研究生导师在地方研究生教育发展中的责任

当地方高校及有关研究生教育机构获得研究生教育的一系列自主权之后，要保证这些自主权落实，促进高校内部研究生教育的发展及在研究生教育过程中与外部关系的协调，关键是要把高校拥有的研究生教育自主权很好地配置给研究生培养工作的直接承担者——研究生导师。研究生导师如果在研究生教育过程中积极性不高，责任心不强，创新动力不足，那么高校拥有研究生教育再多的自主权，都将难以落实。

高校要明确导师在培养研究生过程中的责任，建立起研究生培养的导师负责制。具体讲，一是要明确和强化研究生导师在指导研究生从事科学研究中的责任。没有科研项目或课题者不能招收或参与指导研究生。导师的科研活动应尽可能吸纳研究生参与。二是要明确和强化导师在指导研究生课程学习、培养计划制订及落实中的责任。导师要负责研究生培养计划的制订或提供培养计划与方案供研究生选择。三是导师必须开出体现研究方向特色的课程或讲座。四是要明确和强化导师对研究生"导"的责任，导师不仅要在学习上、科研上指导研究生，在思想上、心理上还负有引导之责。五是要明确和强化导师对研究生学习期间所从事的"助研"乃至生活负有资助之责。

要导师负起培养研究生的主要责任，就需要赋予导师相应的权力。导师应拥有以下权力。

其一，导师根据国家关于研究生培养的相关法规和政策以及学校关于研究生培养的整体要求，根据自己对"培养什么样的研究生"的设计，结合自己的兴趣特长、研究方向以及对研究生教育规律的认识，自主确定本学科专业领域或研究方向的研究生培养计划。

其二，导师在不违反国家和学校的有关研究生培养法规的前提下，可以按自己的意愿招考研究生，导师自主确定考试形式、试题内容和录取方式与招生人数。

其三，导师根据自己对研究生的期待和学生的实际，制订研究生的学习计划，研究生要严格执行导师制订的学习计划，修完导师规定的课程和学分。

通过明确导师在研究生培养过程中的责任、权力，使导师意识到自己在研究生培养过程中的重大责任，就有可能回归"导师"应有的神圣，就有可能纯洁"导师"队伍，就有可能促进研究生导师的自觉自律，进而提升研究生导师的整体素质。

（四）研究生在地方研究生教育发展中的责任

促进宁夏研究生教育发展的根本目的是培养全面发展的，具有创新精神、创新能力的人才，能够更好地促进地方社会全面、和谐、可持续的发展。因此，研究生作为研究生培养过程中另一重要主体，其学习积极性、主动性和创新精神应该得到激发，如果只有导师的积极性，研究生没有积极性，研究生与导师不能做到协同，那么研究生培养过程就不能和谐，导师与研究生之间的和谐关系也就难以构建。当前有不少研究生之所以报考研究生，并不是出于内心深处对研究学术的热爱，而是作为改善生活环境或者逃避就业压力的途径，这种非研究学术的动机，使部分研究生缺乏认真学习、刻苦钻研、勇攀科学高峰的动力，缺乏敢于创新、创造、创业的勇气。因此，要在促进宁夏研究生教育发展的进程中，抓住和谐师生关系的构建这一重要环节，引导研究生为自己的学习负起责任，为自己的成长负起责任。在建立研究生导师负责制、明确导师责任的同时，要建立起研究生自学负责制。让研究生理解研究生导师负责制并不是研究生培养的导师包办制。在研究生培养过程中，导师的作用固然重要，但终究是外因，研究生的自学教育、自学激励、自学约束更重要，这是研究生发展与成长的根本，归根究底需要研究生自己的努力。如何激发研究生的学习动力、创新积极性呢？一个很重要的方面就是要给研究生以责任、权力和压力，在学校向研究生导师放权的过程中，要倡导导师在研究生培养过程中向研究生放权，突出研究生的主体地位。

其一，研究生可根据自己的性格特点、兴趣特长、学习习惯和学习方法自主制订研究生阶段的学习计划。

其二，研究生自主选择学校和导师申请攻读硕士或博士学位，在取得攻读学位资格后，自己承担研究生培养所需要的经费。

其三，研究生可自主选择学习年限，不受固定学制的限制。

其四，研究生自主选择指导教师，如果对所选导师不满意，可另择导师指导。

其五，研究生可自主选择感兴趣的课题进行研究，并根据所选课题的性质、研究方向选择导师对科研进行指导。

其六，研究生在完成学习计划或撰写完学位论文之后，可自主决定答辩时间，并对答辩委员会的组成提出意见。

这种突出研究生主体地位的研究生教育，有利于充分调动和发挥研究生的主观能动性，激发研究生学习的积极性；有利于研究生独立个性地发展；有利于研究生学习潜力的发掘和创新精神与创新意识的形成，因而也有利于提高研究生的培养质量，进而促进宁夏研究生教育发展。

（五）社会（用人单位）在宁夏研究生教育发展中的责任

社会对研究生教育的作用，主要表现在提供市场需求，即生源市场、就业、创业市场、技术市场，形成对研究生教育发展的强大拉动力量。随着宁夏研究生教育发展规模的不断扩大，社会用人单位对研究生的需求将越来越影响研究生的培养，今后社会用人单位将直接参与研究生的培养，这一趋势现在已经显现。因此，促进宁夏研究生教育的发展，高校和其他研究生培养机构要协调处理好与社会用人单位的关系，重视与社会用人单位的沟通，重视利用社会用人单位的力量培养研究生。

由于用人单位是"需要什么样的研究生"的决策者，因而用人单位有责任，有权力参与高校研究生的培养。

其一，用人单位根据自身发展和对高层次应用型或开发型研究人才的要求，可向高校提出研究生培养要求及培养计划，同时与研究生培养单位签订研究生使用协议或合同。

其二，用人单位根据使用研究生的协议或合同，可向高校或其他研究生培养单位提出培养规格和培养质量的要求。

其三，用人单位可与高校或其他研究生培养机构共同确定研究生的招考形式，研究生的录取数量由用人单位决定。培养研究生的费用主要由用人单位支付，研究生录取时与用人单位签订就业协议。

其四，用人单位可指派专业或管理人员参与研究生指导，或用人单位与高校各指派教师作为研究生的指导教师，双方导师共同商讨专业设置、课程安排、考试及社会实践等事宜。

其五，用人单位可以参与高校研究生培养过程的评估与监督，并提出改进建议。

通过鼓励社会用人单位参与研究生的培养，不仅可以扩大研究生教育的资源，解决高校在研究生培养过程中导师队伍不足、科研创新条件不足、实践实训基地不足的问题，而且更重要的是建立起了高校研究生培养与用人单位的密切联系，高校在研究生培养过程中能够及时地根据用人单位的要求作出调整，使高校的研究生培养能够更好地适应社会需求。

在促进宁夏生教育发展的过程中，政府、高校及其他有关研究生培养机构、研究生导师、研究生和社会用人单位有着各自不同的责任和权力，但他们在履行各自的责任与权力时，必须有整体全局的观念，应彼此尊重信任。赋予他们各自的责任与权力，其中蕴含着一个逻辑，要促进研究生教育的发展，即中央政府应向地方政府放权，中央和地方政府应向研究生培养机构高等学校放权，而高等学校应向研究生导师放权，而研究生导师又须向研究生培养机构放权，研究生培养机构还应赋予社会用人单位相应的权力，这就形成了研究生培养主体之间比较复杂的权力分配关系，协调和处理好这种权力关系，对于宁夏研究生教育的发展至关重要。其中应明确的是，在增强政府对宁夏研究生教育发展之调控的同时，应扩大高校在研究生教育上的自主权，扩大研究生导师在研究生培养上的自主权，扩大研究生的自主选择权，扩大社会用人单位的参与权；同时在向有关研究生培养主体放权的过程中，要完善对他们权力使用的监督。

三、营造宁夏学位委员会运行的环境

宁夏学位委员会要形成高效、顺畅的运行机制，作为一个系统，需要理顺宁夏学位委员会与周围环境的关系，营造良好的运行环境。具体而言，一是要协调好与本地区各学位授予单位的关系，二是要建立与本地区有关部门良好的工作协作关系。

（一）协调好与本地区各学位授予单位的关系

宁夏学位委员会作为地方学位教育的管理部门，其管理的对象是所属地区各高校，能否建立与本地区各学位授予单位良好的工作关系，直接关系到其功能作用的发挥。建立与本地区学位授予单位的关系，要以科学发展观和实现地方学士、硕士和博士学位教育和谐发展为出发点，统筹考虑各学位授予单位发展的需求，促进各学位授予单位的事业发展。具体而言，一是要积极筹措资金，

加大地方对本地区学位授予单位的经费投入，为本地区学位教育发展提供资金保障；二是要进一步转变政府职能，加强对学位授予单位的宏观指导，加强制度建设与宏观监控，按照国务院学位委员会的改革精神，进一步加大学位授予单位的自主办学权。

（二）建立与本地区有关部门良好的工作协作关系

宁夏学位委员会要加强与本地区有关部门的协作，为宁夏学位委员会工作的开展提供良好的工作环境。一是宁夏学位委员会要加强与地方发展和改革委员会、财政厅的关系，争取加大对本地区学位授予单位在重大建设项目及配套资金的投入。国家为加强创新型国家的建设，重点建设了一批高水平大学和高水平学科，但建设资金有限，需要地方政府给予支持。我国少数经济比较发达的地区，如上海市、广东省等地方政府高度重视这两大工程的建设，给予了大力支持与配套，而其他地区支持力度不足或没有支持。因此，宁夏学位委员会要加强与地方改革委员会与财政厅的联系，能够对一些重大工程在建设资金上给予支持。二是宁夏学位委员会要加强与科技厅、人事厅等部门的联系，为本地区高校师资队伍建设、创新人才培养及高校毕业生就业创造良好环境。本地区科技厅要加大对科研项目的投入力度，为高校教师和少数优秀学生特别是博士生提供开展创新性研究的机会，鼓励并支持其积极开展科学研究，通过加大科研项目支持力度，规范科研项目管理，提升所在地区高校整体科研实力，为本地区高校师资队伍建设和创新性人才培养服务。要加强与地方人事厅的联系，通过为高校毕业生提供就业指导和就业服务，做好毕业生就业工作。

第二节　建立高效、有序的管理运行机制

要实现宁夏研究生教育发展目标，要对现有的运行机制进行创新，尤其是保证宁夏区级地方学位委员会高效、有序运行。具体而言，包括完善资金保障体系、建立健全制度体系、构建科学决策机制、完善奖惩激励机制和营造良好

运行环境。

一、建立学位教育和管理经费体系

要充分发挥宁夏区级地方学位委员会的作用，需要有学位教育和学位管理经费投入作为其基本支撑。建立学位教育和学位管理经费投入的支撑体系，最重要的任务就是建立多元化的筹资体系。

（一）加大国家对学士、硕士和博士教育的经费投入

1993年，中共中央、国务院颁发了《中国教育改革和发展纲要》（以下简称《纲要》），提出逐步提高国家财政性教育经费支出占国内生产总值的比例，到20世纪末达到4.0%，达到发展中国家20世纪80年代的平均水平。《纲要》颁布后，这一比例不仅没有上升，反而有所下降。国家对教育经费的投入不够，使整个高等教育经费的投入不足，对学士、硕士和博士的培养质量和学位教育的发展都有较大的制约。作为目前学士、硕士和博士教育最主要的投入渠道，国家首先要加大对学士、硕士和博士阶段教育的经费投入。其次，教育经费的投入在突出重点的同时，还要兼顾一般。目前我国开展"985工程"建设和"211工程"建设，这是我国高等教育的两项国家建设工程，得到了国家的重点支持。这对建设一批高水平、面向世界的高水平大学和重点学科起到了十分重要的作用，对促进整个学士、硕士和博士阶段教育的发展起到了示范和带头作用。但同时也造成了学士、硕士和博士阶段教育投入经费的较大差异和不平衡。

（二）加大政府对学士、硕士和博士阶段教育经费的投入

在加大重点建设部分高校的同时，要考虑少数经济不发达地区地方政府财力不足，造成对学士、硕士和博士阶段教育政府投入的较大差异，尤其是要加大对西部等经济不发达地区学士、硕士和博士阶段教育经费的投入。由于地区经济发展较缓慢以及教育观念的差异性，使得学士、硕士和博士阶段教育经费的投入也有较大的差异。政府对地方学位授予单位的经费投入，受地域限制，

经费不是很足。因此，政府要保证并加大对所属学位授予单位学士、硕士和博士阶段教育经费的投入。

（三）积极服务社会，争取社会对学士、硕士和博士阶段教育的投入

学士、硕士和博士阶段教育的经济支撑，除政府的支持外，各学位授予单位要充分利用自身的优势和资源，争取社会对学士、硕士和博士阶段教育的支持与投入。要争取社会的投入，各学位授予单位可以从以下两方面入手，做好这一工作：一是以科研服务社会，寻求社会的投入；二是培养社会所需要的高层次专门人才，寻求社会的支持。

学位授予单位可以充分利用自身在科学技术方面的优势，与企事业单位协作，通过解决企事业单位发展过程中急需解决的重要科技问题，寻求其支持。就目前我国企事业单位而言，很少组建自己的研发机构，自主研发能力较弱。企事业单位为寻求自身的发展，进行新产品开发和科技创新是竞争日益激烈环境中的一种必然选择。在这种形势下，使学位授予单位与企事业单位进行科技创新协作成为可能。这对于当前建设创新型国家，提高民族自主创新能力具有十分重要的意义，国家也给予了政策上的支持。因此，面向企事业单位科技创新的需求，通过服务企业，争取企业对研究生教育的投入，将对研究生教育经费不足的弥补起到十分重要的作用。各学位授予单位要充分掌握有关方面的信息，主动与企事业单位联系，强化与企事业单位的合作，实现双赢。

其次，学位授予单位要结合实际，为社会提供大量高层次专门人才，得到社会的经费支持。当前社会的竞争，其根本是人才的竞争，这已成为社会各界的共识。因此，社会各用人单位对高层次专门人才的需要十分迫切。学位授予培养单位可以根据用人单位的需求，开展并扩大定向培养、委托培养的规模。同时，结合用人单位的需求，开展实用型人才的培养。国家目前大力发展了 MBA、MPA、工程硕士、教育硕士、法律硕士、医学硕士等专业学位人才培养，为各学位授予单位开展此方面的培养工作提供了良好的环境。各学位授予单位可结合自身学科的实际，大力发展专业学位教育，通过加强管理，保证质量，为用人单位培养合格人才的同时，通过收取一定的培养费，补充教育经费之不足。

（四）建立并完善高等教育收费制度

高等教育的经费主要应当由政府提供，同时，根据市场经济的原则，谁受益谁付款，因此，接受高等教育的学生及其家长作为主要的受益者，应支付一定的学费和杂费。这样，就需要建立科学的高等教育收费制度，弥补高等学校在实施学士、硕士和博士学位教育中的经费不足。

目前，在三级学位教育中，学士学位教育的收费制度已经实行多年。这方面制度上存在的主要问题是"一刀切"，这就不能考虑受教育者个人和家庭经济承受能力上的巨大差别。这样的制度，忽视了我国经济上存在严重贫富差距这个客观事实，表面看是公平的，实质上对于贫困家庭学生是极不公平的。尽管一些学校对部分完全缺乏承受能力的学生采取了学费减免、助学贷款等补救措施，但是尚未从根本上解决问题。关于硕士、博士学位阶段教育的收费问题，国务院学位委员会和教育部已经经过多年的研究和试点。通过多年的讨论与探索，实行收费制度已基本达成一种共识。实行收费制度，从理论上说，可能有利于扩大硕士、博士学位教育规模，使更多的人有机会接受硕士、博士阶段教育，有利于实现教育机会的均等，同时也有利于提高现有教育资源的利用效率，提高学位授予质量。从深层次上来看，对于学位授予单位而言，其教育经费的来源由国家的单一拨款，转变为多元化的经费来源，这样有利于政府转变其职能；对各学位授予单位的管理由直接管理转为间接管理，有利于学位授予单位扩大办学自主权。当然，在实行收费制度的过程中，必须防止出现"一刀切"的收费制度带来的事实上的不公平等问题。

具体而言，要建立并完善硕士、博士学位教育收费制度，主要应做好如下几方面的工作。一是确定合理的学费标准。硕士、博士学位研究生教育的收费标准，主要应按生均教育成本进行核算和计量，制定相对科学的一般收费标准；要按不同学校、不同学科、不同的培养类型，在收费标准上有所区别，制定合理的收费标准；同时硕士、博士学位研究生教育收费要根据不同时期的经济发展状况，结合区域经济发展的差异性，对东、中、西部地区区别对待。二是要建立与硕士、博士学位研究生教育收费制度相应的配套措施，如建立硕士、博士学位研究生助学贷款制度，硕士、博士学位研究生培养科研基金制度，个人信用制度等，保证硕士、博士学位研究生教育收费制度顺利、稳步发展。

二、建立健全科学民主的决策机制

宁夏学位委员会负责贯彻国务院学位委员会关于我国学位与研究生教育的方针、政策，负责宁夏学位与研究生教育工作的发展方向和重大问题的决策。能否结合实际，高瞻远瞩，实施科学决策、民主决策，直接关系到宁夏学位工作的发展方向与建设成效。因此，要构建宁夏学位委员会科学民主的决策机制。要构建科学民主的决策机制，概而言之，就是要使公众参与，专家咨询和论证，决策责任追究纳入决策过程。

（一）公众参与是宁夏学位委员会决策机制优化的社会基础

宁夏学位委员会对宁夏学位工作重大事项的决策不同于企业决策，个人决策的根本特征在于它的公共性，属于公共管理的范畴。因此，宁夏学位委员会的决策机制应该为社会公众参与提供信息条件和程度保障，从而使民众的意愿、需求更好地体现在宁夏学位委员会制定的有关政策之中，也有助于宁夏学位委员会充分了解民意，提高决策质量。要做到公众参与，反映民意，宁夏学位委员会在决策某些重大问题时，要委托宁夏学位委员会办公室对相关问题深入实际、分层次、系统、全面地开展调研工作，全面了解公众对某些问题的心声与愿望，为公众参与决策提供畅通渠道和方便的途径，为科学民主决策提供决策基础。

（二）专家咨询和论证是宁夏学位委员会科学民主决策的智能保障

宁夏学位委员会科学民主决策离不开专家的咨询作用。宁夏学位委员会在对本地区学位教育中长期发展规划、有关学位工作的地方性政策法规等重大事项进行决策时，需要充分发挥专家的咨询作用，在决策前组织专家进行必要性和可靠性论证。专家对本地区学位与研究生教育重大问题的咨询论证的内容包括：一是在决策之前的调查研究阶段，可以由一些专家学者和其他辅助人员组成调查组对有关事项进行专题调查，提出决策咨询报告；二是在决策过程中，如有关中长期发展规划、地方学位与研究生教育法规文件制订中，应邀请专家参与起草工作；三是在决策的实施阶段，仍然可邀请专家学者对决策的实施进行追踪调查并反馈意见，对决策实施效果进行可行性研究，为以后制订决策提供依据。

（三）决策责任追踪是宁夏学位委员会科学民主决策的纠错制度

公众参与、专家咨询、集体决策，也难免出现决策失误现象。为保证决策的民主与科学，关键是要有决策失误后的及时纠错改正机制。宁夏学位委员会要形成纠错改正机制，主要包括建立和完善决策的效益评估制度和健全决策执行追踪制度。决策的效益评估制度是指要对宁夏学位委员会所做出决策的事项所需要的各种成本，包括人力、物力、财力以及政策投入，都要做客观、细致、准确地核算，形成完整的效益评价体系，将人民群众是否满意、是否认可作为评价决策效益的基本标准。受客观条件和自身主观认识能力的限制，致使任何建立在民主和科学程序基础上的决策依然难以保证决策不失误，因此，对已经制定并实施的决策，要进行决策执行情况的追踪调查，发现异常情况，及时追踪决策，尽可能减少决策失误造成的损失。

三、建立健全引导竞争的激励机制

宁夏学位委员会要积极构建引导良性竞争的激励机制，激发宁夏学位授予单位之间以及各单位内部的竞争意识，保证本地区学位工作充满活力。

（一）积极构建促进宁夏学位工作发展的激励机制

激励主要是通过外部的刺激和影响，根据社会需要来调动和激发人的积极性、主动性与创造性，进而把个体需要与社会需要相结合、相统一的过程。构建促进宁夏学位工作发展的激励机制，就是要通过物质激励、目标激励、政策激励等方式来调动地方有关学位授予单位的发展学士、硕士和博士学位教育、提高学位授予质量的积极性，调动社会用人单位参与地方学士、硕士和博士学位教育的积极性，引导学位授予单位和社会用人单位关注学位授予的质量。在当前各地方开展优秀博士、硕士和学位论文评选工作的基础上，针对不同的对象，开展优秀学位管理单位、优秀导师的评选工作，激发不同主体对学位工作的热情。当然，构建宁夏学位工作激励机制，关键是通过多方面的激励来调动导师指导和培养学生的积极性，提升导师的责任心，调动学生学习的积极性、主动性，以达到提高学位授予质量，提升宁夏高层次人才培养整体水平。构建宁夏学位工作激励机制，要坚持以人为本的基本原则，认真研究导师与学生的需要，尽可能通过物质激励、目标激励、精神激励、政策激励来满足他们的情、合理的需要，来激发他们创新、创造、创业成就事业的动机，使其产生相应的行动，进而为成就事业而不懈地努力。

（二）积极引导学位教育发展中的有序竞争

竞争的实质是主体为实现目标追求而进行的一种排他性行为，竞争是人类活动的基本规律，竞争是推动人类社会发展的主要动力。如果说激励主要是一种通过外在刺激引导和调节主体行为过程的话，那么竞争更多的是主体为实现目标追求，为满足需要产生的一种心理状态和内在的冲动。没有竞争，人类的进化与人类社会的发展都是难以想象的。当然，竞争也需要激励，需要引导。通过一定的激励机制，把人们竞争的内在动力调动起来，形成有序的良性的竞争，就会大大促进事物的快速发展。在宁夏学士、硕士和博士教育发展过程中，如果承担教育任务的学位授予单位之间没有适度的竞争，如果各学位授权点之间没有适度的竞争，如果学生及其导师之间没有适度的竞争，那么宁夏学士、硕士和博士教育就难有创新。具体而言，为了促进学士、硕士和博士学位教育有序竞争，就是要在宁夏学士、硕士和博士学位教育各相关主体之间设立竞争项目和内容，调动各相关主体参与竞争，激励相关主体为实现目标而努力。诸如在宁夏政府层面，把建设区域范围的高等教育大区、强区作为竞争目标，可以引导宁夏政府及其教育主管部门努力参与全国乃至国际范围的竞争；在高校层面，如果把举办高水平、有特色的大学作为奋斗目标，则可引导高校为实现这一目标而努力。促进地方学士、硕士和博士学位教育有序竞争，政府要创设公平的竞争环境，给高校公平竞争各种资源的机会；高校也要创设公平的竞争环境，引导学生和导师参与项目和经费的竞争，引导学生参与科研创新、参与学习资源配置的竞争。通过竞争，保持对学士、硕士和博士学位教育各参与主体的适度压力。

第七章 创新研究生培养模式与改革研究生培养机制

要提高研究生培养质量，对于高校这一主体而言，关键在于研究生培养模式与研究生培养机制。就当下宁夏研究生教育发展的现状而言，要保证并提高研究生培养质量，各高校要不断摸索并创新研究生培养模式，要借鉴部分高校开展的研究生培养机制改革试点工作，切实开展本单位的研究生培养机制改革。

第一节 构建多元化研究生培养模式

从宁夏乃至全国研究生教育的发展历史和现状来看，研究生教育的主体在进行学术型研究生的培养，因而从研究生培养模式的探索与实践来看，主要侧重于学术型研究生培养工作，而忽视了专业学位研究生培养模式的探索与实践。当前我国研究生教育要实现由以学术型研究生培养为主向以应用型研究生培养为主的战略转移，关键在于探索专业学位研究生培养模式。

一、专业学位研究生培养模式创新的指导思想

积极探索专业学位教育的发展规律，以职业需求为目标，以行业发展为依托，以实际应用为导向，以综合素养和应用知识与能力的提高为核心，在培养目标、研究方向、课程体系、教材与案例、教学方式、专业实践、产学研结合、课题研究与论文要求等方面大胆创新，积极实践，突出特色，推进改革，不断

提高专业学位研究生的培养质量。

二、专业学位研究生培养模式创新的具体构想

按照以上的指导思想，结合专业学位研究生培养的特点，宁夏专业学位研究生培养模式创新拟在以下几种类型进行探索。

（一）校企协同人才培养模式

所谓校企协同人才培养模式是以两个专业学位研究生培养主体（即高校和企事业单位）为视角，结合专业学位研究生培养的特点，在专业学位研究生培养的课程教学、教材建设、论文选题、基地建设、导师制度等方面，实现专业学位研究生培养的两个主体（高校和企事业单位）相互协作与配合的一种培养模式。具体而言，在课程教学中实现高校的理论教学与企事业单位实践教学的有机结合；教材建设上，将相关领域的最新实践成果纳入教材建设内容之中；论文选题上，要结合企事业单位的现实需要，直接来源于企事业单位发展中需要解决的重点和难点问题；基地建设上，要加强高校与企事业单位共建专业学位研究生培养基地建设；导师制度上，要实现双导师制，聘任有较好理论基础和较强实践能力的企事业科研骨干为专业学位研究生导师，专业学位研究生培养由高校与企事业单位导师共同指导。针对专业学位研究生培养的特点，结合学校现有基础和依托的三大行业优势，学校重点探索"校企紧密协作的专业学位培养模式"，着力构建专业学位研究生培养体系。具体内容包括。

1. 优化专业学位研究生培养方案

邀请企业专家参与，定期召开专业学位研究生教育研讨会，共同制定培养方案，商讨发展对策。结合建材建工、交通、汽车三大行业发展战略，调整与之相适应的培养目标，减少理论课的学时数，加大实践环节的学分比例。增设行业发展、行业认证相关课程及研究方向。

2. 加强专业学位研究生培养教材、教案建设

与企业及有关研究机构合作，联合编写案例、讲义及教材，融合行业发展

最新理论、方法、技术与成果。

3. 完善导师队伍建设

对于应用型专业课程实行"双授课教师"制，实践部分内容聘请企业专家授课。学位论文指导实行"双导师"制，企业导师为主，校内导师为辅；实践考核、论文答辩可在企业进行，论文答辩形式可灵活多样。

4. 加强实践基地建设

实践环节以企业培养基地为依托，实行顶岗工作；学位论文选题与企业课题遴选相结合，实行定向服务、定向研究。

（二）就业导向人才培养模式

所谓就业导向人才培养模式是以社会用人单位为视角，以最终专业学位研究生培养质量能够满足用人单位需求为目标的一种人才培养模式。这一人才培养模式要结合不同类型专业学位的特点，结合高校不同类型专业学位研究生的基本去向，在充分调研用人单位对专业学位研究生培养要求的前提下，有针对性地制定专业学位研究生培养方案，制订相应的课程内容，学生论文选题要结合用人单位的需要，并在专业学位研究生实习和论文研究阶段与用人单位实行有效衔接，为研究生与用人单位相互了解提供机会，最终提高专业学位研究生的就业率。具体内容包括：

1. 结合学校的行业特色和共建特色，了解相关单位用人要求

依托学校与建材建工、交通和汽车三大行业及与多部委和地方政府的紧密协作关系，深入了解各有关用人单位对专业学位研究生培养在能力和水平的需求，把握专业学位研究生培养的人才培养目标。

2. 与相关单位充分协商，共同制定相应的专业学位研究生培养方案

结合各单位对人才培养的需求，学校邀请相关单位的有关人员来校一起协商专业学位研究生培养方案，以用人单位的需求为导向，制定适应并能满足相关单位用人需求的培养方案。

3. 结合用人单位实践需要，确定专业学位研究生论文选题

学校与相关用人单位加强联系，由用人单位和导师一起商讨专业学位研究

生论文的选题范围；专业学位研究生要在选题范围内征求学校和用人单位导师意见的基础上，选定相关的硕士论文选题。

4. 加强专业学位研究生培养实践，将专业学位研究生选送到用人单位进行实践

研究生在确定论文选题后，由学校与用人单位协商，将研究生派到用人单位进行实践并开展科研工作；研究生在科研工作期间，定期向学校和用人单位汇报个人科研进展情况，让研究生了解用人单位情况，也让用人单位了解研究生科研能力与科研水平，实现研究生和用人单位双方的沟通与深入了解，为专业学位研究生实现顺利就业打好基础。

（三）全过程监控人才培养模式

所谓全过程监控人才培养模式是以培养过程监控的主体（高校）为视角，以保证并提高专业学位研究生培养质量为目标，实现专业学位研究生培养招生、课程学习、实践、论文选题与科研等培养全过程实行有效监控的一种人才培养模式。我国专业学位研究生培养之所以普遍存在着人才培养质量不能为社会所认同的问题，关键在于质量监控体系构建不系统，质量监控不到位。具体内容包括。

1. 严把专业学位研究生招生关

招收一批有较好基础的学生进行专业学位教育，保证招生环节的有效监控。

2. 课程教学中要监控好任课教师的教学

对教材内容、教学方法、授课课时、考试内容等教学内容实现有效监控。

3. 实践环节的有效监控

实践环节是专业学位研究生培养的重要内容，要检查实践基地的条件建设，强化实践基地建设；要加强对实践环节的过程监控，保证专业学位研究生实践培养环节真正对企事业单位的生产环节或工作流程有深入了解。

4. 对论文选题的监控

专业学位研究生论文选题不能同于学术型研究生论文选题，选题范围应是面向生产或社会实践的现实应用课题，论文选题要从社会现实重大需求出发，

具有重要的现实意义。

5. 科研过程的监控

要将双导师制落到实处，高校导师从理论上予以指导，更重要的是发挥企事业导师的积极性，探索如何充分发挥企事业导师的积极性与主动性。

第二节　完善研究生培养机制

教育部领导高度重视研究生培养机制改革工作，2005年底周济部长亲自主持召开座谈会，与三所高校的校领导进行了座谈，提出了开展我国研究生培养机制改革的设想与基本思路。在三校试点改革过程中，教育部又先后组织了三次座谈会，听取三校试点改革进展情况，并通过相互交流，相互启发与借鉴，在探索与实践中发现问题，总结经验，使三校试点改革工作有序进行。尔后，教育部又将试点工作扩展到其他十四所高校。通过这些高校研究生培养机制改革的精心组织与实施，我国研究生培养机制改革取得了初步成效。但纵观我国研究生培养机制的现状，仍然存在着许多问题，需要在理论研究中予以探索，在实践中予以解决。

一、完善研究生培养约束机制

在研究生导师约束机制完善上，一是要严把承担有重要科研课题和科研经费条件关，因为合适的课题、充足的科研经费是保证研究生学位论文质量和培养质量的必要条件。二是要启动副教授申请"博导"工作要稳妥、严格。我国现行的职称评审制度上还有瑕疵、博导遴选工作把关不严的宏观背景下，启动副教授申请"博导"工作只能作为个别特殊情况进行特殊处理，不宜放开。三是要淡化"博导"概念，将现行的"博导"遴选制改为年度申请和审定制。由有能力和高水平指导博士生的教授向学校提出申请，按学校制订相应的条件，经学校审定后确定本年度或下一年度招收博士生的导师名单。另外，要实施研究生培养淘汰制度。研究生淘汰制度要建立全过程的淘汰机制，形成从研究生招生复试开始,到研究生课程学习阶段和论文工作阶段的全过程淘汰机制,另外,要解决好淘汰学生的去向问题,比如研究生淘汰后可以继续缴费试读、转换专业、推荐就业等,有利于减轻淘汰制度实施过程中的阻力。

二、完善研究生培养动力机制

我国研究生培养实行导师制,导师是保证并提高研究生培养质量的关键,因此,要以研究生导师激励机制为重点,进一步完善研究生培养动力机制。具体来说,一是要在明确导师责权利的基础上,防止师生关系的异化。要加强导师师德师风建设,使广大导师树立正确的教育观,树立为研究生教育事业的奉献精神,形成研究生导师与研究生和谐的师生平等关系。二是要加强研究生导师考评机制建设,建立研究生导师考评制度。研究生导师考评制度在设计上力求合理、简洁和方便,以量化考评为主,辅之以定性考核。同时,要充分考虑学科间的差异性,要兼顾各学科特点或按学科大类制订不同的考核评估指标体系。在操作上,考核周期不宜太长,也不宜太短。长则会影响其实效性,短则会造成研究生导师急功近利,反而会影响研究生培养质量的提高。另外,要打破导师终身制,将导师资格转变为导师岗位。将考核结果与导师今后能否继续招生及工作业绩计算相挂钩,构建合理的研究生导师考核机制。

三、完善研究生培养运行机制

研究生培养机制改革要立足本校,开拓思路,加强与其他高校、科研单位和企事业单位的协作,实现学科间、高校间的优势互补、资源共享,构建跨校的高水平研究生培养学科集群;积极推动高校与科研单位和其他企事业单位联合培养研究生,充分发挥各方面的资源优势,将各方资源有效组合,为研究生培养创造良好条件和环境;加强产学研合作,构建研究生教育与科技、经济紧密结合、相互促进的研究生培养机制,提高研究生创新能力和实践能力。

四、完善研究生培养经费保障机制

研究生培养经费是研究生培养工作的基本保障,完善研究生培养经费保障机制,一是建立并完善研究生个人信誉制度。个人信誉和诚信机制建立是我国当前所面临的一个共性社会问题,建立研究生个人信誉制度有待于这一社会性问题的逐步建立与逐步完善。作为接受过研究生教育的研究生,其个人受教育的程度、个人综合素养以及较高个人的预期经济收入,理应成为我国当前个人信誉制度建设的榜样。因此,加强研究生诚信教育,贷款研究生及时归还贷,是与银行建立起长期、良好合作关系的基础,是建立研究生培养经费保障机制的重要内容。二是要加强政策宣传,让研究生导师作为研究生培养受益者,承担部分研究生培养费用既是国际上各国研究生培养的基本做法,也是导师培养研究生的义务所在。同时,各试点改革高校要充分考虑学科间的差异性,分别对待,分别处理,尤其对于培育中的新的学科点,要采取扶持政策,以利于其培育期的发展。

五、建立研究生培养与科研耦合机制

要加大对研究生科研的支持力度,除参与导师所承担的课题外,高校要加大研究生科研支撑力度,划出专项经费设立相应的研究生科研课题;教育部在"研究生创新计划"实施中,要加大经费支持力度,同时设立专项支撑研究生科研,尤其是博士生培养的专项科研课题。另外,科技部和国家自然科学基金委也可设立这样的专项,用以支持研究生尤其是博士生的培养。总之,研究生培养与科研的耦合机制主要是将研究生培养的外部环境中的科研扶持与研究生培养结合起来,为研究生培养机制的深入改革开拓新的方向。

六、建立研究生培养模式改革协同机制

研究生培养机制构建的目的是按研究生培养系统的要素，构建合理的组织结构，并通过这些组织结构实现其功能，并通过其运行机制、动力机制和约束机制，保持系统的和谐、有效运作，其目标在于保持系统的有效运行；研究生培养模式是在一定的文化传统影响下，根据国家对研究生教育的需求，对不同类型、不同层次研究生培养采用不同的培养模式，其目的在于保证其预期的培养质量。简单地说，研究生培养机制改革是解决研究生培养过程的纵向问题，而研究生培养模式改革是解决研究生培养过程中的横向问题，二者分别从培养过程的纵向和培养类型的横向共同构建了研究生培养改革的局面，二者相辅相成，相互影响，相互作用。因此，在研究生培养机制改革中，要结合现有的研究生培养模式改革成果，实现二者的有机结合，共同促进我国研究生教育改革工作。

第八章　建设高水平的研究生培养基地

建设高水平的研究生培养基地，是开展研究生培养的基础。要实现宁夏研究生教育的科学发展，要形成合理的办学层次，不同层次高校要凸显自身的办学特色和学科特色；要加强宁夏重点学科建设，形成一批支撑研究生培养的区级重点学科；要加强宁夏研究生培养创新基地建设，为研究生培养提供良好的科研和学习平台。

第一节　形成合理的办学层次

20世纪90年代初以来，我国高等教育发展出现了一种比较普遍的现象：众多大学争取上一个层次，争向多学科和综合型院校发展。这一时期虽短，但已成为各院校普遍发展的一种思路，这引起了高等教育界的广泛关注。其现实状况如何？何以至此？利弊何在？这些问题引出了对这一现象众多的理性思考与探究。反思这一现象，以特色立校，以特色发展，渐成为高等教育界的一种共识。

如果我区将这一问题向更深一个层次进行思考与探寻，就会面临着几个问题：一是何谓特色立校？何谓特色发展？特色立校、特色发展的对象是什么？如何实现特色立校和特色发展？要回答这些问题，必然会将我区的思路指向一个对象，那就是大学优势学科和特色学科。而要解决这一问题，对于高校而言，就是要形成自身合理的办学层次定位；对于两级政府而言，就是要形成合理的办学层次。

一、建立新研究生教育评价体系

当前高校争上层次有其内在的原因,但更为关键的是外部的,尤其是两级政府的教育评价制度、建设制度和政策制度。正是这些制度因素,成为各高校争上层次的主要原因。教育评价事关研究生教育发展方向,有什么样的评价指挥棒,就有什么样的研究生办学导向。2020年以来,国家密集出台了有关加强研究生教育的政策和文件。2020年7月,全国研究生教育会议召开,由此开启了新时代研究生教育新篇章,标志着中国研究生教育迈上新台阶、进入快车道,教育部等三部门印发《关于加快新时代研究生教育改革发展的意见》,提出具体落实举措,为新时代研究生教育发展指明了方向,成为新时代研究生教育改革发展的根本遵循和重要指南。2020年10月,中共中央、国务院印发《深化新时代教育评价改革总体方案》,要求扭转不科学的教育评价导向,到2035年,基本形成富有时代特征、彰显中国特色、体现世界水平的教育评价体系,完善立德树人体制机制,坚决克服"五唯"顽瘴痼疾,提高教育治理能力和水平。这是新中国第一个关于教育评价系统性改革的文件,意义重大。2020年12月,教育部印发《关于破除高校哲学社会科学研究评价中"唯论文"不良导向的若干意见》,指出高校在人才评价、导师遴选、学位授予、资源配置等过程中不同程度存在"五唯"现象,违背人才成长规律等系统性危害,必须从加强教育系统党的政治建设和深化新时代教育评价改革的高度,予以坚决纠正,明确提出了10个"不得"的底线要求。因此,研究生教育质量评价是保障和提高研究生教育质量的重要方式,系统、深入开展破"五唯"背景下推进宁夏研究生教育质量评价体系改革研究,能为宁夏制定研究生教育发展公共政策提供决策参考,同时,构建破"五唯"背景下科学的研究生教育质量评价体系,对于推进宁夏研究生教育的可持续发展具有重要意义。

研究生教育肩负着高层次人才培养和创新创造的重要使命,是一个国家和地区发展水平和发展潜力的重要标志,并对整个教育体系的质量和水平有着引领和标识作用。研究生教育是"双一流"建设的重要引擎,深化研究生教育评价改革,破除"五唯"痼疾,纠正研究生教育评价偏差,已成为新时代研究生教育改革发展的"清障"工程。当前，在政府、高校、社会第三方都正在寻求破"五唯"的思路、政策、方案与行动的背景下，建立新时代研究生教育评价体系具有重要的现实应用价值。

其一，破"五唯"是研究生教育进入新时代的重要前提。研究生教育进入新时代，不仅需要明确新思想、新使命、新要求，更需要清理、消除各种旧思想旧观念、各种旧规旧制、各种体制机制障碍、各种失衡偏离路径、各种失当方式方法。在众多制约、阻碍教育进入新时代因素、要素中，教育评价的偏离与误导，具有根本性与根源性特征，特别是"五唯"痼疾，已成为研究生教育进入新时代的"阻拦索"，破除"五唯"痼疾，是研究生教育真正进入新时代的重要基础。

其二，破"五唯"是研究生教育贯彻新发展理念的需要。研究生评价制度改革对于研究生教育综合改革至关重要、迫在眉睫。破除"五唯"痼疾，树立正确评价理念、构建科学评价体系、完善评价制度与方式，是研究生教育进入新时代的必要条件与前提。优化对办学理念、培养定位、生源质量、培养过程、课程体系、毕业生质量等多视角多方位评价。

其三，破"五唯"是研究生教育实现高质量发展的需要。破"五唯"意味着评价模式重构，是研究生教育进入新时代的重要标志。要实现研究生教育高质量发展，必然建立在"旧评价"清理与破解基础上。"五唯"不破，研究生教育改革发展就难以适应新时代研究生教育"服务需求、提高质量、内涵发展"的要求。破除"五唯"痼疾，是宁夏研究生教育开启高质量发展新征程、担负高质量发展新使命、实现高质量发展新业态的根本途径与重要抓手。

其四，破"五唯"是研究生教育提高治理能力和水平的需要。破"五唯"需要建构整体化评价指标体系，破"五唯"意味着研究生教育治理体系完善，是研究生教育进入新时代的重要保障。推进研究生教育治理体系现代化关键在于构建科学规范、系统完备、公平合理、务实高效的教育评价体制机制、规章制度、方式方法等。

其五，宁夏研究生教育不能游离国家教育发展与改革的轨道外。研究生教育步入发展"快车道"，恰值研究生教育"十三五"落幕、"十四五"启程筹划之际，全区教育系统要切实把思想和行动统一到习近平总书记重要指示和党中央、国务院重大部署上来，奋力推动新时代宁夏研究生教育高质量发展的新局面。

二、引导各高校办出自身的特色

宁夏高等教育经过多年的发展，已形成了自身的办学格局与办学层次。办学层次基本分为"211工程"建设高校、"双一流"建设高校、国家民委部署高校、宁夏一般高校这几个层次。这是宁夏区域内高校多年来长期建设与积累的结果，绝非能在短时期内所能改变。

形成合理的办学层次，除了少数有条件的专科院校升格为本科院校，少数的本科院校升格为硕士培养单位，少数的硕士单位升格为博士单位外，更为重要的是各高校要结合自身的实际，办出自身的特色。所谓办出自身的特色，是指各高校要结合现有基础，把握自身长期以来已经形成的学科特色与学科优势，积极服务于原有的地区或行业，在某一地区或某一行业形成自身在科学研究和人才培养上的优势和特色。

第二节　建设一批高水平的宁夏急需学科

宁夏重点学科建设是宁夏研究生教育的重要学科支撑。要实现宁夏研究生教育的发展目标，必须加强宁夏重点学科建设，形成一批支撑研究生教育的高水平学科。

一、加强对学科建设的领导和管理

为确保完成重点学科建设任务，各高校要成立由学校主要领导挂帅、有关业务处室和有关院（系）主要负责人参加的重点学科建设领导小组，负责全校重点学科建设的领导、协调、监督检查工作。各有关院（系）应高度重视重点学科建设工作，要成立相应的工作专班，具体负责重点学科建设项目的落实。

要建立健全重点学科的管理机制和管理制度，进一步落实项目建设的管理责任。

二、严格学科经费管理安排经费使用

要根据科学发展观的要求，牢固树立"以人为本"的观念，把学科队伍建设放在突出位置来抓。要以学科队伍建设为中心，围绕学科团队、梯队建设的需要来安排学科建设项目和经费，逐步改变"重硬件建设、轻软件建设"的现象。重点学科建设项目主要由以下几个部分组成：一是队伍建设经费（包括高素质人才的培养、引进及激励措施专项经费）；二是学术交流经费；三是成果资助经费（包括科研成果、出版专著、教材建设经费的资助）；四是成果奖励经费；五是必要的硬件建设及日常管理经费等。

为推进宁夏研究生教育的改革和发展，宁夏必须加大对宁夏重点学科的建设力度，保证有一定强度的建设经费，否则，宁夏重点学科建设只能沦为一句空话。

三、加强督促检查确保建设质量和效益

学校的重点学科建设领导小组和学科建设管理部门要加强对各重点学科建设的督促检查，及时掌握情况，研究和解决存在的问题，确保建设的进度、质量和效益。对重点学科建设质量，资金投入和使用，投资效益，阶段性或标志性成果和工作经验等方面进行自查和总结，并形成自查报告。宁夏回族自治区教育厅要适时对各校的重点学科建设进展和效益情况进行检查，强化对各高校宁夏重点学科建设绩效的考评，并建立奖惩机制，对于建设成效良好的宁夏重点学科予以奖励，而对于建设成效不好的宁夏重点学科要给予一定程度的处罚。

第三节 强化宁夏研究生培养创新基地建设

围绕科教兴国战略、人才强国战略和建设创新型国家对高层次专门人才的重大需求，以提高研究生培养质量为核心，着力培养并提升研究生创新能力，

宁夏要强化研究生培养创新基地建设。

一、研究生培养基地建设指导思想

以科学发展观为指导，以满足国家经济建设、社会发展，尤其是宁夏经济建设和社会发展对高水平创新人才的需求，认真贯彻国务院、教育部和宁夏关于研究生教育工作的有关精神，牢固树立质量是研究生教育发展生命线的意识，以培育并提升研究生创新能力为核心，在宁夏政府的引导与支持下，通过整合高校和社会相关资源，努力建设一批能够支撑培养研究生创新能力的研究生教育创新基地，不断提升宁夏研究生创新能力，提高研究生培养质量，努力培养一大批能够满足国民经济建设、社会发展，尤其是宁夏经济建设和社会发展所需的高水平创新人才。

二、研究生培养基地建设工作目标

宁夏采取项目资助方式，依托开发区和区内大型企业、高新企业和各地、市、县，支持高校建设20个左右的"研究生教育创新基地"。通过实施"研究生教育创新基地"项目，促进宁夏各高校牢固树立研究生培养质量意识；通过实施"研究生教育创新基地"项目，促进宁夏各高校解放思想，积极寻求社会对高校建设与发展的支持，在高校和社会有关单位自觉自愿、互利共赢的基础上，努力建成一批能够支撑宁夏研究生创新能力培养的人才培养基地，改善研究生培养条件；通过实施"研究生教育创新基地"项目，促进宁夏各高校创新研究生培养机制，改革研究生培养模式，从而提升宁夏研究生创新能力和研究生培养质量。

三、研究生培养基地建设主要内容

"宁夏研究生教育创新基地"项目的主要建设内容包括如下几方面。

（一）建设有利于培养研究生创新能力的科研平台

各建设单位要加强与相关大型骨干企业、高新企业和地市县政府联系，结合这些企业和政府在经济建设和社会发展过程中需要解决的重大关键技术问题，通过交流与协商，达成共建"宁夏研究生教育创新基地"协议，共同建设相关科研平台。"宁夏研究生教育创新基地"建设地点以高校为主，也可以建在相关协作单位，相关科研平台要购置某一学科或某类学科比较系统的科研仪器设备，能够为研究生开展科学研究工作提供良好的科研工作条件。

（二）积极探索"宁夏研究生教育创新基地"建设与管理模式

各高校要解放思想，积极探索"宁夏研究生教育创新基地"建设与管理模式。要在广泛调研的基础上，积极主动加强与相关企事业单位和当地政府部门的联系，吸引相关单位参与"宁夏研究生教育创新基地"建设。

地方政府主导模式。从地方经济建设和社会发展的需求出发，以地方政府为主导，市县政府部门充分发挥统筹与协调职能，广泛了解本地区大型企业单位、高新企业以及事业单位对科技攻关的需求，将有关科技攻关信息进行汇总并以一定形式发布，吸引宁夏区内和区外研究生积极申请承担或参与相关课题的研究，促进研究生教育积极服务于地方经济建设和社会发展，同时为提升研究生创新能力和提高研究生培养质量提供条件和保障。地方政府要充分发挥其统筹、协调和服务职能，发挥其引导和桥梁纽带作用，承担起"宁夏研究生教育创新基地"建设任务。

高校行业对接模式。结合高校的办学历史和行业背景，进一步强化与原有相关行业的协作，依托高校学科特色与学科优势，根据某一行业或大型企业对科技攻关和创新型人才的需求，在互利共赢的基础上，达到合作共建协议，与相关行业共建"宁夏研究生教育创新基地"。这一模式的关键在于要加强与某一行业内各大型企业的联系与合作，充分整合行业内相关企业的科研资源，形成支撑高校研究生创新能力培养的高水平人才培养基地。

高校内部资源整合模式。对于部分行业特色比较明显的高校，可以充分整合现有高校内部相关科研资源，结合行业科技攻关的需要，形成比较系统的、能够为研究生创新能力培养提供良好科研工作条件的研究生教育创新基地。整合已有学校内的相关资源，充分发挥现有创新基地功能；加强管理，成立了由主管校领导、研究生处、有关院（部）负责人组成的研究生创新基地管理委员会，制定学校研究生创新基地发展规划，审定创新研究项目；设立学校研究生创新创业专项基金，保证研究生创新基地有序运行。通过这些措施，实现了研究生学习与科研的结合，学习与社会实践的结合，为研究生开展科研、培养研究生创新能力做了有效的探索，产生了良好的建设成效。

高校之间协作模式。结合宁夏重点发展产业和新兴产业发展的需要，各有关高校依托自身现有相关学科优势和学科特色，加强高校间在某一领域的协作，实行有效捆绑，与相关产业共同签订相关协议，共同服务于某一产业的发展，为这一产业的发展提供科技支撑服务，同时要求该产业的相关企业为宁夏相关学科研究提供开展创新性研究的科研条件。

第九章 创造良好的研究生教育办学环境

要实现宁夏研究生教育在未来一段时期内预定的发展目标，需要创造宁夏研究生教育良好的办学环境。这种良好的办学环境包括宁夏研究生教育法律法规体系建设、研究生教育质量保障体系建设和研究生教育服务系统建设。

第一节 加强研究生教育法律法规体系建设

就我国研究生教育法治建设整体而言，尚不完善，还不能适应研究生教育发展的需求。为保证宁夏研究生教育的健康、有序发展，需要从如下几方面进一步加强法规体系建设。

一、加强研究生教育法律法规建章立制建设

要加强研究生教育自身法律法规的建设，形成较为完善的法律法规体系，尤其是要强化地方研究生教育法规建设，为地方研究生教育发展提供良好的法治环境。

首先，要以现有《中华人民共和国学位条例》为基础，加快《中华人民共和国学位法》的修订工作，并尽快出台，提升其权威性和强制性。我国于1980年制定了《中华人民共和国学位条例》，对于规范我国的研究生教育起到了重要的作用。自制定该条例以来的20多年，尤其是进入20世纪90年代中后期后，世界高等教育特别是研究生教育发展了巨大变化，以现在的眼光和视野反思现行的

条例，该条例存在着重实体、轻程序，责权利失衡，开放度和相关法规配套程度低等立法上的缺陷，这对我国学位与研究生教育事业的改革深化，对地方研究生教育的发展，构成了法律制度上的制约，需要改进。

其次，以发展性、可操作性为重心，加强研究生教育宏观法规自身体系的建设。特别是地方政府和培养单位要以国家教育法律法规为依据，加强地方研究生教育法规建设。主要应制定研究生、指导教师、培养单位和组织管理机构四个方面的法规，具体包括研究生管理规定、导师资格标准等。只有建立起一套相对完备的研究生教育法律法规体系，才能为地方研究生教育的发展提供良好的环境和保障。

二、加大督查与执法保证法律法规严肃有效

要加强行政执法监督制度、惩罚制度的建设。研究生教育执法制度不够健全，特别是研究生教育法律法规的监督制度、惩罚制度不完备，在研究生教育法律法规的实施中，常常失去其应有的强制实施性。所以，加强研究生教育行政执法监督制度、惩罚制度的建设是当前研究生教育法治建设中极为重要的关键环节。应加强对研究生教育法规执行情况的监督检查，发挥教育督导活动对教育法规实施的检查、监督、评价、指导作用。

第二节　完善研究生教育质量保证体系

建立宁夏研究生教育质量保障体系是实现宁夏研究生教育有序发展的重要组成部分。这一体系主要包括观念上的认识、研究生教育单位自身的质量保障体系建设及地方政府与社会的评估监督。

一、树立具有时代特征的研究生教育的质量观

研究生教育质量是指培养出的高层次专门人才能够满足社会需求和人自身

发展需求的程度。这一概念在内涵上分为狭义和广义两个层面。狭义的质量，从微观层面出发，仅包含人才培养，主要是指所培养的人才是否达到了学位标准和要求，培养的人才是否为社会作出了应有的贡献。而广义上的质量，则是从宏观层面出发，包含了三个层面的内容：一是满足学术的需求，即研究生教育应满足国家和社会可持续发展和进步的要求，以及知识创新和科技进步的需求；二是社会各行业的需求，主要是满足各行业科技创新和对创新型高层次专门人才的需求；三是个体自身发展的需求，即研究生教育满足教育者自身教育、自学发展和生存的需求。

二、完善研究生培养单位研究生教育质保体系

研究生教育质量保证体系从研究生教育管理过程来看，可以分为研究生培养体系、质量监督体系和质量反馈体系三部分。研究生培养体系是质量保证的基本内容，包括招生、教学、论文答辩、学位授予、思想政治教育、就业指导等各个研究生培养环节，同时也包括师资队伍建设、教学条件和教学环境建设等各个方面。研究生培养体系是直接作用于各研究生培养个体的具体环境，直接关系到研究生人才培养的质量，因此，要高度重视研究生培养体系的建设，全面加强培养质量管理。质量监督体系应加强培养单位学位评定委员会和各个分学位评定委员会的监督职能，要充分发挥学校督导的职能和作用，加强自学评估。培养单位两级学位评定委员会是直接对研究生培养质量把关的组织，要不断提高两级学位评定委员会委员对研究生培养质量的认识，按照不同类型的培养规格，严把质量关。充分发挥学校督导在研究生教学过程中的监督作用，通过督导对研究生培养过程的监督，保证研究生培养过程中课程教学的质量。自学评估是由研究生培养单位自行组织的内部评估活动。它通过对本单位学位与研究生教育活动经常性、系统性的评价，检查有关规章、制度和方法的适宜性和有效性，及时发现并解决问题，保证研究生教育培养质量。研究生教育单位要提高自学评估的积极性和主动性，通过对学位授权点、培养质量、培养条件、学位论文质量等多层次地开展自评工作，将这一工作制度化、规范化，成为研究生教育工作的一种日常性工作，促进研究生教育质量的不断提高。质量反馈体系是质量保证体系的必要组成部分。不断发现问题，努力改进工作，保证培养质量，建立良性、通畅的反馈机制，是将研究生培养体系和质量监督体系联系起来，形成一个系统、有序、高效完整系统的必然要求。

三、完善政府和社会对研究生教育的评估体系

评估工作在地方研究生教育事业中发挥了重要的作用。作为质量监督的重要手段，评估强化了研究生教育系统中广大师生和研究生教育管理工作者的质量意识，促使研究生教育单位强化学科建设，努力将研究生教育工作的重心转移到提高教育质量上来；使各级研究生教育管理部门对研究生教育的现状和水平有了更加深刻的认识，有利于总结经验，发现问题，并在此基础上，不断进行研究生教育结构的调整；将评估与学位授予审核相结合，促进了学位授权制度的改革，为建立有上有下、良性互动的动态竞争机制打下了一定的基础；有力地推动并促进了研究生培养条件的建设。

要尽快出台有关研究生教育评估方面的法规，明确评估与被评估双方的权利和义务，规范评估工作的组织实施办法，使评估结果更加公正、公平、客观，并使评估结果能在宏观管理与调整中得到更加充分的利用。

要进一步完善政府评估、社会评估和研究生教育单位自学评估相互联系、相互分工与协作的结构合理的研究生教育质量评估体系。中央一级政府要在目前开展的培养单位整体合格评估、学位授权点合格评估的基础上，强化处理力度；要进一步强化区级学位委员会的职能，赋予区级学位委员会以更多的职责，授权并指导区级学位委员会组织开展硕士学位授权单位的整体条件评估与硕士学位授权点的合格评估。

要鼓励社会力量参与对地方研究生教育的监督，扶持并支持中介机构开展对地方研究生教育的社会评估。中介机构的评估是社会评估的重要组成部分，建设独立、公正、专业性的中介机构是推动社会评估得以实施的基础。地方研究生教育评估中介机构通过接受评估业务委托，对地方研究生教育质量做出价

值判断，并以评估的形式联系地方政府、社会与研究生教育单位，具有相对的独立性。中介机构承担着学位与研究生教育评估的研究、实施、咨询、信息服务等多种职能。作为地方政府、社会与研究生教育单位之间的桥梁，它有助于推动政府进一步转变职能，缓解地方政府与研究生教育单位之间的冲突，促进地方政府、社会与研究生教育单位之间的良性互动；加强地区间的评估合作，逐步开展国际间的评估合作，促进教育评估的专业化，有效地保障了研究生教育的质量。

第三节　完善研究生教育服务系统

随着计算机网络和信息技术的发展，网络应用已普及，这为建立基于网络的宁夏研究生教育发展综合信息服务体系提供了良好的平台和环境。建立宁夏研究生教育发展的信息服务体系，主要为地方政府、研究生教育单位提供技术支持，提高管理效率和服务水平，同时向社会和个人提供信息服务。信息综合服务体系包括以下四个服务系统。

一、研究生学科评估和学位授权管理系统

该系统是研究生培养质量保证体系的重要组成部分。建立该系统目的在于及时了解和掌握地方高层次人才培养的学科情况，加强对各学位授权点的实时监控和管理，简化学科评估和学位授权点审核程序。

该系统的主要功能包括：实行学科信息年报制度，按一级学科采集、处理和上报学科信息；对已有博士、硕士点进行监督和评估；对有关单位正在建设的拟申报学位授权的学科点进行跟踪和初评。评估、评审时所需客观数据直接通过系统采集，为地方研究生教育评估和评审工作开展提供帮助；在此基础上，可以开展网上评估和评审工作。

各地方政府学位管理部门要在国务院学位办的统一规范和协调下，确定学科信息采集的内容和标准，建立地方研究生教育有关基本情况数据库，包括学

位授权点基本情况、人才培养基本情况、学位授予基本情况等基本信息数据库，并需要适时进行更新，保证基本数据信息库数据的系统、准确和完整。

二、面向培养单位及学生的专家信息系统

建立地方政府研究生教育管理部门、研究生教育单位两级博士生导师和硕士生导师专家信息系统，反映有关学科的基本情况，为地方政府在学科发展方向、优化人力资源等方面的分析、决策提供依据，为研究生教育单位利用专家资源提供准确、可靠、快捷、丰富的信息，帮助学生、家长、社会各界了解各学科的情况，加强社会对研究生教育单位实力水平的了解。

开设网上学术沙龙，开展网上学术交流，促进导师资源共享，为导师和学生提供更加广泛和便利的交流手段和空间，帮助导师、学生及时了解学科发展的动态和前沿，激发创新思路和促进创造性人才的培养。

三、研究生教育教学管理信息服务系统

研究生信息服务系统主要面向三个方面并提供服务。

（一）面向考生的地方研究生招生信息咨询服务系统

逐步建立一个完整、先进、高效、标准的地方研究生咨询服务系统，及时公布与研究生招生相关的动态信息统计分析报告、公共查询信息，如各有关招生单位总体情况、导师队伍、学科专业情况、相关政策等，最大限度地满足考生的需求，为考生提供交互式咨询服务，帮助考生、家长更全面、更系统地了解培养单位，为考生及家长了解基本信息并做出选择提供良好的服务。

（二）面向毕业研究生及用人单位的就业信息服务系统

与市场经济的发展和就业社会化趋势相适应，分级建立面向研究生及用人单位的研究生就业信息服务系统，加强培养单位与用人单位之间的联系，深化

就业改革力度，拓宽毕业生就业门路，改善就业环境，增加就业机会，使毕业生与用人单位的供需关系更和谐，最终完全实现就业社会化。

（三）面向社会的博士、硕士学位论文服务系统

为科技人员、在学学生掌握各学科专业及相关研究领域的发展动态提供渠道，开辟网上学术空间，地方政府和培养单位可以分级建设学位论文服务系统。

第十章 宁夏学位与研究生教育发展研究结论

2020年国家密集出台了有关加强研究生教育的政策和文件，7月29日，中华人民共和国成立以来首次全国研究生教育会议召开，习近平总书记对研究生教育作出重要指示，李克强总理作出重要批示，孙春兰副总理发表重要讲话，教育部部长陈宝生作出工作部署。习近平总书记高度肯定研究生教育在建设社会主义现代化国家新征程中的重要地位，为下一步研究生教育工作，提供了根本遵循和行动指南。宁夏学位与研究生教育工作要切实把思想和行动统一到习近平总书记重要指示和党中央、国务院重大部署上来，全面贯彻落实全国教育大会、全国研究生教育会议精神，提升研究生教育支撑引领自治区经济社会发展能力，全力推动新时代宁夏研究生教育高质量发展。

一、宁夏学位与研究生教育取得的成就

（一）发展的情况

宁夏研究生教育始于1978年，经过近四十多年的发展，研究生教育的规模由小变大，导师队伍从弱到强，培养条件不断改善，人才培养模式不断创新，学科布局不断优化，课程体系不断完善，实践育人环节不断夯实，质量保障与激励约束机制不断健全，研究生教育综合改革不断深化，研究生培养规模、培养层次、学位点数量达到西部高校的中上等水平，为地方经济社会的发展输送

了一批德才兼备的高层次人才。至2021年8月，全区有研究生培养高校4个，一级学科博士学位授权点10个，博士专业学位授权类别1个，一级学科硕士学位授权点82个，博士研究生指导教师226人、硕士研究生导师2 056人，在校研究生9 715人，其中博士研究生660人，学术型硕士研究生3 107人，全日制专业学位研究生4 493人，非全日制专业学位研究生1 275人。

（二）取得的成效

宁夏研究生教育全面贯彻党的教育方针，落实立德树人根本任务，坚持社会主义办学方向，抢抓机遇，走过了不平凡的历程，取得了多方面的成就，为宁夏经济社会高质量发展和人才强区建设奠定了坚实基础，作出了重要贡献。

1. 构建了完善的研究生培养体系

四十多年来，宁夏学位授予单位、授权点不断增加，基本建立起学科门类，较为齐全，结构布局，相对合理的学位授权体系。经过多年的建设与发展，宁夏3个博士硕士学位授予单位、1个硕士学位授予单位已形成了学科门类较为齐全、结构比较合理、培养能力较强的学位与研究生教育体系，在"双一流"建设中，研究生教育发挥了重要作用，学科竞争力和研究生教育培养能力显著增强，教育强区的能力明显提高。

2. 服务经济社会发展的作用凸显

研究生教育聚集了宁夏各行各业各类高端人才，研究生教育为宁夏各行各业培养了各类高层次人才。宁夏高校培养的高层次人才，广泛分布活跃于宁夏各行各业，为宁夏教育服务、科学研究、政府管理、社会工作、健康医疗、企业经营等领域作出基础性贡献，增强了宁夏高层次人才的自我供给能力。

3. 人才培养质量保障体系不断健全

加强党对研究生教育工作的领导，突出立德树人根本任务，完善研究生思想政治教育体系和水平，将研究生思想政治教育评价结果作为"双一流"建设成效评价、学位授权点合格评估重要内容，区内多所高校获教育部"百个研究生样板党支部"创建高校。

4. 全面加强研究生导师队伍建设

全区研究生培养单位汇聚起一大批高水平、高学历、高职称的导师队伍，成为宁夏进行科技创新、教育创新的骨干力量和生力军。导师恪守学术道德底线，主动增强研究生培养第一责任人意识不断加强。

5. 研究生教育协同发展机制增强

宁夏研究生教育充分发挥政府统筹主导作用，各培养单位上下联动、多方协同育人工作机制。党委政府将研究生教育纳入经济社会发展大局、教育工作全局统筹谋划和推进，深化研究生教育领域综合改革，扎实推进高水平大学建设，科教协同、产教融合、经费投入、人才评价、就业服务等逐渐形式合力。

二、宁夏学位与研究生教育存在的问题

（一）形势与机遇

教育是国之大计、党之大计。研究生教育的质量，直接关系到高等教育乃至整个国民教育体系的水平，关系到国家未来的核心竞争力。当前，世界百年未有之大变局加速演进，国家走向全面建设现代化新征程。研究生教育作为创新体系的重要组成部分，担负着创新升级和人才升级的双重使命。宁夏积极建设"黄河流域生态保护和高质量建设先行区"，重点抓好九大产业发展，迫切需要研究生教育紧盯科技前沿和关键领域开拓创新，不断适应和满足新时代宁夏现代化建设需要。宁夏的研究生教育正在走向规模化发展阶段，正在经历从弱到强的转变，区内经济社会发展面临转型升级和高质量发展的新要求，人民群众对研究生教育的需求也更加多样化，处理好规模与质量、需求与结构、传统与创新之间的关系，对于宁夏高等教育发展任重而道远。

（二）存在的问题

宁夏研究生教育发展还面临不少深层次矛盾，如培养理念、经费投入、条件保障、导师队伍、治理能力等方面，还存在短板和不足，科教融合、产教融合不够紧密，学位点布局与经济社会发展需要不匹配，需要着力推动研究生教

育在更高水平上既能协调又能充分发展。

1. 研究生思想政治教育和心理健康教育亟待加强

目前，研究生思想政治教育是高等学校相对薄弱的环节，研究生心理健康问题较为突出，在专兼职思政队伍建设，创新思政理论课程教育方式，提升课程思政的时效性，进一步压实导师第一培养责任人职责等方面亟待完善。

2. 研究生培养模式同质化和实践环节建设相对滞后

学硕和专硕两种类型人才培养的体系虽已形成，但沿用学硕研究生培养模式培养专业学位研究生的现象较为普遍，人才培养与社会适应性不强，亟待完善学科专业课程实践体系，建立适应国家战略和区域经济社会发展需求的分类培养模式，并突出个性化培养。

3. 导师队伍的素质和指导水平有待进一步提高

高校存在导师立德树人意识不强现象，对"三全育人"理念的理解和行动不到位，重科研轻教学、重数量轻质量现象依然存在，导师与研究生沟通交流欠充分，有效破解课程思政难题成效不显著，需要改革管理服务与评价激励机制。

4. 一级学科学位授权点布局和学科专业分布欠均衡

宁夏目前仅有11个一级博士授权点，学位点分布失调，整体招生规模较小，学术资源配置不均衡，制约了宁夏建设学科高质量、快速发展。基础学科、工程学科、哲学社会科学博士学位点急需拓展，硕士学位授权点及学科专业方向需要调整优化。

三、宁夏学位与研究生教育对策与建议

当前和今后一个时期，宁夏研究生教育工作要深入贯彻习近平总书记关于研究生教育工作指示精神，扎根西部，牢牢把握"立德树人、服务需求、提高质量、追求卓越"的工作主线，全面提升研究生教育服务区域发展能力，推进研究生教育治理体系和治理能力现代化，构建规模结构适应需求、培养模式特色鲜明、质量水平持续提升、拔尖创新人才不断涌现的现代化研究生教育体系，更好地满足宁夏高质量发展对高层次人才的需求。

（一）全面加强党对研究生教育工作的领导

加强党对研究生教育工作的领导，把近年来宁夏研究生教育改革发展的经验总结好，把存在的突出问题梳理整改好，把推动研究生教育高质量发展的改革举措谋划设计好，把自治区党委和政府关于加强研究生教育工作的安排部署贯彻好。推进落实宁夏研究生教育改革与发展的目标任务和工作思路，推动研究生教育适应党和国家事业发展需要。

（二）全面加强研究生的思想政治教育工作

坚持把立德树人作为研究生教育的中心环节，把思想政治工作贯穿研究生教育全过程。完善思想政治教育体系，提升研究生思想政治教育水平，坚持以习近平新时代中国特色社会主义思想铸魂育人，培养研究生的家国情怀。将研究生思想政治教育评价作为"双一流"建设成效评价、学位授权点合格评估的重要内容。

（三）完善服务需求的研究生教育专业体系

瞄准前沿和关键领域，提升研究生招生计划等资源调控的精准度，全力构建有力支撑"黄河流域生态保护和高质量先行区"建设的高层次人才培养体系，动态调整学科专业布局，对接产业需求，推动学科专业设置主动响应产业需求，促进产业链、创新链、教育链、人才链相互牵引、环环相扣，将产业需求融入学科建设和人才培养环节，提高研究生教育服务地方的能力。

（四）积极实施研究生教育类创新专项计划

提高研究生教育质量和可持续发展能力，以加强关键领域和薄弱环节为重点，完善激励和引导机制，组织实施一批重点项目，实施一流研究生教育建设计划，发挥好自治区人民政府学位委员会作用，成立宁夏研究生教育指导委员会、宁夏研究生教育发展研究协同创新中心，打造宁夏高水平研究生教育智库基地，搭建多层次、多学科交流平台，打造卓越而有灵魂的研究生教育。

（五）完善研究生教育改革与发展的新机制

加快推进出台新时代宁夏研究生教育改革发展的政策支持意见，深化研究生教育改革，紧紧围绕自治区黄河流域生态保护和高质量发展先行区建设总目标，深化研究生教育评价改革，优化研究生教育规模结构，赋予研究生教育新动能，大力发展应用型的专业学位研究生教育，推进研究生教育分类发展、特色发展、高质量发展。

（六）高度重视学位授权审核与各类评估工作

国家学位授权审核工作分新增学位授权审核和学位授权点动态调整两种类型，新增学位授权审核三年一启动，学位授权点动态调整一年一次，管理部门要使用好政策，把好发展方向标，密切结合自治区经济社会发展对学科建设的需要，主动调整学位点布局，打破学位授权点终身制，解决好学科资源分散的问题，使学位点区内、校内调整成为常态。同时高度重视各类评估，如学位授权点专项评估、周期性评估、学科评估，形成完善的研究生教育合作体系，增强研究生教育竞争力、吸引力、创造力和影响力。

附录 政策制度

一、国家研究生招生的政策与制度

教育部办公厅关于进一步规范和加强
研究生考试招生工作的通知

教学厅〔2019〕2号

各省、自治区、直辖市高等学校招生委员会、教育厅（教委）、教育招生考试机构，新疆生产建设兵团教育局，有关部门（单位）教育司（局），各研究生招生单位：

研究生考试招生是国家选拔培养高层次专门人才的重要途径，关系广大考生切身利益，关系教育公平，关系国家经济社会发展。党的十八大以来，教育行政部门、教育招生考试机构和研究生招生单位认真贯彻党中央、国务院决策部署，深入推进研究生考试招生改革，分类考试、综合评价、多元录取、严格监管的考试招生制度体系不断完善，但仍出现了个别招生单位和人员违规违纪现象，反映出一些地方和单位存在政策规定不落实、制度机制不健全、组织管理不到位等问题。

各地各招生单位要充分认识做好研究生考试招生工作的重要性、复杂性和敏感性，认真学习贯彻习近平新时代中国特色社会主义思想和党的十九大精神，深入贯彻落实全国教育大会精神，始终把立德树人成效作为检验研究生考试招生工作的根本标准，牢固树立"考试招生也是育人"的理念，坚持"择优录取、宁缺毋滥"原则，进一步提高考试招生治理体系和治理能力现代化水平，确保研究生考试招生工作科学规范、公平公正。

一、严格考试组织管理，维护教育公平公正

考试安全是教育公平的前提和基础，没有考试安全就没有教育公平，容不得半点马虎和闪失。各地各招生单位要把维护考试安全作为一项重要政治责任，牢牢守住考试安全这条底线。要充分发挥各级政府主导作用，加强组织领导，进一步健全部门协作机制，形成统筹有力、多方参与、共同治理的工作合力，为实现研究生考试招生安全平稳提供组织和制度保障。要严格落实试卷安全保密、考场监督管理等制度要求，确保试题试卷安全，考场秩序井然。要强化考试环境综合治理，严厉打击各类涉考违法违规行为。

自命题考试是研究生招生考试的重要组成部分，是发挥招生单位招生自主权、体现办学特色和科学选才的重要机制。招生单位作为自命题工作的组织管理主体，要严格落实主体责任，切实加强对自命题工作的组织领导，在学校层面对自命题工作进行统筹和推进，坚决杜绝简单下放、层层转交。要加强规章制度建设，对标国家教育考试有关规定，进一步完善本单位自命题工作规范，扎紧制度笼子，防止出现命题制卷错误和失泄密情况。自命题各科目必须成立2人以上的命题小组，命题小组人员名单须报招生单位研究生招生管理部门严格审核，命题组长要对试卷内容严格审查把关，确保命题不出差错。试卷印制、封装过程要有专人监督，认真核对，严防错装漏装。鼓励招生单位选用统考科目试卷。使用自命题试卷的一般应按一级学科命题，并大力推进题库命题。试卷评阅要严格执行考生个人信息密封、多人分题评阅、评卷场所集中封闭管理等要求，确保评卷统分客观准确。要选派政治过硬、品行优良、业务熟悉、责任心强的人员承担命题、评卷工作，并加强相关人员培训，切实增强其法律意识、责任意识和业务能力。要切实落实安全保密责任制，所有命题、评卷等涉密人员必须签订《保密责任书》。

二、切实规范复试工作，强化能力素质考核

复试工作是研究生考试招生的重要组成部分，是保证选拔质量的重要环节。要加强对学生的全面考查和综合评价，既要注重学业知识考核，也要加强对考生

专业能力素质和科研创新潜质的考查，既要注重学生的考试成绩，也要注重学生的一贯表现。要进一步完善复试工作制度机制，加强复试工作规范管理，确保择优选拔、公平公正。复试工作办法须由招生单位研究生招生工作领导小组集体研究决定并提前公布。招生单位应统一制定复试小组工作基本规范，复试小组一般不少于5人，小组成员须现场独立评分，评分记录和考生作答情况要交招生单位研究生招生管理部门集中统一保管，任何人不得改动。复试全程要录音录像。招生单位要制定复试工作人员遴选、培训办法和行为规范，选派经验丰富、业务水平高、公道正派的人员参与复试工作。要对所有人员进行政策、业务、纪律等方面的培训，使其明确工作纪律和工作程序、评判规则和评判标准。要充分发挥和规范导师作用，明确招生导师在复试工作中的权利、责任和纪律要求。

三、加强调剂工作管理，提升招生服务水平

调剂工作是硕士研究生招生录取工作的重要环节，是满足考生志愿选择、保障考生权益的重要渠道。招生单位要规范调剂工作程序，提升服务质量，确保择优选拔。招生单位接收调剂考生必须通过全国统一的"全国硕士研究生招生调剂服务系统"进行。对申请同一招生单位同一专业、初试科目完全相同的调剂考生，招生单位应当按考生初试成绩择优确定进入复试的考生名单，不得简单以考生提交调剂志愿的时间先后顺序等非学业水平标准作为遴选依据。招生单位要坚持以考生为中心，提前在"全国硕士研究生招生调剂服务系统"和本单位网站公布调剂工作办法，精准发布调剂要求，防止考生盲目报考。要在政策规定的时间内尽可能缩短考生调剂等待时间。要及时解答考生咨询，确保信息沟通畅通。

四、坚持择优录取，确保招生质量

招生单位要在研究生招生工作领导小组的统一领导下，按照教育部有关招生录取政策规定及各省级教育招生考试机构的补充规定，根据本单位招生计划、复试录取办法以及考生初试和复试成绩、思想政治表现、身心健康状况等择优确定拟录取名单。录取工作要依法保护残疾考生的合法权益。要严格按照教育部下达的招生计划及相关要求开展招生录取工作。录取人数不得超过本单位招生计划规模。招生单位要严格执行国家政策规定，不得按单位、行业、地域、

学校层次类别等限定生源范围，也不得设置其他歧视性条件。

五、深入落实信息公开，确保招生工作规范透明

各级教育招生考试机构和招生单位应按照教育部有关政策要求和"谁公开、谁把关""谁公开、谁解释"的原则，积极推进本地区、本单位研究生招生信息公开。招生单位是研究生招生信息公开工作的责任主体，要提前在本单位网站上公布招生章程、招生政策规定、招生专业目录、分专业招生计划、复试录取办法等信息。所有拟录取名单由招生单位研究生招生管理部门统一公示，公示时间不少于10个工作日，并在"全国硕士研究生招生信息公开平台"统一公开，未经招生单位公示的考生，一律不得录取，不予学籍注册。省级教育招生考试机构对本地区所有研究生招生单位的招生信息公开工作负有监管责任，对招生单位上报公开的信息要认真审核。教育行政部门、教育招生考试机构和招生单位要提供考生咨询及申诉渠道，并按有关规定对相关申诉和举报及时调查处理。

六、加强组织领导，强化监督检查

招生单位是本单位研究生考试招生工作的责任主体，主要负责同志是第一责任人，分管负责同志是直接责任人。主要负责同志对本单位研究生考试招生工作要亲自把关、亲自协调、亲自督查，慎而又慎、细而又细、实而又实做好研究生考试招生工作，坚决杜绝草率大意、粗糙行事。招生单位研究生招生工作领导小组成员如有人事变动，领导小组组成人员应及时调整。各招生单位应按教育部有关规定，制定本单位研究生招生工作实施细则，并报省级教育招生考试机构备案。

省级高校招生委员会是监管本行政区域内所有招生单位研究生考试招生工作的责任主体，主要负责同志负领导责任，省级教育行政部门主要负责同志是第一责任人，省级教育招生考试机构主要负责同志是直接责任人。教育部将把规范和加强研究生考试招生工作纳入国家教育督导范畴，各省级高校招生委员会、教育行政部门要加强对本地区研究生考试招生工作的监督检查，对本地区研究生考试招生工作中的问题，特别是多发性、趋势性的问题要及早发现、及早纠正。对考试招生工作中的违规违纪行为，发现一起、严查一起，一律按有关规定严肃处理，绝不姑息。造成严重后果和恶劣影响的，将按规定对有关责任人员进行追责问责，构成违法犯罪的，由司法机关依法追究法律责任。

教育部办公厅
2019年2月26日

教育部关于印发
《2022年全国硕士研究生招生工作管理规定》的通知

教学函〔2021〕2号

各省、自治区、直辖市高等学校招生委员会、教育厅（教委）、教育招生考试机构，新疆生产建设兵团教育局，有关部门（单位）教育司（局），各硕士研究生招生单位：

为做好2022年全国硕士研究生招生工作，现将《2022年全国硕士研究生招生工作管理规定》印发给你们，请遵照执行。

教育部
2021年8月30日

2022年全国硕士研究生招生工作管理规定

第一章 总则

第一条 为加强对全国硕士研究生招生工作的管理，保证硕士研究生的入学质量和招生工作的顺利进行，根据《中华人民共和国教育法》《中华人民共和国高等教育法》等法律法规，制定本规定。

第二条 高等学校和科学研究机构（以下简称招生单位）招收硕士研究生，旨在培养热爱祖国，拥护中国共产党的领导，拥护社会主义制度，遵纪守法，品德良好，具有服务国家服务人民的社会责任感，掌握本学科坚实的基础理论和系统的专业知识，具有创新精神、创新能力和从事科学研究、教学、管理等工作能力的高层次学术型专门人才以及具有较强解决实际问题的能力、能够承担专业技术或管理工作、具有良好职业素养的高层次应用型专门人才。

第三条 硕士研究生招生应坚持按需招生、全面衡量、择优录取和宁缺毋滥的原则。

第四条 招生学科（类别）、专业（领域）必须经国务院学位委员会或其授权单位批准。

第五条 招生对象主要为国家承认学历的应届本科毕业、本科毕业以及具有与本科毕业同等学力的中国公民。

第六条 全国硕士研究生招生考试分初试和复试两个阶段进行。初试和复试都是硕士研究生招生考试的重要组成部分。初试由国家统一组织，复试由招生单位自行组织。

初试方式分为全国统一考试（含联合考试）、单独考试以及推荐免试。

全国统一考试的部分或全部考试科目由教育部考试中心负责统一命题，其他考试科目由招生单位自行命题。

单独考试由具有单独考试资格的招生单位进行，考生须符合特定报名条件，考试科目由招生单位单独命题、委托其他招生单位命题或选用全国统一命制试题。

推荐免试是指依据国家有关政策，对部分高等学校按规定推荐的本校优秀应届本科毕业生，及其他符合相关规定的考生，经确认其免初试资格，由招生单位直接进行复试考核的选拔方式。

第七条 全国统一命题科目及招生单位自命题科目试题（包括副题）、参考答案、评分参考（指南）等应当按照教育工作国家秘密范围的有关规定严格管理。

第八条 硕士研究生学习方式分为全日制和非全日制两种。全日制和非全日制研究生考试招生依据国家统一要求，执行相同的政策和标准。

硕士研究生就业方式分为定向就业和非定向就业两种类型。定向就业的硕士研究生按定向合同就业；非定向就业的硕士研究生按本人与用人单位双向选择的办法就业。

第二章 管理机构及其职责

第九条 教育部负责宏观管理全国硕士研究生招生工作。其职责是：

（一）研究制定招生工作的方针、政策、规定和办法，发布年度招生考试公告，部署全国招生工作，并监督检查执行情况。

（二）会同国家有关部门制订并下达年度招生计划。

（三）确定硕士研究生招生全国统一命题科目并审定考试大纲。

（四）监督、指导全国统一命题科目的命题工作和全国硕士研究生招生考试的组织实施工作。

（五）公布组织单独考试招收硕士研究生的招生单位名单及其年度招生限额。

（六）制定推免工作政策，下达开展推荐优秀应届本科毕业生免试攻读研究生工作的高校年度推免名额，并指导有关地方和高校对推免工作进行管理。

（七）组织招生管理人员的培训工作，开展招生宣传和研究工作。

（八）推进招生信息公开，并对各省级教育行政部门、教育招生考试机构和研究生招生单位招生信息公开工作进行监督。

（九）指导督促有关部门和单位调查处理招生工作中发生的重大问题。

第十条 省（区、市）高等学校招生委员会负责本地区硕士研究生招生管理工作，统一领导协调本省（区、市）教育行政部门、教育招生考试机构等部门按照职责开展相关考试招生工作。其主要职责是：

（一）执行教育部关于招生工作的方针、政策、规定和办法，结合本地区的实际情况制订必要的补充规定，报教育部备案并组织实施。

（二）明确本省（区、市）教育行政部门、教育招生考试机构具体职责分工。建立健全研究生招生机构，配备专职人员，加强队伍建设。根据新形势和日益增加的工作任务要求，合理设置负责研究生招生工作的专门常设机构，合理确定研究生招生工作人员的编制，配备必要的专职研究生招生工作人员；做好本地区招生工作人员培训工作。

（三）组织本省（区、市）招生单位制定发布招生章程和招生专业目录。

（四）组织并做好试卷印制及保密、保管工作，确保试卷绝对安全。指导招生单位做好自命题试题的命制、保密、保管工作，并开展监督检查。

（五）做好考生信息的安全保密工作。

（六）设置报考点和评卷点，组织报名、考试、评卷等工作，根据教育部要求按时、准确、规范上报有关信息数据。

（七）结合本地实际需要，统筹建设和使用标准化考点。

（八）全面负责本地区考试安全工作，及时处置与本地区有关的考试安全突发事件。省（区、市）高等学校招生委员会主要负责人对考试安全工作负领导责任，省级教育行政部门主要负责人是第一责任人，省级教育招生考试机构主要负责人是直接责任人。省（区、市）高等学校招生委员会相关部门的分管领导对本部门硕士研究生招生考试职责范围内的工作负全责。

（九）按有关规定开展招生信息公开相关工作，并对本地区所有研究生招生单位招生信息公开工作进行监督与管理。

（十）协调并监督检查招生单位和报考点的考试招生工作，对招生单位录取结果进行政策审核。调查处理本地区考试招生工作中发生的问题。发现重大问题应立即向所在地省级人民政府和教育部报告。

（十一）根据考生申请，对招生单位信访答复情况进行复查。

（十二）依法维护考生和招生工作人员的合法权益，保障招生考试工作人员的合理正当待遇。

（十三）组织开展招生宣传、咨询和研究工作。

（十四）因地制宜做好新冠肺炎疫情防控工作，保障考生和考试工作人员的生命安全和身体健康。

第十一条　招生单位主管部门的主要职责：

根据国家的有关规定和国家下达的招生规模，拟定本部门所属各招生单位的招生计划，对所属招生单位的考试招生工作进行监督管理，根据有关规定调查处理本部门所属招生单位招生工作中发生的问题，并依法依规追究相关部门和人员的责任。

第十二条　招生单位负责组织实施本单位的招生工作。其主要职责是：

（一）成立由校领导牵头、校内纪检监察等有关部门负责人参加的研究生招生工作领导小组，负责按照教育部有关招生政策、规定、办法，上级主管部门、所在省（区、市）高等学校招生委员会的补充规定，以及本单位的实际情况，制定实施细则，并开展招生工作。

（二）设置研究生招生机构，合理确定必要的人员编制，配备一定数量的专职人员负责招生工作，并组织培训招生工作人员。

（三）根据社会需求、办学条件和国家核定的招生规模制定本单位的分学科（类别）、专业（领域）的招生方案。

（四）遴选指导教师，制定指导教师管理办法，定期开展导师培训。

（五）编制公布招生章程和招生专业目录。

（六）参照教育、卫生健康等行政主管部门的体检工作相关规定，结合本单位情况，制定体检要求。

（七）按规定开展本单位招生信息公开和相关解释工作。

（八）开展招生宣传、咨询和研究工作。

（九）审核考生的报考资格。

（十）组织命题、评卷、复试、体检、思想政治素质与道德品质考核和录取等工作，并做好相应的安全保密工作。

（十一）做好考生信息的安全保密工作。

（十二）按照省级教育招生考试机构要求设立报考点和评卷点并开展相关工作，根据省级教育招生考试机构要求按时、准确、规范上报有关信息数据。

（十三）依法维护考生和招生工作人员的合法权益，保障招生考试工作人员的合理正当待遇。

（十四）根据考生申请，对本单位有关考试招生行为进行调查、处理并给予答复。

（十五）按照所在地省（区、市）高等学校招生委员会要求做好新冠肺炎疫情防控工作，保障考生和考试工作人员的生命安全和身体健康。

第三章　招生计划和奖助政策

第十三条　国家根据经济、社会发展需要确定年度招生计划。招生单位根据国家下达的招生计划、社会需求和办学条件，确定各学科（类别）、各专业（领域）的招生人数。

第十四条 国家对所有纳入招生计划的全日制硕士研究生均安排生均拨款,所有纳入招生计划的硕士研究生都要缴纳学费。国家和招生单位通过设立奖学金、助学金、助学贷款、三助岗位、绿色通道等制度,建立多元奖助体系,支持硕士研究生完成学业,提高硕士研究生待遇水平。

第四章 报名

第十五条 报名参加全国硕士研究生招生考试的人员,须符合下列条件:

(一)中华人民共和国公民。

(二)拥护中国共产党的领导,品德良好,遵纪守法。

(三)身体健康状况符合国家和招生单位规定的体检要求。

(四)考生学业水平必须符合下列条件之一:

1.国家承认学历的应届本科毕业生(含普通高校、成人高校、普通高校举办的成人高等学历教育等应届本科毕业生)及自学考试和网络教育届时可毕业本科生。考生录取当年入学前(具体期限由招生单位规定)必须取得国家承认的本科毕业证书或教育部留学服务中心出具的《国(境)外学历学位认证书》,否则录取资格无效。

2.具有国家承认的大学本科毕业学历的人员。

3.获得国家承认的高职高专毕业学历后满2年(从毕业后到录取当年入学之日,下同)或2年以上的人员,以及国家承认学历的本科结业生,符合招生单位根据本单位的培养目标对考生提出的具体学业要求的,按本科毕业同等学力身份报考。

4.已获硕士、博士学位的人员。在校研究生报考须在报名前征得所在培养单位同意。

第十六条 报名参加以下专业学位全国硕士研究生招生考试的,按下列规定执行。

(一)报名参加法律(非法学)专业学位硕士研究生招生考试的人员,须符合下列条件:

1.符合第十五条中的各项要求。

2.报考前所学专业为非法学专业(普通高等学校本科专业目录法学门类中

的法学类专业［代码为0301］毕业生、专科层次法学类毕业生和自学考试形式的法学类毕业生等不得报考）。

（二）报名参加法律（法学）专业学位硕士研究生招生考试的人员，须符合下列条件：

1. 符合第十五条中的各项要求。

2. 报考前所学专业为法学专业（仅普通高等学校本科专业目录法学门类中的法学类专业［代码为0301］毕业生、专科层次法学类毕业生和自学考试形式的法学类毕业生等可以报考），获得法学第二学士学位的可报考法律（法学）专业学位。

（三）报名参加工商管理、公共管理、工程管理硕士中的工程管理［代码为125601］和项目管理［代码为125602］、旅游管理、教育硕士中的教育管理、体育硕士中的竞赛组织专业学位硕士研究生招生考试的人员，须符合下列条件：

1. 符合第十五条中第（一）（二）（三）各项的要求。

2. 大学本科毕业后有3年以上工作经验的人员；或获得国家承认的高职高专毕业学历或大学本科结业后，符合招生单位相关学业要求，达到大学本科毕业同等学力并有5年以上工作经验的人员；或获得硕士学位或博士学位后有2年以上工作经验的人员。

工商管理硕士专业学位研究生相关考试招生政策同时按照《教育部关于进一步规范工商管理硕士专业学位研究生教育的意见》（教研〔2016〕2号）有关规定执行。

第十七条 报名参加单独考试的人员，须符合下列条件：

（一）符合第十五条中第（一）（二）（三）各项的要求。

（二）取得国家承认的大学本科学历后连续工作4年以上，业务优秀，已经发表过研究论文（技术报告）或者已经成为业务骨干，经考生所在单位同意和两名具有高级专业技术职称的专家推荐，回原单位定向就业的在职人员；或获硕士学位或博士学位后工作2年以上，业务优秀，经考生所在单位同意和两名具有高级专业技术职称的专家推荐，回原单位定向就业的在职人员。

招生单位不得按单位、行业、地域等限定单独考试生源范围，也不得设置其他歧视性报考条件。

第十八条　具有推荐免试资格的考生，须在国家规定时间内登录"全国推荐优秀应届本科毕业生免试攻读研究生信息公开暨管理服务系统"（网址：https：//yz.chsi.com.cn/tm）填报志愿并参加复试。截至规定日期仍未落实接收单位的推免生不再保留推免资格。已被招生单位接收的推免生，不得再报名参加当年硕士研究生考试招生，否则取消其推免录取资格。

推免生推荐和接收办法由推荐学校和接收单位根据教育部有关规定制定并公布。所有推免生均享有依据招生政策自主选择报考招生单位和专业的权利，推荐学校所有推免名额（除有特殊政策要求的专项计划外），均可向其他招生单位推荐。凡按规定可接受应届本科毕业生报考的学科（类别）、专业（领域）均可接收推免生，但不得只接收推免生。

第十九条　报名包括网上报名和网上确认（现场确认）两个阶段。所有参加硕士研究生招生考试的考生均须进行网上报名，并在网上或到报考点现场确认网报信息和采集本人图像等相关电子信息，同时按规定缴纳报考费。

应届本科毕业生原则上应选择就读学校所在地省级教育招生考试机构指定的报考点办理网上报名和网上确认（现场确认）手续；单独考试考生应选择招生单位所在地省级教育招生考试机构指定的报考点办理网上报名和网上确认（现场确认）手续；其他考生（含工商管理、公共管理、旅游管理、工程管理等专业学位考生）应选择工作所在地（相关具体要求由所在地省级教育招生考试机构合理确定）或户口所在地省级教育招生考试机构指定的报考点办理网上报名和网上确认（现场确认）手续。

网上报名技术服务工作由全国高等学校学生信息咨询与就业指导中心负责。网上确认（现场确认）由省级教育招生考试机构负责组织相关报考点进行。

报考点工作人员发现有考生伪造证件时，应通知公安机关并配合公安机关暂扣相关证件。

（一）网上报名要求

1.网上报名时间为2021年10月5日至10月25日，每天9：00—22：00。网上预报名时间为2021年9月24日至9月27日，每天9：00—22：00。

2. 考生应在规定时间登录"中国研究生招生信息网"（公网网址：https：//yz.chsi.com.cn，教育网址：https：//yz.chsi.cn，以下简称"研招网"）浏览报考须知，并按教育部、省级教育招生考试机构、报考点以及报考招生单位的网上公告要求报名。报名期间，考生可自行修改网上报名信息或重新填报报名信息，但一位考生只能保留一条有效报名信息。逾期不再补报，也不得修改报名信息。

3. 考生报名时只填报一个招生单位的一个专业。待初试结束，教育部公布考生进入复试的初试成绩基本要求后，考生可通过"研招网"调剂服务系统了解招生单位的调剂办法、计划余额等信息，并按相关规定自主多次平行填报多个调剂志愿。

4. 考生应按招生单位要求如实填写学习情况和提供真实材料。

5. 考生要准确填写本人所受奖惩情况，特别是要如实填写在参加普通和成人高等学校招生考试、全国硕士研究生招生考试、高等教育自学考试等国家教育考试过程中因违纪、作弊所受处罚情况。对弄虚作假者，将按照《国家教育考试违规处理办法》《普通高等学校招生违规行为处理暂行办法》严肃处理。

6. 报名期间将对考生学历（学籍）信息进行网上校验，考生可上网查看学历（学籍）校验结果。考生也可在报名前或报名期间自行登录"中国高等教育学生信息网"（网址：https：//www.chsi.com.cn）查询本人学历（学籍）信息。

未能通过学历（学籍）网上校验的考生应在招生单位规定时间内完成学历（学籍）核验。

7. 按规定享受少数民族照顾政策的考生，在网上报名时须如实填写少数民族身份，且申请定向就业少数民族地区。

8. "少数民族高层次骨干人才计划"招生以考生报名时填报确认的信息为准。

9. 报考"退役大学生士兵"专项硕士研究生招生计划的考生，应为高校学生应征入伍退出现役，且符合硕士研究生报考条件者〔高校学生指全日制普通本专科（含高职）、研究生、第二学士学位的应（往）届毕业生、在校生和入学新生，以及成人高校招收的普通本专科（高职）应（往）届毕业生、在校生和入学新生，下同〕。考生报名时应当选择填报退役大学生士兵专项计划，并按要求填报本人入伍前的入学信息以及入伍、退役等相关信息。

10. 现役军人报考地方或军队招生单位，以及地方考生报考军队招生单位，应当事先认真阅读了解解放军及招生单位有关报考要求，遵守保密规定，按照规定填报报考信息。不明之处应当事先与招生单位联系。

11. 考生应当认真了解并严格按照报考条件及相关政策要求选择填报志愿。因不符合报考条件及相关政策要求，造成后续不能网上确认（现场确认）、考试（含初试和复试）或录取的，后果由考生本人承担。

12. 考生应当按要求准确填写个人网上报名信息并提供真实材料。考生因网报信息填写错误、填报虚假信息而造成不能考试（含初试和复试）或录取的，后果由考生本人承担。

（二）网上确认（现场确认）要求

1. 所有考生（不含推免生）均应当在规定时间内在网上或到报考点指定地点现场核对并确认其网上报名信息，逾期不再补办。网上确认（现场确认）时间由各省级教育招生考试机构根据国家招生工作安排和本地区报考组织情况自行确定和公布。

2. 考生网上确认（现场确认）应当提交本人居民身份证、学历学位证书（应届本科毕业生持学生证）和网上报名编号，由报考点工作人员进行核对。报考"退役大学生士兵"专项硕士研究生招生计划的考生还应当提交本人入伍批准书和退出现役证。

3. 所有考生均应当对本人网上报名信息进行认真核对并确认。报名信息经考生确认后一律不作修改，因考生填写错误引起的一切后果由其自行承担。

4. 考生应当按规定缴纳报考费。

5. 考生应当按报考点规定配合采集本人图像等相关电子信息。

第二十条 招生单位和报考点应当根据相关规定，对考生报考信息和网上确认（现场确认）材料进行全面审查，确定考生的考试资格。

考生填报的报名信息与报考条件不符的，不得准予考试。

第二十一条 报考点由各省级教育招生考试机构确定并公布。报考点接受考生咨询，办理报名手续，安排考场，组织考试。

第二十二条 考生应当在2021年12月18日至12月27日期间,凭网报用户名和密码登录"研招网"自行下载打印准考证。准考证使用A4幅面白纸打印,正、反两面在使用期间不得涂改或书写。考生凭下载打印的准考证及有效居民身份证参加初试和复试。

第二十三条 考生报名时须签署《考生诚信考试承诺书》并遵守相关约定及要求。

第五章 命题

第二十四条 全国统一命题科目的命题工作由教育部考试中心统一组织,考试大纲由教育部考试中心统一编制或教育部指定相关机构组织编制;自命题科目的命题工作由招生单位自行组织。

第二十五条 招生单位自命题要按科目组成命题小组,至少应当由两名政治素质好、责任心强、教学经验丰富、学术水平较高并且近期承担教学工作的人员组成,其中一人为组长。命题人员原则上应当具有副教授以上职称或相当职称,其中命题小组组长应当具有教授或相当职称并具有硕士研究生招生考试命题经验。命题小组人员名单须报招生单位研究生招生管理部门严格审核,命题小组组长要对试卷内容严格审查把关,确保命题不出差错。每位命题人员只能参加一门考试科目的命题工作。命题人员要遵纪守法,信守承诺,保守秘密,不得参与任何形式的考研辅导活动,不得参与任何与考研内容有关的咨询活动,不得参与任何与考研有关的复习资料编写、出版等活动。命题人员要签订《保密责任书》,过失泄密和故意泄密行为均须承担刑事责任。

第二十六条 招生单位要切实加强对自命题工作的组织领导,在学校层面对自命题工作进行统筹和推进,坚决杜绝简单下放、层层转交。要对标国家教育考试有关规定,制定本单位自命题工作规范,加强对命题相关人员以及命题、审题、制卷,试题答案保密保管、运送交接等各工作环节的规范管理和监督,确保试题、答案、试卷绝对安全。要加大投入和研究力度,建立健全相关制度机制,大力推进按一级学科命题和题库命题。鼓励招生单位选用全国统一命题科目试卷。自命题试题不得委托非硕士研究生招生单位或个人命题;委托其他招生单位命题的,要签订《保密责任书》。

第二十七条 硕士研究生招生考试是选拔性考试，试题应能考查考生是否具备硕士研究生入学的基本能力和专业素质。试题要有一定的区分度，难易程度要适当。

第二十八条 试题不得出现政治性的错误，并应当避免出现学术界尚有争议的问题。

第二十九条 单独考试初试科目设置与相应学科专业全国统一考试初试科目设置相同，单独考试的各考试科目可由招生单位命题、委托其他招生单位命题，也可以选用全国统一命制试题。

第三十条 各考试科目均应当根据考试大纲（考试内容范围说明）和对硕士研究生入学的基本要求，参考大学本科的教学大纲进行命题。

第六章 初试

第三十一条 2022年全国硕士研究生招生考试初试时间为2021年12月25日至26日（每天上午8：30—11：30，下午14：00—17：00）。超过3小时的考试科目在12月27日进行（起始时间8：30，截止时间由招生单位确定，不超过14：30）。

考试时间以北京时间为准。不在规定日期举行的硕士研究生招生考试，国家一律不予承认。

第三十二条 硕士研究生招生初试一般设置四个单元考试科目，即思想政治理论、外国语、业务课一和业务课二，满分分别为100分、100分、150分、150分。

第三十三条 教育学、历史学、医学门类初试设置三个单元考试科目，即思想政治理论、外国语、专业基础综合，满分分别为100分、100分、300分。

体育、应用心理、文物与博物馆、药学、中药学、临床医学、口腔医学、中医、公共卫生、护理等专业学位硕士初试设置三个单元考试科目，即思想政治理论、外国语、专业基础综合，满分分别为100分、100分、300分。

会计、图书情报、工商管理、公共管理、旅游管理、工程管理和审计等专业学位硕士初试设置两个单元考试科目，即外国语、管理类综合能力，满分分别为100分、200分。

金融、应用统计、税务、国际商务、保险、资产评估等专业学位硕士初试第三单元业务课一设置经济类综合能力考试科目，满分为150分。

第三十四条　硕士研究生招生考试的全国统一命题科目为思想政治理论、英语（一）、英语（二）、俄语、日语、数学（一）、数学（二）、数学（三）、教育学专业基础、心理学专业基础、历史学专业基础、临床医学综合能力（中医）、临床医学综合能力（西医）、数学（农）、化学（农）、植物生理学与生物化学、动物生理学与生物化学、计算机学科专业基础、管理类综合能力、法律硕士专业基础（非法学）、法律硕士综合（非法学）、法律硕士专业基础（法学）、法律硕士综合（法学）、经济类综合能力。其中，教育学专业基础、心理学专业基础、历史学专业基础、数学（农）、化学（农）、植物生理学与生物化学、动物生理学与生物化学、计算机学科专业基础、经济类综合能力试题由招生单位统筹考虑本单位实际情况自主选择使用；口腔医学专业学位既可选用统一命题的临床医学综合能力，也可由招生单位自主命题。

医学学术学位硕士研究生初试业务课科目由招生单位按一级学科自主命题。

第三十五条　招生单位必须按教育部的有关规定确定考试科目并使用相关试题。

第三十六条　初试方式均为笔试。

12月25日上午　思想政治理论、管理类综合能力

12月25日下午　外国语

12月26日上午　业务课一

12月26日下午　业务课二

12月27日考试时间超过3小时或有使用画板等特殊要求的考试科目

每科考试时间一般为3小时；建筑设计等特殊科目考试时间最长不超过6小时。详细考试时间、考试科目及有关要求等由考点和招生单位予以公布。

第三十七条　初试的组织工作和考务工作由教育部考试中心及各级教育招生考试机构按照相关文件规定执行。

第三十八条　单独考试须在省级教育招生考试机构指定的考点组织进行。

第三十九条　因试卷错寄、漏寄、邮递故障等非考生本人原因而无法正常考试的考生可参加补考。

补考程序为：招生单位将初步审查同意补考的考生姓名、报考单位、补考

科目及补考原因一一写明，报所在省级教育招生考试机构审核批准后，自行安排或协商有关考点在规定时间内组织补考。

各补考科目均由招生单位命题。补考试题的形式和难易程度应与原试题相一致。

补考一般安排在考试结束后1个月内进行，具体时间由相关招生单位确定。

第七章　评卷

第四十条　全国统一命题科目的评卷工作由省（区、市）高等学校招生委员会在教育部考试中心指导下统一组织，具体的评卷细则、工作程序、要求和纪律，由省级教育招生考试机构根据教育部的要求制订。

第四十一条　全国统一命题科目评卷工作实行省（区、市）高等学校招生委员会统一领导，省级教育招生考试机构统一组织，评卷工作承办单位具体实施的管理体制。招生单位有承担当地全国统一命题科目评卷的责任和义务。

第四十二条　省级教育招生考试机构要加强评卷点建设。各评卷点要成立由各省级教育招生考试机构负责人和承办单位负责人共同组成的领导小组，加强对评卷工作的领导和管理；建立健全评卷工作系列规章制度，特别是评卷工作责任制度、责任追究制度和评卷工作质量监督保证制度；要逐步完善评卷教师的聘任机制，保证评卷工作的需要。

第四十三条　省级教育招生考试机构成立由相关招生单位各学科权威专家组成的全国统一命题科目评卷工作专家组，根据教育部考试中心提供的评分参考，负责本地区全国统一命题科目评卷工作细则的拟定、试卷的试评、评卷教师的培训、评卷工作的业务指导与组织实施、试卷评阅过程中争议问题的仲裁等工作。

第四十四条　省级教育招生考试机构根据专家组的提名，聘请有关教师承担各学科评卷工作，招生单位有责任和义务按省级教育招生考试机构的要求选派所需评卷教师，无正当理由不得推辞拒绝。评卷工作由评卷教师所在学校以适当方式计入本人工作量。

第四十五条　招生单位自命题科目的评卷工作原则上由招生单位负责，组织管理工作参照全国统一命题科目评卷管理体制、办法和有关要求实施。鼓励招生单位积极采用网上评卷等方式，加强评卷工作规范管理，各省级教育招生考试机构应予以大力支持。各招生单位在评卷结束后，应将自命题科目的成绩上报省级教育招生考试机构。省级教育招生考试机构在评卷结束后，应将全国统一命题科目成绩返回招生单位，同时将全国统一命题科目成绩和自命题科目成绩合成后，在规定时间上报教育部。

第四十六条　招生单位应当在规定时间内向考生公布成绩。考生对评卷结果有异议，可以依程序申请成绩复查，具体的复查办法按照教育部相关考务文件执行。

第四十七条　进行电子扫描的纸介质答卷保留1年，其电子扫描版答卷保留3年；不进行电子扫描的纸介质答卷保留3年。

第八章　复试

第四十八条　复试是硕士研究生招生考试的重要组成部分，用于考查考生的创新能力、专业素养和综合素质等，是硕士研究生录取的必要环节，复试不合格者不予录取。

第四十九条　复试时间、地点、内容、方式、成绩使用办法、组织管理等由招生单位按教育部有关规定自主确定。复试办法和程序由招生单位公布。招生单位原则上应采用命制多套试题、安排考生随机抽取试题等方式加强复试过程管理。全部复试工作一般应在录取当年4月底前完成。

第五十条　教育部按照一区、二区制定并公布参加全国统一考试考生进入复试的初试成绩基本要求。一区包括北京、天津、河北、山西、辽宁、吉林、黑龙江、上海、江苏、浙江、安徽、福建、江西、山东、河南、湖北、湖南、广东、重庆、四川、陕西21省（市）；二区包括内蒙古、广西、海南、贵州、云南、西藏、甘肃、青海、宁夏、新疆10省（区）。原则上学术学位类按学科门类分别划线，专业学位类按专业学位类别分别划线（工商管理等管理类专业学位将根据情况分别划线）。

报考地处二区招生单位且毕业后在国务院公布的民族区域自治地方定向就业的少数民族普通高校应届本科毕业生；或者工作单位和户籍在国务院公布的民族区域自治地方，且定向就业单位为原单位的少数民族在职人员考生，可按规定享受少数民族照顾政策。

第五十一条　招生单位在国家确定的初试成绩基本要求基础上，结合生源和招生计划等情况，自主确定本单位考生进入复试的初试成绩要求及其他学术要求，但不得出台歧视性或其他有违公平的规定。

经教育部批准的部分招生单位可直接自主确定考生进入复试的初试成绩要求及其他学术要求，相关要求须报省级教育招生考试机构备案，未经备案的不得公布执行。参加单独考试的考生进入复试的初试成绩要求由招生单位依据教育部有关政策自行确定。

相关招生单位依据教育部有关政策分学科门类或专业自主确定并公布"退役大学生士兵"专项计划考生进入复试的初试成绩要求和接受其他招生单位该计划考生调剂的初试成绩要求。

相关招生单位自主确定并公布报考本单位临床医学、口腔医学和中医（以下简称临床医学类）专业学位硕士研究生进入复试的初试成绩要求。教育部划定临床医学类专业学位硕士研究生初试成绩基本要求供招生单位参考。

招生单位自主划定的总分要求低于教育部划定的初试成绩基本要求的，下一年度不得扩大该专业招生规模（不含"退役大学生士兵"专项计划）。

第五十二条　对初试公共科目成绩略低于全国初试成绩基本要求，但专业科目成绩特别优异或在科研创新方面具有突出表现的考生，可允许其破格参加第一志愿报考单位第一志愿专业复试（简称破格复试）。

破格复试应优先考虑基础学科、艰苦专业以及国家急需但生源相对不足的学科、专业。对一志愿合格生源不足的专业，招生单位要积极做好调剂工作，不得单纯为完成招生计划或保护一志愿生源而降低标准进行破格复试。合格生源（含调剂生源）充足的招生专业一般不再进行破格复试。破格复试考生不得调剂。

第五十三条　复试应采取差额形式，招生单位自主确定复试差额比例并提前公布，差额比例一般不低于120%。

招生单位要按照教育部有关规定制定本单位的复试录取办法和各院系实施细则，提前在本单位网站向社会公布并严格执行。复试录取办法中应当明确考生进入复试的初试成绩和其他学术要求，以及复试、调剂、录取等各环节具体规定，特别要明确破格复试条件和程序。未按要求提前公布的复试录取规定一律无效。

第五十四条　招生单位在复试前应当对考生的居民身份证、学历学位证书、学历学籍核验结果、学生证等报名材料原件及考生资格进行严格审查，对不符合规定者，不予复试。

考生学历（学籍）信息核验有问题的，招生单位应当要求考生在规定时间内完成学历（学籍）核验。

少数民族考生身份以报考时查验的身份证为准，复试时不得更改。少数民族地区以国务院有关部门公布的全国民族区域自治地方简表为准。

第五十五条　以同等学力参加复试的考生，在复试中须加试至少两门与报考专业相关的本科主干课程。加试科目不得与初试科目相同。加试方式为笔试。报考法律硕士（非法学）、工商管理硕士、公共管理硕士、工程管理硕士或旅游管理硕士的同等学力考生可以不加试。对成人教育应届本科毕业生及复试时尚未取得本科毕业证书的自考和网络教育考生，招生单位可自主确定是否加试，相关办法应在招生章程中提前公布。

第五十六条　会计硕士、图书情报硕士、工商管理硕士、公共管理硕士、旅游管理硕士、工程管理硕士和审计硕士的思想政治理论考试由招生单位在复试中进行，成绩计入复试总成绩。

第五十七条　外国语听力及口语测试均在复试中进行，由招生单位自行组织，成绩计入复试总成绩。

第五十八条　招生单位认为有必要时，可对考生再次复试。

第五十九条　参加"大学生志愿服务西部计划""三支一扶计划""农村义务教育阶段学校教师特设岗位计划""赴外汉语教师志愿者"等项目服务期满、考核合格的考生，3年内参加全国硕士研究生招生考试的，初试总分加10分，同等条件下优先录取。

高校学生应征入伍服现役退役，达到报考条件后，3年内参加全国硕士研究生招生考试的考生，初试总分加10分，同等条件下优先录取。纳入"退役大学生士兵"专项计划招录的,不再享受退役大学生士兵初试加分政策。在部队荣立二等功以上,符合全国硕士研究生招生考试报考条件的,可申请免试(初试)攻读硕士研究生。

参加"选聘高校毕业生到村任职"项目服务期满、考核称职以上的考生,3年内参加全国硕士研究生招生考试的,初试总分加10分,同等条件下优先录取,其中报考人文社科类专业研究生的,初试总分加15分。

加分项目不累计,同时满足两项以上加分条件的考生按最高项加分。各省级教育招生考试机构、各招生单位应严格规范执行硕士研究生招生考试的初试总分加分政策,除教育部统一规定的范围和标准外,不得擅自扩大范围、另设标准。招生单位应对加分项目考生提供的相关证明材料进行认真核实。

第六十条　考生体检工作由招生单位在考生拟录取后组织进行。招生单位参照教育部、原卫生部、中国残联印发的《普通高等学校招生体检工作指导意见》(教学〔2003〕3号)要求,按照《教育部办公厅　卫生部办公厅关于普通高等学校招生学生入学身体检查取消乙肝项目检测有关问题的通知》(教学厅〔2010〕2号)规定,结合招生专业实际情况,提出本单位体检要求。

第九章　调剂

第六十一条　招生单位应当按教育部有关政策制定本单位(含所属院、系、所)调剂工作办法,详细说明接收考生调剂的时间、基本要求、工作程序、调剂复试办法、联系咨询电话等信息,并提前在"全国硕士生招生调剂服务系统"和本单位网站公布。

招生单位(含所属院、系、所)相关调剂工作办法及调剂录取名单须报招生单位招生工作领导小组审定,并报省级教育招生考试机构审核。

第六十二条　考生调剂基本条件:

(一)符合调入专业的报考条件。

(二)初试成绩符合第一志愿报考专业在调入地区的全国初试成绩基本要求。

(三)调入专业与第一志愿报考专业相同或相近,应在同一学科门类范围内。

(四)初试科目与调入专业初试科目相同或相近,其中初试全国统一命题科目应与调入专业全国统一命题科目相同。

（五）第一志愿报考照顾专业（指体育学及体育硕士，中医学、中西医结合及中医硕士，工学照顾专业，下同）的考生若调剂出本类照顾专业，其初试成绩必须达到调入地区该照顾专业所在学科门类（类别）的全国初试成绩基本要求。第一志愿报考非照顾专业的考生若调入照顾专业，其初试成绩必须符合调入地区对应的非照顾专业学科门类（类别）的全国初试成绩基本要求。体育学与体育硕士，中医学、中西医结合与中医硕士，工学照顾专业之间调剂按照顾专业内部调剂政策执行。

（六）第一志愿报考工商管理、公共管理、旅游管理、工程管理、会计、图书情报、审计专业学位硕士的考生，在满足调入专业报考条件，且初试成绩同时符合调出专业和调入专业在调入地区的全国初试成绩基本要求的基础上，可申请相互调剂，但不得调入其他专业；其他专业考生也不得调入以上专业。

第一志愿报考法律（非法学）专业学位硕士的考生不得调入其他专业，其他专业的考生也不得调入该专业。

（七）报考"少数民族高层次骨干人才计划"的考生不得调剂到该计划以外录取；未报考的不得调剂入该计划录取。

（八）报考"退役大学生士兵"专项计划的考生，申请调剂到普通计划录取，其初试成绩须达到调入地区相关专业所在学科门类（专业学位类别）的全国初试成绩基本要求。符合条件的，可按规定享受退役大学生士兵初试加分政策。

报考普通计划的考生，符合"退役大学生士兵"专项计划报考条件的，可申请调剂到该专项计划录取，其初试成绩须符合相关招生单位确定的接受"退役大学生士兵"专项计划考生调剂的初试成绩要求。调入"退役大学生士兵"专项计划招录的考生，不再享受退役大学生士兵初试加分政策。

（九）相关招生单位自主确定并公布本单位接受报考其他单位临床医学类专业学位硕士研究生调剂的成绩要求。教育部划定临床医学类专业学位硕士研究生初试成绩基本要求作为报考临床医学类专业学位硕士研究生的考生调剂到其他专业的基本成绩要求。

报考临床医学类专业学位硕士研究生的考生可按相关政策调剂到其他专业，报考其他专业（含医学学术学位）的考生不可调剂到临床医学类专业学位。

（十）参加单独考试（含强军计划、援藏计划）的考生不得调剂。

考生申请调剂前，应充分了解招生单位（含各院、系、所）的调剂工作办法，以及相关专业不同学习方式（全日制和非全日制）招生、培养、奖助、就业等相关政策。招生单位也要积极做好政策宣传解读工作。

第六十三条　招生单位接收所有调剂考生（既包括接收外单位调剂考生，也包括接收本单位内部调剂考生）必须通过教育部指定的"全国硕士生招生调剂服务系统"进行（退役大学生士兵加分项目考生、享受少数民族政策考生可除外）。

招生单位每次开放调剂系统持续时间不得低于12个小时。对申请同一招生单位同一专业、初试科目完全相同的调剂考生，招生单位应当按考生初试成绩择优遴选进入复试的考生。不得简单以考生提交调剂志愿的时间先后顺序等非学业水平标准作为遴选依据。

考生调剂志愿锁定时间由招生单位自主设定，最长不超过36小时。锁定时间到达后，如招生单位未明确受理意见，锁定解除，考生可继续填报其他志愿。

招生单位应根据本单位实际复试录取情况，通过"全国硕士生招生调剂服务系统"及时、准确发布计划余额信息及接收考生调剂申请的初试成绩等基本要求，并积极利用调剂系统在线留言功能、咨询电话等渠道为考生调剂提供良好服务。

第六十四条　调剂工作由各招生单位研究生招生管理部门归口管理并统一办理相关手续。

第十章　思想政治素质和品德考核

第六十五条　思想政治素质和品德考核是保证入学新生质量的重要工作环节，招生单位必须严格遵循实事求是的原则认真做好考核工作，对于思想品德考核不合格者不予录取。

第六十六条　思想政治素质和品德考核主要是考核考生本人的现实表现，内容应当包括考生的政治态度、思想表现、道德品质、遵纪守法、诚实守信等方面。

招生单位要强化对考生诚信的要求，充分利用《国家教育考试考生诚信档案》记录，对考生在报考时填写的考试作弊受处罚情况进行认真核查，将考生诚信状况作为思想品德考核的重要内容和录取的重要依据。凡有违反国家教育考试规定、情节严重受到停考处罚，在处罚结束后继续报名参加研究生招生考试的，由招生单位决定是否予以录取。

第六十七条　招生单位在复试的同时应当组织思想政治工作部门、招生工作部门、导师与考生面谈，直接了解考生思想政治情况。招生单位还可采取"函调"或"派人外调"的方式对考生的思想政治素质和品德考核。

拟录取名单确定后，招生单位应向考生所在单位函调人事档案（或档案审查意见）和本人现实表现等材料，全面考查其思想政治和品德情况。函调的考生现实表现材料，需由考生本人档案或工作所在单位的人事、政工部门加盖印章。

第十一章　录取

第六十八条　招生单位要在研究生招生工作领导小组的统一领导下，按照教育部有关招生录取政策规定及各省级高等学校招生委员会的补充规定，根据本单位招生计划、复试录取办法以及考生初试和复试成绩、思想政治表现、身心健康状况等择优确定拟录取名单。录取工作要依法保护残疾考生的合法权益。

第六十九条　招生单位要严格按照教育部下达的招生计划（含各专项计划）及相关要求开展招生录取工作，录取人数不得超过本单位招生计划。招生单位承担的专项计划均包含在本单位的招生总规模以内，专项计划专项使用，不得挪用。

各招生单位破格复试录取人数原则上不超过本单位全日制硕士生招生计划的3%。

单独考试录取人数不得超过教育部下达的单独考试招生限额，且录取要符合有关要求。

在本招生单位内，学术型招生计划可调整到专业学位使用，但专业学位招生计划不得调整到学术型专业使用。全日制招生计划与非全日制招生计划不得相互调整使用。

第七十条　定向就业的硕士研究生应当在被录取前与招生单位、用人单位分别签订定向就业合同。参加单独考试的考生，只能被录取为回原单位定向就业的硕士研究生。报考非定向就业研究生录取为定向就业的，招生单位须严格审核定向就业合同，从严掌握。

考生因报考硕士研究生与所在单位产生的问题由考生自行处理。若因此造成考生不能复试或无法录取，招生单位不承担责任。

第七十一条 经考生确认的报考信息在录取阶段一律不作修改，对报考资格不符合规定者不予录取。各招生单位不得将未通过或未完成学历（学籍）审核的考生列入拟录取名单公示或上报。

第七十二条 各省级教育行政部门、教育招生考试机构应当按国家规定对招生单位的录取工作进行检查，实施监督。各招生单位为录取考生打印录取登记表，盖章后存入考生的人事档案。

第七十三条 被录取的新生，经考生本人申请和招生单位同意后可以保留入学资格，工作1至2年，再入学学习。录取为保留入学资格的考生纳入招生单位当年的招生计划。

第七十四条 应届本科毕业生及自学考试和网络教育届时可毕业本科生考生，入学时未取得国家承认的本科毕业证书者，录取资格无效。

第十二章　信息公开公示

第七十五条 各省级教育行政部门、教育招生考试机构和招生单位应当按教育部有关政策要求和"谁公开、谁把关""谁公开、谁解释"的原则，积极推进本地区、本单位研究生招生信息公开。

第七十六条 教育部建立"全国硕士研究生招生信息公开平台"（网址 https://yz.chsi.com.cn/zsgs），作为招生单位研究生招生信息公开平台。

招生单位是研究生招生信息公开工作的责任主体，招生单位在"全国硕士研究生招生信息公开平台"公开的所有招生信息，均须符合招生政策并按教育部有关规定事先在本单位网站进行公开公示。各省级教育行政部门、教育招生考试机构对本地区所有研究生招生单位的招生信息公开工作负有监管责任，对招生单位上报公开的信息要认真审核。

第七十七条 省级教育行政部门、教育招生考试机构应公布本省有关硕士研究生招生的相关规定、考试组织的相关情况及违规事件处理结果等。

第七十八条 招生单位要提前在本单位网站上公布硕士研究生招生章程，

招生政策和规定，招生专业目录和分专业（临床医学、口腔医学、中医专业学位按领域或方向）招生计划。招生章程中应按相关规定公布本单位各专业硕士研究生报考条件、学习方式、学制、学费标准、奖助办法、毕业就业、住宿情况以及培养所在校区等内容。原则上招生单位非全日制硕士研究生招收在职定向就业人员。招生章程应报当地省级教育招生考试机构备案。

第七十九条　在复试、录取阶段，招生单位要提前在本单位网站向社会公布本单位复试录取办法和各院系实施细则，各院（系、所）或学科、专业招生人数，参加复试考生名单（包括考生姓名、考生编号、初试各科成绩等信息）和拟录取考生名单（包括考生姓名、考生编号、初试成绩、复试成绩、总成绩等信息）。对破格复试、参加专项计划、享受初试加分或照顾政策的考生相关情况，在公布考生名单时应当进行说明。

第八十条　招生单位的研究生招生管理部门应当统一公示拟录取名单，公示时间不少于10个工作日，公示期间名单不得修改；名单如有变动，须对变动部分作出说明，并对变动内容另行公示10个工作日。未经招生单位公示的考生，一律不得录取，不予学籍注册。

公示期间，招生单位应将拟录取名单报省级教育行政部门、教育招生考试机构进行政策审核，省级教育行政部门、教育招生考试机构应将审核意见及时反馈招生单位。

公示结束后，招生单位应按要求将录取名单报"全国硕士研究生招生信息公开平台"。最终录取名单及新生学籍注册均以招生单位上报平台的信息为准。

第八十一条　各级教育行政主管部门、省级教育招生考试机构、招生单位在公示有关信息的同时，应提供考生咨询及申诉渠道，包括联系部门、电子信箱、电话号码和通讯地址等，保证相关渠道畅通，并按照有关规定对相关申诉和举报及时调查处理。

第十三章　违规处理

第八十二条　考生应自觉树立遵章守纪、诚实考试的意识。初试期间，考生应自觉遵守《全国硕士研究生招生考试考场规则》及各考点考场纪律；复试期间，考生应自觉遵守招生单位考场规则及考生所签署的《诚信复试承诺书》

等内容，在招生单位复试工作结束前不得对外透露或传播复试试题内容等有关情况。对在研究生考试招生中违反考试管理规定和考场纪律，影响考试公平、公正的考生、考试工作人员及其他相关人员，一律按《中华人民共和国教育法》及《国家教育考试违规处理办法》（教育部令第33号）严肃处理。对在校生，由其所在学校按有关规定给予处分，直至开除学籍；对在职考生，应通知考生所在单位，由考生所在单位视情节给予党纪或政纪处分；对考试工作人员，由教育招生考试机构或其所在单位视情节给予相应的行政处分；构成违法的，由司法机关依法追究法律责任，其中构成犯罪的，依法追究刑事责任。

第八十三条 相关单位应当将考生在硕士研究生招生考试中的违规或作弊事实记入《国家教育考试考生诚信档案》，并将考生的有关情况通报其所在学校或单位，记入考生人事档案，作为其今后升学和就业的重要参考依据。

第八十四条 对在招生工作中有违反国家有关法律法规和招生管理规定行为的招生单位、招生考试机构、主管教育行政部门及其招生工作人员，一律按《普通高等学校招生违规行为处理暂行办法》（教育部令第36号）严肃处理，并追究直接责任人员的责任，造成严重后果和恶劣影响的，还将按规定对有关责任人实行问责。

第八十五条 各级教育行政部门、教育招生考试机构和研究生招生单位要认真落实《教育部关于进一步加强考研辅导活动管理的通知》（教学〔2008〕1号）等要求，加强考研辅导活动监管和依法整治。

对社会培训机构违规开展辅导培训或发布虚假招生宣传（广告）骗取钱财的，当地教育行政部门或其他有关部门应依据《中华人民共和国民办教育促进法》《中华人民共和国广告法》等责令其限期改正，并予以警告；有违法所得的，没收非法所得；情节严重的责令停止招生，吊销办学许可证和营业执照；构成犯罪的依法追究法律责任。

严禁招生单位内部任何部门和工作人员举办或参与举办考研辅导活动，严禁招生单位向社会培训机构提供举办考研辅导活动的场所和设施，严禁社会培训机构进入校园以张贴简章、广告等各种方式进行考研辅导培训宣传和组织活动。在校生不得举办或参与助考作弊、虚假宣传等涉考违规违法活动。违反规定的要坚决予以清理取缔并追究有关部门和相关人员责任。

第八十六条　招生单位要严格执行国家收费政策，禁止在研究生招生过程中乱收费，违反规定的要追究有关部门和相关人员责任。

第八十七条　考生认为所报考招生单位的招生录取行为有违反本规定或其他相关规定的，可向报考招生单位提出异议、申诉或举报。招生单位应当进行调查、处理，属于对政策执行存在异议的，应当及时书面或口头答复申诉人；属于对违规违纪行为举报的，应当组织纪检监察等机构进行调查，并按《信访工作条例》等有关规定作出书面答复。

考生对招生单位作出的书面答复不服的，可向招生单位所在地省级教育行政部门或省级教育招生考试机构申请复查。对复查结论不服的，可按相关规定向省级教育行政部门或省级教育招生考试机构的上一级机关提出复核。

第十四章　附则

第八十八条　现役军人报考硕士研究生及军队系统的招生单位招收硕士研究生的办法由军队相关部门参照本规定另行制订；推荐免试工作相关管理办法由教育部另文规定。

第八十九条　其他招生政策和程序与此不符的以此文件为准。

第九十条　本规定自发布之日起施行。

二、国家研究生培养的政策与制度

教育部　国家发展改革委　财政部关于加快新时代研究生教育改革发展的意见

教研〔2020〕9号

各省、自治区、直辖市教育厅（教委）、发展改革委、财政厅（局），新疆生产建设兵团教育局、发展改革委、财政局，有关部门（单位）教育司（局），中国科学院大学、中国社会科学院大学，中共中央党校学位评定委员会、中国人民解放军学位委员会，部属各高等学校、部省合建各高等学校：

研究生教育肩负着高层次人才培养和创新创造的重要使命，是国家发展、社会进步的重要基石，是应对全球人才竞争的基础布局。改革开放特别是党的十八大以来，我国研究生教育快速发展，已成为世界研究生教育大国。中国特色社会主义进入新时代，各行各业对高层次创新人才的需求更加迫切，研究生教育的地位和作用更加凸显。为深入学习贯彻党的十九大和十九届二中、三中、四中全会精神，全面贯彻落实全国教育大会、全国研究生教育会议精神，促进研究生德智体美劳全面发展，切实提升研究生教育支撑引领经济社会发展能力，现就加快新时代研究生教育改革发展提出以下意见。

一、总体要求

1. 指导思想。以习近平新时代中国特色社会主义思想为指导，全面贯彻党的教育方针，坚定走内涵式发展道路，以立德树人、服务需求、提高质量、追求卓越为主线，面向世界科技竞争最前沿，面向经济社会发展主战场，面向人民群众新需求，面向国家治理大战略，瞄准科技前沿和关键领域，深入推进学科专业调整，提升导师队伍水平，完善人才培养体系，推进研究生教育治理体系和治理能力现代化，引导研究生培养单位办出特色、办出水平，加快建设研究生教育强国，为坚持和发展中国特色社会主义、实现中华民族伟大复兴的中国梦提供坚强有力的人才和智力支撑。

2. 基本原则。坚持党的领导，增强"四个意识"、坚定"四个自信"、做到"两个维护"，把正确政治方向和价值导向贯穿研究生教育和管理工作全过程；坚持育人为本，以研究生德智体美劳全面发展为中心，把立德树人成效作为检验研究生教育工作的根本标准；坚持需求导向，扎根中国大地，全面提升研究生教育服务国家和区域发展能力；坚持创新引领，增强研究生使命感责任感，全面提升研究生知识创新和实践创新能力；坚持改革驱动，充分激发办学主体活力，加快构建优质高效开放的研究生教育体系。

3. 总体目标。到2025年，基本建成规模结构更加优化、体制机制更加完善、培养质量显著提升、服务需求贡献卓著、国际影响力不断扩大的高水平研究生教育体系。到2035年，初步建成具有中国特色的研究生教育强国。

二、加强思想政治工作，健全"三全育人"机制

1. 完善思想政治教育体系，提升研究生思想政治教育水平。开全开好研究生思想政治理论课，推进习近平新时代中国特色社会主义思想进教材、进课堂、进头脑。加强研究生课程思政，建成一批课程思政示范高校，推出一批课程思政示范课程，选树一批课程思政教学名师和团队，建设一批课程思政教学研究示范中心。配齐建强研究生辅导员队伍，全面落实专职辅导员专业技术职务、行政岗位职级"双线"晋升政策，探索依托导师和科研团队配备兼职辅导员。加强研究生心理健康教育、职业规划和就业创业服务。将研究生思想政治教育评价结果作为"双一流"建设成效评价、学位授权点合格评估的重要内容。

2. 发挥导师言传身教作用，激励导师做研究生成长成才的引路人。导师是研究生培养第一责任人，要了解掌握研究生的思想状况，将专业教育与思想政治教育有机融合，既做学业导师又做人生导师；要率先垂范，以良好的思想品德和人格魅力影响和鼓舞研究生；要培养研究生良好的学风，严格要求学生遵守科学道德和学术规范。

3. 提高研究生党建工作水平，强化党组织战斗堡垒作用。创新研究生党组织设置方式，探索在科研团队、学术梯队等建立党组织。选优配强研究生党支部书记，充分发挥研究生党员的先锋模范作用。持续开展新时代高校党建示范创建和质量创优工作，做好高校"百个研究生样板党支部"和"百名研究生党员标兵"遴选培育工作。

三、对接高层次人才需求，优化规模结构

1. 以服务需求为导向，合理扩大人才培养规模。坚持供给与需求相匹配、数量与质量相统一，保持与经济社会发展相适应、与培养能力相匹配的研究生教育发展节奏，博士研究生招生规模适度超前布局，硕士研究生招生规模稳步扩大。招生规模统筹考虑国家需求、地区差异、培养条件、培养质量等因素，实行动态调整，差异化配置。

2. 优化培养类型结构，大力发展专业学位研究生教育。稳步发展学术学位研究生教育，以国家重大战略、关键领域和社会重大需求为重点，增设一批硕士、博士专业学位类别。新增硕士学位授予单位原则上只开展专业学位研究生教育，新增硕士学位授权点以专业学位授权点为主。各培养单位要根据经济社会发展需求和自身办学定位，切实优化人才培养类型结构。

3.适应社会需求变化，加快学科专业结构调整。建立基础学科、应用学科、交叉学科分类发展新机制，按照单位自主调、市场调节调、国家引导调的思路，不断优化学科专业结构，健全退出机制。设立新兴交叉学科门类，支持战略性新兴学科发展。完善"双一流"建设动态监测与调整机制，引导建设高校和学科主动服务国家重大战略需求。

4.优化布局结构，服务国家区域发展战略。完善省域研究生教育布局，建设区域性研究生教育高地。大力支持雄安新区、粤港澳大湾区、长三角、海南自由贸易试验区和长江经济带等区域发展优质研究生教育，振兴东北地区研究生教育。支持中西部地区发展与国家及区域战略相匹配的学科专业。

5.坚持质量导向，完善学位授权审核工作。将深化科教融合、产教融合作为学位授权点布局的重要参考因素。持续推动省级教育主管部门统筹开展硕士学位授权审核工作，实现对区域经济社会发展的有力支撑。稳步推进学位授权自主审核工作，继续放权符合条件的高等学校自主审核增列学位授权点，自主设置一级学科、新兴交叉学科和专业学位类别。加强对中西部地区和高水平民办高校学位授权的支持。探索高水平应用型本科高校申请开展专业学位人才培养。

四、深化体制机制改革，创新招生培养模式

1.深化招生计划管理改革，健全供需调节机制。建立健全与经济社会发展相适应的研究生招生计划调节机制。实施国家关键领域急需高层次人才培养专项招生计划。招生计划向重大科研平台、重大科技任务、重大工程项目、关键学科领域、产教融合创新平台和"双一流"建设取得突破性进展的高校倾斜。在博士研究生招生计划管理中，积极支持严把质量关、博士研究生分流退出比例较大的培养单位。在硕士专业学位研究生招生计划管理中，积极支持有效落实产教融合机制的培养单位和高水平应用型高校。继续在部分高水平研究型大学实施博士招生计划弹性管理。在现有财政拨款制度基础上，探索实施以国家重大科学研究、工程研发等科研经费承担培养成本的科研项目博士研究生专项招生计划。探索建立研究生招生计划管理负面清单制度，对学位点评估、博士论文抽检、师德师风、考试招生违规违法等问题突出的培养单位予以必要限制。

2.深化考试招生制度改革，精准选拔人才。完善分类考试、综合评价、多元录取、严格监管的研究生考试招生制度体系。深化硕士研究生考试招生改革，优化初试科目和内容，强化复试考核，综合评价考生考试成绩、专业素养、实践能力、创新精神和一贯学业表现等，择优录取；研究探索基础能力素质考试和招生单位自主组织专业能力考试相结合的研究生招生考试方式。健全博士研究生"申请—考核"招生选拔机制，扩大直博生招生比例，研究探索在高精尖缺领域招收优秀本科毕业生直接攻读博士学位的办法。

3.完善科教融合育人机制，加强学术学位研究生知识创新能力培养。加强系统科研训练，以大团队、大平台、大项目支撑高质量研究生培养。推进硕博贯通培养，实行培养方案一体化设计。聚焦数理化、文史哲等基础学科，以强化原始创新能力为导向，实施高层次人才培养专项。

4.强化产教融合育人机制，加强专业学位研究生实践创新能力培养。实施"国家产教融合研究生联合培养基地"建设计划，重点依托产教融合型企业和产教融合型城市，大力开展研究生联合培养基地建设，着力提升实践创新能力。科学规划布局建设集成电路、人工智能、储能技术等国家产教融合创新平台，实施关键领域核心技术紧缺博士人才自主培养专项。鼓励各地各培养单位设立"产业（行业）导师"，加强专业学位研究生双导师队伍建设。推动行业企业全方位参与人才培养，通过设立冠名奖学金、研究生工作站、校企研发中心等措施，吸引研究生和导师参与研发项目。大力推进专业学位与职业资格的有机衔接。

5.加强课程教材建设，提升研究生课程教学质量。培养单位要紧密结合经济社会发展需要，完善课程设置、教学内容的审批机制，优化课程体系，加强教材建设，创新教学方式，突出创新能力培养，加强体育美育和劳动实践教育。规范核心课程设置，打造精品示范课程，编写遴选优秀教材，推动优质资源共享。将课程教材质量作为学位点合格评估、学科发展水平、教师绩效考核和人才培养质量评价的重要内容。鼓励办好研究生创新实践大赛和学科学术论坛。在国家级教学成果奖中单独设立研究生教学成果奖。

6.加强关键环节质量监控，完善分流选择机制。培养单位要加强培养关键环节质量监控，完善研究生资格考试、中期考核和年度考核制度。加大分流力度，对不适合继续攻读学位的研究生及早分流。畅通分流选择渠道，分流退出的博士研究生，符合硕士学位授予标准的可授予硕士学位；未满足学位授予条件的研究生，毕业后一定时间内达到相应要求的，可重新申请授予学位。完善研究生学业相关申诉救济机制，加强研究生合法权益保护。

7. 深化开放合作，提升国际影响力。打造"留学中国"品牌，吸引优秀学生来华攻读硕士、博士学位，完善来华留学生招生、培养等管理体系，保障学位授予质量。鼓励培养单位与国际高水平大学建立研究生双向交流机制，支持双方互授联授学位。支持引进国外优质教育资源，建设高水平中外合作办学，推动高层次人才培养和学科建设。优化国家公派出国留学研究生全球布局。创新国际组织人才培养项目，加大国际组织后备人才培养力度。

五、全面从严加强管理，提升培养质量

1. 健全内部质量管理体系，压实培养单位主体责任。培养单位要完善质量控制和保证制度，抓住课程学习、实习实践、学位论文开题、中期考核、论文评阅和答辩、学位评定等关键环节，落实全过程管理责任，细化强化导师、学位论文答辩委员会和学位评定委员会权责，杜绝学位"注水"。推动培养单位探索建立学位论文评阅意见公开等制度，合理制定与学位授予相关的科研成果要求，破除"唯论文"倾向。加强教学质量督导，提升信息化管理水平。

2. 强化导师岗位管理，全面落实育人职责。培养单位要严格导师选聘标准，加强导师团队建设，明确导师权责，规范导师指导行为，支持导师严格学业管理；将政治表现、师德师风、学术水平、指导精力投入等纳入导师评价考核体系。加强兼职导师、校外导师的选聘、考核和培训工作。建立国家典型示范、省级重点保障、培养单位全覆盖的三级导师培训体系。鼓励各地各培养单位评选优秀导师和团队。

3. 加强学风建设，严惩学术不端行为。培养单位要完善学风建设工作机制，将科学精神、学术诚信、学术（职业）规范和伦理道德作为导师培训和研究生培养的重要内容，把论文写作指导课程作为必修课。抓住研究生培养关键环节，健全学术不端行为预防和处置机制，加大对学术不端行为的查处力度。

4.完善质量评价机制，破除"五唯"评价方式。聚焦人才培养成效、科研创新质量、社会服务贡献等核心要素，健全分类多维的质量评价体系，扭转不科学的评价导向。鼓励引入第三方专业机构对研究生培养质量进行诊断式评估。加强研究生教育质量监测，探索开展毕业研究生职业发展调查。

5.加强外部质量监督，严格规范管理。统筹运用学位授权点合格评估、质量专项检查、学位论文抽检等手段，强化对培养制度及其执行的评价诊断。严格规范培养档案管理，探索建立学术论文、学位论文校际馆际共享机制，将学位论文作假行为作为信用记录，纳入全国信用信息共享平台。推动建立优秀学位论文示范制度，鼓励培养单位和学术组织开展优秀学位论文评选。扩大学位论文抽检比例，提升抽检科学化、精细化水平。对无法保证质量的学科或专业学位类别，撤销学位授权。对问题严重的培养单位，视情况限制申请新增学位授权。

六、切实加强组织领导，完善条件保障

1.全面加强党的领导，确保正确办学方向。培养单位各级党组织要坚持以习近平新时代中国特色社会主义思想为指导，全面贯彻党的教育方针，坚持社会主义办学方向，坚守研究生教育意识形态阵地。培养单位党委会、常委会，要把加快研究生教育改革发展纳入重要议题，认真研究部署，积极推进落实。

2.切实做好经费保障，完善差异化投入机制。完善研究生教育投入体系，加大博士研究生教育投入力度，研究建立差异化生均拨款机制，加大对基础研究、关键核心技术领域研究生培养的支持。完善培养成本分担机制，合理确定不同类型研究生教育学费收费标准，健全教育收费标准动态调整机制，鼓励培养单位使用科研项目资金支持研究生培养。

3.改革完善资助体系，激发研究生学习积极性。完善政府主导、培养单位统筹、社会广泛参与的研究生资助投入格局。根据经济发展水平和物价变动情况，建立完善资助标准动态调整机制。加大对基础学科和关键领域人才培养的资助力度。培养单位要完善奖助学金评定标准，充分发挥奖学金的激励作用，探索建立动态调整的"三助"制度。适时调整国家助学贷款标准，给予家庭经济困难研究生更多支持。

4.加强管理队伍建设，提升管理服务水平。各培养单位要加强研究生院(部、处）建设，强化管理工作职责，保障办公条件；健全校、院（部、系、所）两级研究生教育管理体系，加强基层管理力量，按照研究生培养规模配齐建强专职管理队伍；加强管理人员培训，提高专业化服务水平。

5.强化组织保障，确保改革措施落地见效。各级教育、发展改革、财政主管部门要加强宏观指导，强化资源配置，保障研究生教育投入。充分发挥国务院学位委员会学科评议组和全国专业学位研究生教育指导委员会等专家组织和行业学会的作用，加强研究生教育研究、咨询和指导。支持有条件的高校建设研究生教育专门研究机构。各地各培养单位要认真制定落实方案，加强宣传引导，为深化研究生教育改革、建设研究生教育强国作出应有贡献。

教育部　国家发展改革委　财政部
2020年9月4日

国务院学位委员会　教育部关于进一步严格规范学位与研究生教育质量管理的若干意见

学位〔2020〕19号

各省、自治区、直辖市学位委员会、教育厅（教委），新疆生产建设兵团教育局，有关部门（单位）教育司（局），部属各高等学校、部省合建各高等学校：

改革开放特别是党的十八大以来，学位与研究生教育坚持正确政治方向，确立了立德树人、服务需求、提高质量、追求卓越的主线，规模持续增长，结构布局不断优化，学位管理体制和研究生培养体系逐步完善，服务国家战略和经济社会发展的能力显著增强，我国已成为世界研究生教育大国。国务院学位委员会和教育部等部门先后印发了《关于加强学位与研究生教育质量保证和监督体系建设的意见》《关于加快新时代研究生教育改革发展的意见》等一系列文件，强化质量监控与检查，促进学位授予单位规范管理。中国特色社会主义进入新时代，人民群众对保证和提高学位与研究生教育质量的关切日益增强，但部分学位授予单位仍存在培养条件建设滞后、管理制度不健全、制度执行不严格、导师责任不明确、学生思想政治教育弱化、学术道德教育缺失等问题。为落实立德树人根本任务，实现新时代研究生教育改革发展目标，维护公平，提高质量，办好人民满意的研究生教育，建设研究生教育强国，现就进一步规范质量管理提出如下意见。

一、指导思想

以习近平新时代中国特色社会主义思想为指导，深入学习贯彻落实党的十九大和十九届二中、三中、四中全会精神，全面贯彻落实全国教育大会和全国研究生教育会议精神，紧紧围绕统筹推进"五位一体"总体布局和协调推进"四个全面"战略布局，全面贯彻党的教育方针，落实立德树人根本任务，推进研究生教育治理体系和治理能力现代化，坚持把思想政治工作贯穿研究生教育教学全过程。遵循规律，严格制度，强化落实，整治不良学风，遏制学术不端，营造风清气正的育人环境和求真务实的学术氛围，努力提高学位与研究生教育质量。

二、强化落实学位授予单位质量保证主体责任

（一）学位授予单位是研究生教育质量保证的主体，党政主要领导是第一责任人。要坚持正确政治方向，树牢"四个意识"，坚定"四个自信"，坚决做到"两个维护"，以全面从严治党引领质量管理责任制的建立与落实。要落实落细《关于加强学位与研究生教育质量保证和监督体系建设的意见》《学位授予单位研究生教育质量保证体系建设基本规范》，补齐补强质量保证制度体系，加快建立以培养质量为主导的研究生教育资源配置机制。

（二）学位授予单位要强化底线思维，把维护公平、保证质量作为学科建设和人才培养的基础性任务，加强与研究生培养规模相适应的条件建设和组织保障。针对不同类型研究生的培养目标、模式和规模，强化培养条件、创新保障方式，确保课程教学、科研指导和实践实训水平。

（三）学位授予单位要建立健全学术委员会、学位评定委员会等组织，强化制度建设与落实，充分发挥学术组织在学位授权点建设、导师选聘、研究生培养方案审定、学位授予标准制定、学术不端处置等方面的重要作用，提高尽责担当的权威性和执行力。

（四）学位授予单位要明确学位与研究生教育管理主责部门，根据本单位研究生规模和学位授权点数量等，配齐建强思政工作和管理服务队伍，合理确定岗位与职责，加强队伍素质建设，强化统筹协调和执行能力，切实提高管理水平。二级培养单位设置研究生教育管理专职岗位，协助二级培养单位负责人和研究生导师，具体承担研究生招生、培养、学位授予等环节质量管理和研究生培养相关档案管理工作。

（五）学位授予单位要强化法治意识和规矩意识，建立各环节责任清单，加强执行检查。利用信息化手段加强对研究生招生、培养和学位授予等关键环节管理。强化研究生教育质量自学评估和专项检查，对本单位研究生培养和学位授予质量进行诊断，及时发现问题，立查立改。

三、严格规范研究生考试招生工作

（一）招生单位在研究生考试招生工作中承担主体责任。招生单位主要负责同志是本单位研究生考试招生工作的第一责任人，对本单位研究生考试招生工作要亲自把关、亲自协调、亲自督查，严慎细实做好研究生考试招生工作，确保公开、公平、公正。

（二）各地、各招生单位要强化考试管理，把维护考试安全作为一项重要政治责任，严格落实试卷安全保密、考场监督管理等制度要求，确保考试安全。招生单位作为自命题工作的组织管理主体，要强化对自命题工作的组织领导和统筹安排，坚决杜绝简单下放、层层转交。招生单位要对标国家教育考试标准，进一步完善自命题工作规范，切实加强对自命题工作全过程全方位，特别是关键环节、关键岗位、关键人员的监管，切实加强对自命题工作人员的教育培训，落实安全保密责任制，坚决防止出现命题制卷错误和失泄密情况。试卷评阅严格执行考生个人信息密封、多人分题评阅、评卷场所集中封闭管理等要求，确保客观准确。

（三）招生单位要切实规范研究生招生工作，加强招生工作的统一领导和监督，层层压实责任，将招生纪律约束贯穿于命题、初试、评卷、复试、调剂、录取全过程，牢牢守住研究生招生工作的纪律红线。要进一步完善复试工作制度机制，加强复试规范管理，统一制定复试小组工作基本规范，复试小组成员须现场独立评分，评分记录和考生作答情况要交招生单位研究生招生管理部门集中统一保管，任何人不得改动。复试全程要录音录像，要规范调剂工作程序，提升服务质量。要严格执行国家政策规定，坚持择优录取，不得设置歧视性条件，除国家有特别规定的专项计划外，不得按单位、行业、地域、学校层次类别等限定生源范围。

（四）各级教育行政部门、教育招生考试机构和招生单位应按照教育部有关政策要求，积极推进本地区、本单位研究生招生信息公开，确保招生工作规范透明。招生单位要提前在本单位网站上公布招生章程、招生政策规定、招生专业目录、分专业招生计划、复试录取办法等信息。所有拟录取名单由招生单位研究生招生管理部门统一公示，未经招生单位公示的考生，一律不得录取，不予学籍注册。教育行政部门、教育招生考试机构和招生单位要提供考生咨询及申诉渠道，并按有关规定对相关申诉和举报及时调查、处理及答复。

四、严抓培养全过程监控与质量保证

（一）学位授予单位要遵循学科发展和人才培养规律，根据《一级学科博士硕士学位基本要求》《专业学位类别（领域）博士硕士学位基本要求》，按不同学科或专业学位类别细化并执行与本单位办学定位及特色相一致的学位授予质量标准；制定各类各层次研究生培养方案，做到培养环节设计合理，学制、学分和学术要求切实可行，关键环节考核标准和分流退出措施明确。实行研究生培养全过程评价制度，关键节点突出学术规范和学术道德要求。学位论文答辩前，严格审核研究生培养各环节是否达到规定要求。

（二）二级培养单位设立研究生培养指导机构，在学位评定委员会指导下，负责落实研究生培养方案、监督培养计划执行、指导课程教学、评价教学质量等工作。加快建立以教师自评为主、教学督导和研究生评教为辅的研究生教学评价机制，对研究生教学全过程和教学效果进行监督和评价。

（三）做好研究生入学教育，编发内容全面、规则翔实的研究生手册并组织学习。把学术道德、学术伦理和学术规范作为必修内容纳入研究生培养环节计划，开设论文写作必修课，持续加强学术诚信教育、学术伦理要求和学术规范指导。研究生应签署学术诚信承诺书，导师要主动讲授学术规范，引导学生将坚守学术诚信作为自觉行为。

（四）坚持质量检查关口前移，切实发挥资格考试、学位论文开题和中期考核等关键节点的考核筛查作用，完善考核组织流程，丰富考核方式，落实监督责任，提高考核的科学性和有效性。进一步加强和严格课程考试。完善和落实研究生分流退出机制，对不适合继续攻读学位的研究生要及早按照培养方案进行分流退出，做好学生分流退出服务工作，严格规范各类研究生学籍年限管理。

五、加强学位论文和学位授予管理

（一）学位授予单位要进一步细分压实导师、学位论文答辩委员会、学位评定分委员会等责任。导师是研究生培养第一责任人，要严格把关学位论文研究工作、写作发表、学术水平和学术规范性。学位论文答辩委员会要客观公正评价学位论文学术水平，切实承担学术评价、学风监督责任，杜绝人情干扰。学位评定分委员会要对申请人培养计划执行情况、论文评阅情况、答辩组织及其结果等进行认真审议，承担学术监督和学位评定责任。论文重复率检测等仅作为检查学术不端行为的辅助手段，不得以重复率检测结果代替导师、学位论文答辩委员会、学位评定分委员会对学术水平和学术规范性的把关。

（二）分类制订不同学科或交叉学科的学位论文规范、评阅规则和核查办法，真实体现研究生知识理论创新、综合解决实际问题的能力和水平，符合相应学科领域的学术规范和科学伦理要求。对以研究报告、规划设计、产品开发、案例分析、管理方案、发明专利、文学艺术创作等为主要内容的学位论文，细分写作规范，建立严格评审机制。

（三）严格学位论文答辩管理，细化规范答辩流程，提高问答质量，力戒答辩流于形式。除依法律法规需要保密外，学位论文均要严格实行公开答辩，妥善安排旁听，答辩人员、时间、地点、程序安排及答辩委员会组成等信息要在学位授予单位网站向社会公开，接受社会监督。任何组织及个人不得以任何形式干扰学位论文评阅、答辩及学位评定工作，违者按相关法律法规严肃惩处。

（四）建立和完善研究生招生、培养、学位授予等原始记录收集、整理、归档制度，严格规范培养档案管理，确保涉及研究生招生录取、课程考试、学术研究、学位论文开题、中期考核、学位论文评阅、答辩、学位授予等重要记录的档案留存全面及时、真实完整。探索建立学术论文、学位论文校际馆际共享机制，促进学术公开透明。

六、强化指导教师质量管控责任

（一）导师要切实履行立德树人职责，积极投身教书育人，教育引导研究生坚定理想信念，增强中国特色社会主义道路自信、理论自信、制度自信、文化自信，自觉践行社会主义核心价值观。根据学科或行业领域发展动态和研究生的学术兴趣、知识结构等特点，制订研究生个性化培养计划。指导研究生潜心读书学习、了解学术前沿、掌握科研方法、强化实践训练，加强科研诚信引导和学术规范训练，掌握学生参与学术活动和撰写学位论文情况，增强研究生知识产权意识和原始创新意识，杜绝学术不端行为。综合开题、中期考核等关键节点考核情况，提出学生分流退出建议。严格遵守《新时代高校教师职业行为十项准则》、研究生导师指导行为准则，不安排研究生从事与学业、科研、社会服务无关的事务。关注研究生个体成长和思想状况，与研究生思政工作和管理人员密切协作，共同促进研究生身心健康。

（二）学位授予单位建立科学公正的师德师风评议机制，把良好师德师风作为导师选聘的首要要求和第一标准。编发导师指导手册，明确导师职责和工作规范，加强研究生导师岗位动态管理，严格规范管理兼职导师。建立导师团队集体指导、集体把关的责任机制。

（三）完善导师培训制度，各学位授予单位对不同类型研究生的导师实行常态化分类培训，切实提高导师指导研究生和严格学术管理的能力。首次上岗的导师实行全面培训，连续上岗的导师实行定期培训，确保政策、制度和措施及时在指导环节中落地见效。

（四）健全导师分类评价考核和激励约束机制，将研究生在学期间及毕业后反馈评价、同行评价、管理人员评价、培养和学位授予环节职责考核情况科学合理地纳入导师评价体系，综合评价结果作为招生指标分配、职称评审、岗位聘用、评奖评优等的重要依据。严格执行《教育部关于高校教师师德失范行为处理的指导意见》，对师德失范、履行职责不力的导师，视情况给予约谈、限招、停招、取消导师资格等处理；情节较重的，依法依规给予党纪政纪处分。

七、健全处置学术不端有效机制

（一）完善教育部、省级教育行政部门、学位授予单位三级监管体系，健全宣传、防范、预警、督查机制，完善学术不端行为预防与处置措施。将预防和处置学术不端工作纳入国家教育督导范畴，将学术诚信管理与督导常态化，提高及时处理和应对学术不端事件的能力。

（二）严格执行《学位论文作假行为处理办法》《高等学校预防与处理学术不端行为办法》等规定。对学术不端行为，坚持"零容忍"，一经发现坚决依法依规、从快从严进行彻查。对有学术不端行为的当事人以及相关责任人，根据情节轻重，依法依规给予党纪政纪校纪处分和学术惩戒；违反法律法规的，应及时移送有关部门查处。对学术不端查处不力的单位予以问责。将学位论文作假行为作为信用记录，纳入全国信用信息共享平台。

（三）学位授予单位要切实执行《普通高等学校学生管理规定》《高等学校预防与处理学术不端行为办法》的相关要求，完善导师和研究生申辩申诉处理机制与规则，畅通救济渠道，维护正当权益。当事人对处理或处分决定不服的，可以向学位授予单位提起申诉。当事人对经申诉复查后所作决定仍持异议的，可以向省级学位委员会申请复核。

八、加强教育行政部门督导监管

（一）省级高校招生委员会是监管本行政区域内所有招生单位研究生考试招生工作的责任主体。教育部将把规范和加强研究生考试招生工作纳入国家教育督导范畴，各省级高校招生委员会、教育行政部门要加强对本地区研究生考试招生工作的监督检查，对研究生考试招生工作中的问题，特别是多发性、趋势性的问题要及早发现、及早纠正。对考试招生工作中的违规违纪行为，一经发现，坚决按有关规定严肃处理。造成严重后果和恶劣影响的，将按规定对有关责任人员进行追责问责，构成违法犯罪的，由司法机关依法追究法律责任。

（二）国务院学位委员会、教育部加强运用学位授权点合格评估、质量专项检查抽查等监管手段，省级学位委员会和教育行政部门加大督查检查力度，加强招生、培养、学位授予等管理环节督查，强化问责。

（三）国务院教育督导委员会办公室、省级教育行政部门进一步加大学位论文抽检工作力度，适当扩大抽检比例。对连续或多次出现"存在问题学位论文"的学位授予单位，加大约谈力度，严控招生规模。国务院学位委员会、教育部在学位授权点合格评估中对"存在问题学位论文"较多的学位授权点进行重点抽评，根据评估结果责令研究生培养质量存在严重问题的学位授权点限期整改，经整改仍无法达到要求的，依法依规撤销有关学位授权。

（四）对在招生、培养、学位授予等管理环节问题较多，师德师风、校风学风存在突出问题的学位授予单位，视情况采取通报、限期整改、严控招生计划、限制新增学位授权申报等处理办法，情节严重的学科或专业学位类别，坚决依法依规撤销学位授权。对造成严重后果，触犯法律法规的，坚决依法依规追究学位授予单位及个人法律责任。

（五）省级教育行政部门和学位授予单位要加快推进研究生教育信息公开，定期发布学位授予单位研究生教育发展质量年度报告，公布学术不端行为调查处理情况，接受社会监督。

国务院学位委员会　教育部
2020年9月25日

国务院学位委员会　教育部关于印发《专业学位研究生教育发展方案（2020—2025）》的通知

学位〔2020〕20号

各省、自治区、直辖市学位委员会，新疆生产建设兵团学位委员会，军队学位委员会，各研究生培养单位：

国务院学位委员会第三十六次会议已审议通过《专业学位研究生教育发展方案（2020—2025）》，现印发给你们，请结合实际认真贯彻执行。

附件：专业学位研究生教育发展方案（2020—2025）

国务院学位委员会　教育部

专业学位研究生教育发展方案（2020—2025）

为深入学习贯彻党的十九大和十九届二中、三中、四中全会精神，全面贯彻落实全国教育大会和全国研究生教育会议精神，根据《中国教育现代化2035》和《加快推进教育现代化实施方案（2018—2022年）》，加快推进新时代专业学位研究生教育高质量发展，特制定本方案。

一、成就与挑战

专业学位研究生教育是培养高层次应用型专门人才的主渠道。自1991年开始实行专业学位教育制度以来，我国逐步构建了具有中国特色的高层次应用型专门人才培养体系，为经济社会发展作出重要贡献。一是完善了我国学位制度，开辟了高层次应用型专门人才的培养通道，实现了单一学术学位到学术学位与专业学位并重的历史性转变。二是探索建立了以实践能力培养为重点、以产教融合为途径的中国特色专业学位培养模式。三是培养输送了一大批人才。截至2019年，累计授予硕士专业学位321.8万人、博士专业学位4.8万人。四是有力支撑了行业产业发展，针对行业产业需求设置了47个专业学位类别，共有硕士专业学位授权点5 996个，博士专业学位授权点278个，基本覆盖了我国主要行业产业，部分专业学位类别实现了与职业资格的紧密衔接。五是探索形成了国家主导、行业指导、社会参与、高校主体的专业学位研究生教育发展格局，积累了中国特色专业学位发展经验。

面对新时代的新要求，专业学位研究生教育还存在一些问题：一是对专业学位研究生教育的认识需要进一步深化，重学术学位、轻专业学位的观念仍需扭转，简单套用学术学位发展理念、思路、措施的现象仍不同程度存在。二是硕士专业学位研究生教育的结构与质量问题并存，类别设置仍不够丰富，设置机制不够灵活，个别类别发展缓慢，培养规模仍需扩大，培养模式仍需创新，培养质量亟待提高。三是博士专业学位发展滞后，类别设置单一，授权点数量过少，培养规模偏小，不能适应行业产业对博士层次应用型专门人才的需求。四是发展机制需要健全，在学科专业体系中的地位需要进一步凸显，人才需求与就业状况的动态反馈机制不够完善，与职业资格的衔接需要深化，多元投入机制需要加强，产教融合育人机制需要健全，学校内部管理机制仍需创新。

二、发展与目标

随着中国特色社会主义进入新时代，我国专业学位研究生教育进入了新的发展阶段。

发展专业学位研究生教育是经济社会进入高质量发展阶段的必然选择。新时代我国社会主要矛盾已发生深刻变化，经济进入了高质量发展阶段，经济和产业转型升级加快，人民对美好生活的需求不断增长，各行各业的知识含量显著提升，对从业人员的职业素养、知识能力、专业化程度提出了更高要求，从数量到质量的转变更加需要高层次专业化教育。专业学位是现代社会发展的产物，科技越发达、社会现代化程度越高，社会对专业学位人才的需求越大，越需要加快发展专业学位研究生教育。

发展专业学位研究生教育是主动服务创新型国家建设的重要路径。随着新一轮科技革命和产业变革蓬勃兴起，全球科技创新进入密集活跃期，新经济、新业态不断涌现，国际科技竞争日趋激烈，大国竞争越来越体现在科技和人才的竞争。目前，我国在很多领域都有尚待突破的关键技术，成为制约我国创新发展的瓶颈，这些技术相当程度集中在科技应用和转化方面，需要大量创新型、复合型、应用型人才。同时，2020年初，新冠肺炎疫情的暴发，也对我国公共卫生等领域高水平、高层次应用型人才培养提出挑战。专业学位以提高实践创新能力为目标，在适应社会分工日益精细化、专业化、对人才需求多样化方面具有独特优势，已成为高层次应用型人才培养的主阵地，需要大力发展专业学位研究生教育。

发展专业学位是学位与研究生教育改革发展的战略重点。长期以来，研究生教育把培养教学科研人员作为目标，高等学校和科研机构是研究生就业的主要渠道，但随着经济社会的发展，人才市场的需求结构发生了巨大变化，研究生在行业产业就业的比例逐年提高，各行各业对专业学位研究生的需求越来越大。从国际上看，美英法德日韩等发达国家高度重视专业学位发展，以职业导向或较强应用性的领域为重点，设置类型丰富、适应专门需求的专业学位，有力支撑其经济社会发展。专业学位具有相对独立的教育模式，以产教融合培养为鲜明特征，是职业性与学术性的高度统一。国内外的需求变化表明，专业学位研究生教育地位日益重要，必须加快发展。

专业学位研究生教育主要针对社会特定职业领域需要，培养具有较强专业能力和职业素养、能够创造性地从事实际工作的高层次应用型专门人才。专业学位一般在知识密集、需要较高专业技术或实践创新能力、具有鲜明职业特色、社会需求较大的领域设置。

专业学位研究生教育发展指导思想是，以习近平新时代中国特色社会主义思想为指导，全面贯彻落实全国教育大会和全国研究生教育会议精神，面向国家发展重大战略，面向行业产业当前及未来人才重大需求，面向教育现代化，进一步凸显专业学位研究生教育重要地位，以立德树人、服务需求、提高质量、追求卓越为主线，按照需求导向、尊重规律、协同育人、统筹推进的基本原则，加强顶层设计，完善发展机制，优化规模结构，夯实支撑条件，全面提高质量，为行业产业转型升级和创新发展提供强有力的人才支撑。

专业学位研究生教育发展目标是，到2025年，以国家重大战略、关键领域和社会重大需求为重点，增设一批硕士、博士专业学位类别，将硕士专业学位研究生招生规模扩大到硕士研究生招生总规模的三分之二左右，大幅增加博士专业学位研究生招生数量，进一步创新专业学位研究生培养模式，产教融合培养机制更加健全，专业学位与职业资格衔接更加紧密，发展机制和环境更加优化，教育质量水平显著提升，建成灵活规范、产教融合、优质高效、符合规律的专业学位研究生教育体系。

三、着力优化硕士专业学位研究生教育结构

1.完善硕士专业学位类别设置和授予标准。硕士专业学位类别设置条件，应更加突出鲜明的职业背景和专业人才指向，增强对行业产业发展的快速响应能力和针对性，一般应要求具有广泛的社会需求，明确的职业指向，所对应职业领域的人才培养已形成相对完整、系统的知识体系。硕士专业学位授予基本要求，应更加突出研究生掌握相关行业产业或职业领域的扎实基础理论、系统专门知识的程度，以及通过研究解决实践问题的能力。

2. 健全更加灵活的硕士专业学位类别管理机制。根据社会发展需求，在现代制造业、现代交通、现代农业、现代信息、现代服务业和社会治理等领域，增设一批硕士专业学位类别。开展硕士专业学位类别自主设置试点，放权学位授权自主审核单位自主设置硕士专业学位类别，定期统计并向社会公布。改进硕士专业学位类别进入专业学位目录的机制，对于由高校自主设置的硕士专业学位类别，若已在高校形成一定规模，得到社会和行业产业认可，形成了完善的人才培养机制和知识体系，有长期稳定人才需求，招生就业良好，由行业产业、高校进行论证后提出申请，经国务院学位委员会审批通过后，即进入硕士专业学位目录。行业主管部门、行业产业协会等也可提出硕士专业学位类别设置申请，基本程序与博士专业学位类别设置程序一致。

3. 推动硕士专业学位研究生教育规模稳健增长。稳步扩大硕士专业学位授权布局，新增硕士学位授予单位原则上只开展专业学位研究生教育，新增硕士学位授权点以专业学位授权点为主，支持学位授予单位将主动撤销的学术学位授权点调整为专业学位授权点。将产教融合、联合培养基地建设作为硕士专业学位授权点申请基本条件的重要内容，不把已获得学术学位授权点作为前置条件。推动硕士专业学位授权紧密服务区域、行业产业发展，继续放权省级学位委员会承担本地区硕士专业学位授权点审核工作，并注重发挥专业学位研究生教育指导委员会的作用。支持学位授予单位优化人才培养结构，硕士研究生招生计划增量主要用于专业学位，可将学术学位硕士研究生招生计划调整为专业学位硕士研究生招生计划。

四、加快发展博士专业学位研究生教育

1. 明确博士专业学位研究生教育的定位。推动博士专业学位、博士学术学位的协调发展。博士专业学位研究生教育主要根据国家重大发展战略需求，培养某一专门领域的高层次应用型未来领军人才。博士专业学位研究生应掌握相关行业产业或职业领域的扎实基础理论、系统深入专门知识，具有独立运用科学方法、创造性的研究和系统解决实践中复杂问题的能力。

2. 完善博士专业学位类别设置标准。博士专业学位类别一般只在已形成相对独立专业技术标准的职业领域中设置，该职业领域应具有成熟的职业规范和特定的职业能力标准，需要创造性地开展工作，且具有较大的博士层次人才需求。博士专业学位类别设置的重点是工程师、医师、教师、律师、公共卫生、公共政策与管理等对知识、技术、能力都有较高要求的职业领域，也可根据经济社会发展需求，按照成熟一个、论证一个的原则，在其他行业产业或专门领域中设置，一般应具有较好的硕士专业学位发展基础。

3. 健全博士专业学位类别设置程序。专业学位类别设置的基本程序是：相关行业产业主管部门、行业产业协会和学位授予单位提出建议，并提交论证报告；相关学科评议组和专业学位研究生教育指导委员会进行必要性论证，并提交评议意见；国务院学位委员会办公室在广泛征求意见基础上，组织专家进行可行性评议；评议通过后，编制设置方案，提交国务院学位委员会审核。

4. 扩大博士专业学位研究生教育规模。在确保质量的基础上，以临床医学博士专业学位、工程类博士专业学位、教育博士专业学位为重点，增设一批博士专业学位授权点，快速提升培养能力。将产教融合和行业协同作为博士专业学位授权点增设的优先条件，不把已获得博士学术学位授权点作为博士专业学位授权点增设的前置条件。完善博士专业学位授权点区域布局，支撑区域经济社会发展。支持学位授权自主审核单位增设一批博士专业学位授权点。博士研究生招生计划向专业学位倾斜，每年常规增量专门安排一定比例用于博士专业学位发展。在科研经费博士专项计划中探索招收博士专业学位研究生并逐步扩大规模。

五、大力提升专业学位研究生教育质量

1. 加强专业学位研究生导师队伍建设。坚持正确育人导向，强化导师育人职责。大力推动地方领导干部、"两院"院士、国企骨干、劳动模范等上讲台，探索建立各级党政机关、科研院所、军队、企事业单位党员领导干部、专家学者等担任校外辅导员制度，提升专业学位研究生思想水平、政治觉悟和道德品质。推动培养单位和行业产业之间的人才交流与共享，各培养单位新聘专业学位研究生导师须有在行业产业锻炼实践半年以上或主持行业产业课题研究、项目研发的经历，在岗专业学位研究生导师每年应有一定时间带队到行业产业开展调研实践。鼓励各地各培养单位设立"行业产业导师"，健全行业产业导师选聘制度，构建专业学位研究生双导师制。

2. 深化产教融合专业学位研究生培养模式改革。坚持正确育人导向，加强专业学位研究生思想政治教育，加强学术道德和职业伦理教育，提升实践创新能力和未来职业发展能力，促进专业学位研究生德智体美劳全面发展。实施专业学位和学术学位研究生招生分类选拔，进一步完善博士专业学位研究生申请考核制选拔方式。推进培养单位与行业产业共同制定培养方案，共同开设实践课程，共同编写精品教材。鼓励有条件的行业产业制定专业技术能力标准，推进课程设置与专业技术能力考核的有机衔接。推进设立用人单位"定制化人才培养项目"，将人才培养与用人需求紧密对接。实施"国家产教融合研究生联合培养基地"建设计划，重点依托产教融合型企业和产教融合型城市，大力开展研究生联合培养基地建设。鼓励行业产业、培养单位探索建立产教融合育人联盟，制定标准，交流经验，分享资源。将创新创业教育融入产教融合育人体系，支持有条件的高校在具备较高创新创业潜质的应届本科毕业生中，推荐免试（初试）招收专业学位研究生。支持培养单位联合行业产业探索实施"专业学位+能力拓展"育人模式，使专业学位研究生在获得学历学位的同时，取得相关行业产业从业资质或实践经验，提升职业胜任能力。

3. 完善专业学位研究生教育评价机制。强化专业学位论文应用导向，硕士专业学位论文可以调研报告、规划设计、产品开发、案例分析、项目管理、艺术作品等为主要内容，以论文形式呈现。博士专业学位论文应表明研究生独立担负专门技术工作的能力，并在专门技术上做出应用创新性的成果。完善专业学位论文评审和抽检办法，推动专业学位论文与学术学位论文分类评价。完善专业学位授权点合格评估制度，将产教融合培养研究生成效纳入评估指标体系，并与专业学位授权点建设等支持政策相挂钩。破除仅以论文发表评价教师的简单做法，将教学案例编写、行业产业服务等教学、实践、服务成果纳入教师考核、评聘体系。

六、组织实施

1. 编制专业学位类别目录。专业学位类别目录由国家统一编制，主要用于学位授权和学位授予，每五年集中修订一次。硕士专业学位类别在论证批准后，即在当年进入目录。专业学位类别一般下设专业领域。除临床医学等行业规范要求严格的类别外,专业领域由学位授予单位自主设置,其清单每年统计发布一次。

2. 推进与职业资格衔接。发挥行业产业协会、专家组织的重要作用,积极完善专业学位与职业资格准入及水平认证的有效衔接机制,在课程免考、缩短职业资格考试实践年限、任职条件等方面加强对接。推动专业学位与国际职业资格的衔接,促进我国专业学位人才的国际流动,宣传推广专业学位研究生教育的中国标准,提升我国专业学位的国际影响力和竞争力。

3. 强化行业产业协同。支持行业产业参与专业学位研究生教育办学,明显提高规模以上企业参与比例。鼓励行业产业通过设立冠名奖学金、研究生工作站、校企研发中心等措施,吸引专业学位研究生和导师参与企业研发项目。强化企业职工在岗教育培训,支持在职员工攻读硕士、博士专业学位。鼓励行业或大企业建立开放式联合培养基地,带动中小企业参与联合培养。

4. 建立需求与就业动态反馈机制。遵循"谁提出、谁负责"的原则,提出设置专业学位类别的行业产业部门应建立人才需求和就业状况动态监测机制,每年发布人才需求和就业状况报告。依托用人单位调查、毕业生追踪调查等,对各单位人才培养质量进行真实反映。对需求萎缩、培养质量低下的专业学位类别,实行强制退出。

5. 构建多元投入机制。健全以政府投入为主、受教育者合理分担、行业产业、培养单位多渠道筹集经费的投入机制。完善差异化专业学位研究生生均拨款机制,合理确定学费标准。探索实施企事业单位以专项经费承担培养成本的"订单式"研究生培养项目。引导支持行业产业以资本、师资、平台等多种形式投入参与专业学位研究生教育。完善政府主导、培养单位和社会广泛参与的专业学位研究生奖助体系。

6. 发挥专家组织作用。按专业学位类别组建专业学位研究生教育指导委员会,吸收更多实践部门有丰富经验的专业人士担任委员,充分发挥其在专业学位研究生教育改革发展、学位授权、招生培养、学位授予、质量保障、监督评估、国际合作和研究咨询等方面的重要作用。充分发挥行业产业协会、学会等第三方组织在专业学位教育中的积极作用。

7. 强化督导落实。国务院学位委员会、国务院教育督导委员会、教育部加强对专业学位研究生教育发展情况的监测分析，建立专业学位质量效益与授权审核、招生计划分配等方面的联动机制。强化各省级学位委员会、教育督导委员会对本地区专业学位研究生教育的管理，支持其采取多种形式开展质量指导和监督，办好本地区专业学位研究生教育。

8. 加强组织领导。国务院学位委员会、教育部应加强与有关部门的政策协调，强化专业学位对应行业产业部门的专业指导作用，形成工作合力，共同推进专业学位研究生教育发展。省级学位委员会应根据本方案，结合区域发展实际，研究制定专业学位研究生教育发展方案或计划，明确工作方向、思路和支持政策。学位授予单位应转变专业学位办学理念，落实主体责任，实施分类培养，出台本单位发展专业学位研究生教育具体措施，切实提升专业学位研究生培养质量。

2020年9月25日

教育部办公厅关于统筹全日制和非全日制研究生管理工作的通知

教研厅〔2016〕2号

各省、自治区、直辖市教育厅（教委），新疆生产建设兵团教育局，有关部门（单位）教育司（局），中央军委训练管理部职业教育局，部属各高等学校：

为推进全日制和非全日制研究生教育协调发展，促进全日制和非全日制研究生教育规范管理，依据《中华人民共和国学位条例》《中华人民共和国高等教育法》以及《教育部 国家发展改革委 财政部关于深化研究生教育改革的意见》（教研〔2013〕1号）相关规定和精神，现就统筹全日制和非全日制研究生管理工作有关要求通知如下，请遵照执行。

一、准确界定全日制和非全日制研究生

全日制研究生是指符合国家研究生招生规定，通过研究生入学考试或者国家承认的其他入学方式，被具有实施研究生教育资格的高等学校或其他高等教育机构录取，在基本修业年限或者学校规定年限内，全脱产在校学习的研究生。

非全日制研究生指符合国家研究生招生规定，通过研究生入学考试或者国家承认的其他入学方式，被具有实施研究生教育资格的高等学校或其他高等教育机构录取，在基本修业年限或者学校规定的修业年限（一般应适当延长基本修业年限）内，在从事其他职业或者社会实践的同时，采取多种方式和灵活时间安排进行非脱产学习的研究生。

2016年11月30日前录取的研究生按原有规定执行；2016年12月1日后录取的研究生从培养方式上按全日制和非全日制形式区分。

二、统一下达全日制和非全日制研究生招生计划

从2017年起，教育部会同国家发展改革委按全日制和非全日制两类分别编制和下达全国博士、硕士研究生招生计划。相关投入机制、奖助和收费等政策按《财政部　国家发展改革委　教育部关于完善研究生教育投入机制的意见》（财教〔2013〕19号）执行。

三、统一组织实施全日制和非全日制研究生招生录取

全日制和非全日制研究生考试招生依据国家统一要求，执行相同的政策和标准。各研究生培养单位的招生简章须明确学习方式、修业年限、收费标准等内容。考生根据国家招生政策和培养单位招生简章自主报考全日制或非全日制研究生。

四、坚持全日制和非全日制研究生教育同一质量标准

研究生培养单位根据社会需求自主确定不同学科、类别研究生教育形式，根据培养要求分别制定培养方案，统筹全日制与非全日制研究生教育协调发展，坚持同一标准，保证同等质量。

五、做好全日制和非全日制研究生学历学位证书管理工作

全日制和非全日制研究生毕业时，所在高等学校或其他高等教育机构根据其修业年限、学业成绩等，按照国家有关规定发给相应的、注明学习方式的毕业证书；其学业水平达到国家规定的学位标准，可以申请授予相应的学位证书。

全日制和非全日制研究生实行相同的考试招生政策和培养标准，其学历学位证书具有同等法律地位和相同效力。

各省级教育行政部门和研究生培养单位要调整现有的招生计划安排办法，规范招生宣传和正确引导，加强学籍管理，完善研究生奖助体系，强化培养过程管理及质量保障体系建设，确保全日制和非全日制研究生培养质量。

教育部办公厅

2016年9月14日

国务院学位委员会 教育部 人力资源社会保障部关于修订《专业学位研究生教育指导委员会工作规程》的通知

学位〔2019〕17号

有关专业学位研究生教育指导委员会：

为进一步规范专业学位研究生教育指导委员会的工作，经国务院学位委员会第35次会议审议通过，决定修订《专业学位研究生教育指导委员会工作规程》。现将修订后的《专业学位研究生教育指导委员会工作规程（2019年修订）》印发给你们，请遵照执行。

附件：专业学位研究生教育指导委员会工作规程（2019年修订）

国务院学位委员会 教育部 人力资源社会保障部

2019年6月3日

专业学位研究生教育指导委员会工作规程

（2019年修订）

第一条　为贯彻习近平新时代中国特色社会主义思想，坚持党的全面领导，落实党的教育方针和立德树人根本任务，积极发展专业学位研究生教育，建立具有中国特色的专业学位研究生教育制度，根据《中华人民共和国高等教育法》等法律法规的规定，制订本工作规程。

第二条　专业学位研究生教育指导委员会（以下简称"教指委"）经国务院学位委员会、教育部、人力资源社会保障部批准设立，其组成、任务、运行与管理适用本工作规程。

第三条　教指委按照国务院学位委员会批准设置的专业学位类别组建，是协助主管部门开展相应类别专业学位研究生教育研究、咨询、指导、评估和交流合作的专业组织。

教指委经批准可设立若干分委员会。

第四条　教指委一般由15至35人组成；设立分委员会的教指委，委员人数不得超过50人。

第五条　教指委设主任委员1名，副主任委员2~6名，秘书长1名，根据工作需要，可设副秘书长。

第六条　教指委由有关主管部门、行业、企业和事业单位及学位授予单位推荐的专家和负责人组成。教指委委员由国务院学位委员会、教育部、人力资源社会保障部聘任（均系兼职），受聘者年龄一般不超过60周岁。

第七条　教指委委员应坚持社会主义办学方向，贯彻党的教育方针，热爱研究生教育事业，落实立德树人根本任务，遵纪守法、廉洁自律、履职尽责，谨遵学术规范，严守工作纪律和保密纪律，自觉抵制不正之风，以严谨、科学、负责的态度，按时完成教指委的各项工作任务，不得以教指委委员的身份从事与教指委工作无关的活动。

第八条 教指委委员每届任期5年，连续聘任一般不超过两届。聘任期间不宜继续担任教指委委员的，应由国务院学位委员会、教育部、人力资源社会保障部解聘。

主任委员、副主任委员、秘书长以及非高校委员在任期内因工作岗位发生变动需要调整的，由原推荐单位向国务院学位委员会办公室提出调整申请。国务院学位委员会办公室受理后，集中报国务院学位委员会、教育部、人力资源社会保障部批准后公布。

第九条 教指委设秘书处。秘书处是教指委的工作机构，负责教指委的日常工作。

秘书长领导秘书处工作，副秘书长协助秘书长工作。

第十条 教指委承担以下任务。

（一）研究专业学位研究生教育改革发展的重大问题，制订有关专业学位研究生教育发展规划，推动专业学位研究生教育服务国家需求，大力培养高层次、创新型、复合型、应用型人才，提升专业学位研究生教育整体水平。

（二）研究并推动专业学位研究生招生选拔机制改革和培养体系建设，制订和修订专业学位研究生指导性培养方案、教学大纲和学位基本要求，指导加强专业学位研究生课程建设和学位论文工作等。

（三）研究并指导专业学位研究生实践能力培养，加强与行业实务部门的联系，构建产学研协同创新机制，推动专业学位与职业资格的衔接认证工作。

（四）对新增、调整、撤销专业学位授权点进行评议并提出审核意见，组织开展专业学位授权点合格评估、质量监测和专项检查等工作。

（五）就专业学位研究生教育的发展状况、教育质量、社会需求等开展调查、监测、分析和研究，并向主管部门、研究生培养单位提供咨询建议。

（六）组织开展专业学位研究生教育的国内外交流与合作，指导专业学位研究生培养单位提高办学水平。

（七）加强专业学位研究生教育的宣传与引导，提高信息化服务和管理水平。

（八）其他相关工作。

第十一条 教指委每年至少召开一次全体会议。根据工作需要，可以召开专项工作会议。

第十二条　教指委表决可采取会议投票、会议举手表决、实名通讯表决等方式。对重要事项表决前，应召开会议充分酝酿讨论。

参加表决的人数须达到全体教指委委员数的三分之二以上（含三分之二），表决结果有效；获得参加表决人数的三分之二以上（含三分之二）同意且同意人数达到教指委全体委员数二分之一以上（含二分之一）的，表决结果通过。

第十三条　教指委委员所在单位，应支持教指委委员的工作，给予必要的经费保障，并视情计入工作绩效考核。

第十四条　教指委秘书处所在单位，应设专职管理岗位，为其提供必要的工作条件和经费保障，保证教指委及其秘书处正常开展工作。

第十五条　教指委的经费来源为：

（一）有关部门专项拨款；

（二）有关机构和个人的赞助、捐赠；

（三）其他合理经费来源。

第十六条　教指委不得收取任何形式的会员费、年费、工作经费等。教指委应当建立完善的经费管理制度，严格按照国家财务管理规定使用经费。

第十七条　秘书处负责教指委经费的预算、使用和决算，经费接受秘书处所在单位审计。

秘书处应每年向教指委全体会议报告年度经费收支情况，由教指委全体会议审议。

第十八条　教指委根据本工作规程，制订章程及工作细则。

第十九条　本工作规程由国务院学位委员会办公室负责解释。

第二十条　本工作规程自修订之日起生效。

教育部办公厅关于进一步规范和加强研究生培养管理的通知

教研厅〔2019〕1号

各省、自治区、直辖市教育厅（教委），新疆生产建设兵团教育局，有关部门（单位）教育司（局），部属各高等学校、部省合建各高等学校：

近年来，教育行政部门陆续出台了一系列文件，采取了一系列举措，健全研究生培养管理体系，促进研究生培养单位规范管理，提高研究生培养质量。总体上看，各研究生培养单位质量保证和监督体系不断完善，培养机制、质量监督保障制度建设取得了很大进展，形成了国务院学位委员会、省级学位委员会、学位授予单位三级质量管理保障体制，构建了研究生培养单位质量保证为基础，教育行政部门监管为引导，学术组织、行业部门和社会机构积极参与的内部质量保证和外部质量监督体系。人才培养规模稳步提升、结构不断优化，形成了学术型与应用型人才并重的培养格局，培养了大批服务于国家和地方经济社会发展、科学技术进步、文化传承创新的优秀人才，国际影响不断扩大。另一方面，个别研究生培养单位在研究生培养过程、师德师风、学位授予等方面仍有学术不端、论文作假等问题发生，暴露了导师责任还未完全落实，研究生学习和自我管理主动性还不足，管理制度还不细密，政策举措还不到位，制度执行不够严格、监督管理不够透明。为进一步规范和加强研究生培养管理，现将有关要求通知如下。

一、切实落实质量保证主体责任

培养单位要切实加强党对学位与研究生教育工作的领导，严格按照《关于加强学位与研究生教育质量保证和监督体系建设的意见》（学位〔2014〕3号）精神，增强查摆问题、堵塞工作疏漏、保证培养质量的紧迫感和自觉性，迅速行动，全面梳理和健全内部质量保证体系，没有制订相关制度的必须立即制订，已经制订的制度要根据实际情况的新变化新要求及时依规修改，切实加强执行检查。完善与本单位办学定位相一致的人才培养和学位授予质量标准，严格落实各环节管理职责，把抓督查、抓执行贯穿管理全过程。

二、突出立德树人根本任务和要求，严格执行培养制度

培养单位要切实加强研究生思想政治教育，促进研究生德智体美劳全面发展。加强培养过程管理和学业考核，确保培养方案的严格执行。落实以教学督导为主、研究生评教为辅的研究生课程教学评价监督机制，对研究生教学活动全过程和教学效果进行监督。加强学术规范和学术道德教育，把论文写作指导课程作为必修课纳入研究生培养环节。

三、狠抓学位论文和学位授予管理

培养单位要珍惜用好办学自主权，加强自律，科学合理设置培养要求和学位授予条件，重点抓住学位论文开题、中期考核、评阅、答辩、学位评定等关键环节，严格执行学位授予全方位全流程管理，进一步强化研究生导师、学位论文答辩委员会和学位评定委员会责任。对不适合继续攻读学位的研究生要落实及早分流，加大分流力度。

四、切实加强导师队伍建设

培养单位要进一步提高对建设高素质导师队伍重要性的认识。导师是培养质量第一责任人，要把培养人放到第一位，既要做学术训导人，指导和激发研究生的科学精神和原始创新能力，更要做人生领路人，言传身教引导研究生树立正确的世界观人生观价值观，恪守学术道德规范，增强社会责任感。培养单位要把落实立德树人根本任务、增强导师培养人才的责任心和事业心作为着力点，筑牢质量第一关口。建立完善导师培训体系，切实提高导师指导和培养研究生的能力。加强师德师风建设，对违反师德、行为失范的导师，实行一票否决，并依法依规坚决给予相应处理。健全导师评价机制，对于未能切实履行职责的导师，培养单位视情况采取约谈、限招、停招、取消导师资格等处理措施。

五、健全预防和处置学术不端的机制

培养单位要突出学术诚信审核把关，加大对学术不端、学位论文作假行为的查处力度，举一反三，防范在前，层层压实责任，强化日常监督。对学术不端行为坚决露头即查、一查到底、有责必纠、绝不姑息，实现"零容忍"，依法依规从快从严查处。对当事人视情节给予纪律处分和学术惩戒。对违反法律法规的，应及时移送有关部门查办。探索建立学术论文、学位论文馆际和校际学术共享公开制度，以公开促进学术透明，主动接受社会监督。

六、切实增强教育行政部门督导监管责任

国务院学位委员会、教育部进一步优化学术型与应用型人才培养结构，委托国务院学位委员会学科评议组等专家组织及时修订不同学位不同类型研究生的学位基本要求，进一步完善优化研究生培养指导性方案，深化研究生培养制度改革。省级学位委员会和省级教育行政部门要切实加大对本地区研究生教育质量的监管力度，做好学位授权点合格评估等研究生教育质量监督工作，加大专项检查、抽查、盲评等质量监督力度，对在本地区研究生教育领域的问题要早调查、早发现、早整改，坚决查处违规违纪和师德失范行为。

七、强化学位论文抽检结果使用

教育部对连续或多次出现"存在问题学位论文"的学位授予单位和学位授权点，将加大对涉事单位主要负责人约谈力度，视情况开展专项检查、核减招生计划、暂停直至撤销相关学位授权。

八、加大评估和问题单位惩戒力度

教育部2019年将强化运用学位授权点合格评估、学位论文抽检等手段，把学位授予管理环节问题较多，师德师风、校风学风存在突出问题的学位授予单位作为重点检查对象。对于情节严重、无法保证研究生教育质量的学科或专业学位类别，坚决撤销学位授权。对问题严重的培养单位，视情况限制申请新增学位授权。

教育部办公厅

2019年2月26日

教育部办公厅等五部门关于进一步做好
非全日制研究生就业工作的通知

教研厅函〔2019〕1号

各省、自治区、直辖市党委组织部、教育厅（教委）、人力资源社会保障厅（局）、公安厅（局）、国资委，新疆生产建设兵团党委组织部、教育局、人力资源社会保障局、公安局、国资委，中央和国家机关各部委、各人民团体组织人事部门，各中央企业，部属各高等学校、部省合建各高等学校：

发展非全日制研究生教育，是促进我国学习型社会建设、构建服务全民终身学习教育体系的重要举措，有利于加快培养高层次创新型、复合型、应用型人才。为促进非全日制研究生教育健康发展，进一步做好非全日制研究生就业工作，现就有关事项通知如下。

一、非全日制研究生教育是我国研究生教育的重要组成部分

《中华人民共和国高等教育法》明确规定，高等教育采用全日制和非全日制教育形式。为推进全日制和非全日制研究生教育协调发展，加强规范管理，2016年，教育部办公厅印发《关于统筹全日制和非全日制研究生管理工作的通知》（教研厅〔2016〕2号），明确自2017年起，全日制和非全日制研究生由国家统一下达招生计划，考试招生执行相同的政策和标准，培养质量坚持同一要求，学历学位证书具有同等法律地位和相同效力。

二、强化就业权益保护

用人单位招用人员应当向劳动者提供平等就业机会。各级公务员招录、事业单位及国有企业公开招聘要根据岗位需求合理制定招聘条件，对不同教育形式的研究生提供平等就业机会，不得设置与职位要求无关的报考资格条件。各地要合理制定人才落户条件，精简落户凭证，简化办理手续，为不同教育形式的研究生提供平等落户机会。

三、加强就业指导服务

高等学校要加强对非全日制研究生的就业指导服务，广泛应用"互联网+就业"新模式，精准推送政策、岗位和指导信息，积极举办校园招聘活动，加强校园内招聘活动管理，发布招聘信息不得含有教育形式限制性条件。对取得学籍并完成学业的全日制和非全日制毕业研究生，省级高校毕业生就业工作部门和高等学校要按规定统一办理就业手续，定向就业的研究生按定向合同就业。各地人力资源社会保障部门要根据非全日制研究生就业需求，积极推送岗位信息，提供针对性职业指导，推荐适合的职业培训、就业见习机会。各地要落实好就业创业政策，确保符合条件的研究生都能享受。

四、加强政策宣传引导

各地各相关部门要积极宣传国家关于发展非全日制研究生教育的各项政策，指导用人单位完善招聘研究生的相关办法，为做好非全日制研究生就业工作营造良好环境。

教育部办公厅　中共中央组织部办公厅　人力资源社会保障部办公厅

公安部办公厅　国务院国资委办公厅

2019年12月30日

教育部关于加强专业学位研究生案例教学和联合培养基地建设的意见

教研厅〔2015〕1号

各省、自治区、直辖市教育厅（教委），新疆生产建设兵团教育局，各专业学位研究生教育指导委员会，有关研究生培养单位：

为贯彻落实《教育部　国家发展改革委　财政部关于深化研究生教育改革的意见》（教研〔2013〕1号）、《教育部　人力资源社会保障部关于深入推进专业学位研究生培养模式改革的意见》（教研〔2013〕3号），深化专业学位研究生培养模式改革，提高培养质量，现就加强专业学位研究生案例教学和联合培养基地（以下简称基地）建设提出如下意见。

一、充分认识加强案例教学和基地建设的重要意义

1. 案例教学是以学生为中心，以案例为基础，通过呈现案例情境，将理论与实践紧密结合，引导学生发现问题、分析问题、解决问题，从而掌握理论、形成观点、提高能力的一种教学方式。加强案例教学，是强化专业学位研究生实践能力培养，推进教学改革，促进教学与实践有机融合的重要途径，是推动专业学位研究生培养模式改革的重要手段。

2. 基地是培养单位为加强专业学位研究生实践能力培养，与行业、企业、社会组织等（以下简称合作单位）共同建立的人才培养平台，是专业学位研究生进行专业实践的主要场所，是产学结合的重要载体。加强基地建设，是专业学位研究生实践能力培养的基本要求，是推动教育理念转变、深化培养模式改革、提高培养质量的重要保证。

二、加强案例教学，改革教学方式

1. 重视案例编写，提高案例质量。培养单位和全国专业学位研究生教育指导委员会（以下简称教指委）要积极组织有关授课教师在准确把握案例教学实质和基本要求的基础上，致力于案例编写，同时吸收行业、企业骨干以及研究生等共同参与。鼓励教师将编写教学案例与基于案例的科学研究相结合，编写过程注重理论与实际相结合，开发和形成一大批基于真实情境、符合案例教学要求、与国际接轨的高质量教学案例。

2. 积极开展案例教学，创新教学模式。培养单位要根据培养目标及教指委制定的指导性培养方案，明确案例教学的具体要求，规范案例教学程序，提高案例教学质量，强化案例教学效果。加强授课教师与学生的双向交流，引导学生独立思考、主动参与、团队合作，建立以学生为中心的教学模式。

3. 加强师资培训与交流，开展案例教学研究。培养单位和教指委要积极开展案例教学师资培训和交流研讨，推出案例观摩课和视频课，帮助教师更新教学观念，了解案例教学的内涵实质，准确把握案例教学的特点和要求，熟练掌握教学方法，提高案例教学的能力和水平，积极主动开展案例教学。同时，组

织开展相关理论与实践研究，解决案例编写和教学中的难点问题，探索提高案例编写和教学水平的思路与方法，为推广和普及案例教学提供指导。

4. 完善评价标准，建立激励机制。完善教师考核评价机制和人才培养评价标准，调动教师和学生参与案例教学的积极性。培养单位要把案例研究、编写、教学以及参加案例教学培训等情况，纳入教师教学和科研考核体系。有条件的教指委和培养单位，可以组织开展优秀案例、优秀案例视频课评选和案例教学竞赛等活动，引导和推动广大教师更加深入地研究和实施案例教学。

5. 整合案例资源，探索案例库共享机制。鼓励不同专业学位类别之间、培养单位之间积极开展案例研究、开发和使用等方面的交流与合作。完善案例库建设、管理和使用办法，提高案例使用效率。有条件的机构、组织和培养单位可以充分运用网络媒介和信息化手段，搭建案例研究、开发、使用和共享的公共平台。整合案例资源，支持建设"国家级专业学位案例库和教学案例推广中心"。

6. 加强开放合作，促进案例教学国际化。各培养单位和教指委，要积极搭建合作交流平台，逐步将国内优秀案例推向国际，展示中国专业学位研究生教育成果。同时，根据实际需要，积极引进国外高质量教学案例，加以学习和借鉴，逐步建立起具有中国特色、与国际接轨的案例教学体系。

三、加强基地建设，推进产学结合

1. 创新建设模式，构建长效机制。培养单位要根据社会需求和人才培养目标，坚持创新，讲求实效，积极探索多种形式的联合培养机制。充分发挥合作单位在专业学位研究生培养过程中的积极性、主动性和创造性，共同制定培养目标、建设相关课程、参与培养过程、评价培养质量，建立产学有机融合的协同育人模式。以基地建设为纽带，充分发挥各自优势，构建人才培养、科学研究、成果转化、社会服务、文化传播等多元一体、互惠共赢的资源共享机制和合作平台。

2. 健全标准体系，规范基地管理。培养单位应根据不同专业学位类别的特点和培养目标定位，紧紧围绕行业和区域人才需求，分类制定基地遴选与建设标准，建立一批满足人才培养需求的规范化基地。协调合作单位，建立健全基地管理体系，组建基地运行专门管理机构，完善管理制度和运行机制，妥善解决知识产权归属等问题，明确各方责权利，推动基地科学化管理。针对不同专业学位类别，建立多样化的基地评价体系，定期开展自我评估，重点考核基地人才培养的实际效果。

3. 严格培养过程，创新培养模式。培养单位要依托基地，建立健全合作单位在招生录取、课程教学、实践训练和学位论文等方面全程参与研究生培养的合作机制。会同合作单位，根据培养方案，结合基地实际，制订研究生在基地期间的培养细则，明确培养考核要求，落实学生在培养单位与培养基地的时间分配和具体培养内容，加强对基地期间培养过程监督。要紧密结合基地实际，创新培养模式，通过采用阶段考核和终期考核相结合等方式，加强对研究生实践能力的培养。

4. 加强导师队伍建设，构建"双师型"团队。培养单位要完善研究生导师遴选机制，在合作单位中遴选一批思想政治素质过硬、师德高尚、实践经验丰富和学术水平较高的人员担任研究生实践教学的导师，建立基地导师定期培训、考核和退出制度，有针对性地提升基地导师实践指导能力和水平。选派青年教师到基地挂职锻炼或参与实践教学，提高实践教学能力。建立校内外导师定期交流合作机制，共同制定培养计划，共同参与指导，构建分工明确、优势互补、通力合作的"双师型"团队，实现培养单位人才培养规格与行业、企业人才需求之间的有机衔接。

5. 建立激励机制，加强示范引领。各教指委和省级教育部门要悉心指导基地建设工作，可根据实际需要组织开展示范性基地遴选和优秀实践教学成果评选，积极推进示范性基地建设工作，发掘先进典型，及时总结并推广好的经验和做法，加强示范引导。各培养单位应会同合作单位制订切实可行的基地建设和实施方案，以创建示范基地为驱动，大力推进实践教学工作，充分发挥示范基地先行先试的引领带动作用，深入推动专业学位研究生培养模式改革。

四、加大投入，完善政策配套和条件保障

1. 各培养单位要高度重视案例教学和基地建设，科学规划、创造条件，加大经费和政策支持力度。设立案例教学和基地建设专项经费，为案例教学和基地建设提供必要的条件保障。通过人才培养项目、实验室建设、联合科研攻关等途径加大对案例教学和基地建设等方面的投入。

2. 各教指委要加强对案例教学和基地建设的指导，研究制定案例教学和基地建设的基本要求,积极推广普及案例教学和基地建设经验,引导培养单位做好案例教学和基地建设工作。

3. 各省级教育部门要加强组织领导,会同有关部门,统筹区域内案例教学和基地建设,加强政策引导和经费支持,调动行业、企业的积极性,推动专业学位研究生教育与地方经济社会发展的紧密结合。鼓励有条件的地区,设立专项资金支持本地区研究生培养单位的案例教学和基地建设工作。

4. 案例教学和基地建设情况将作为专业学位授权点合格评估的重要内容。各省级教育部门和教指委要针对案例教学和基地建设情况加强督促检查,切实推动案例教学和基地建设工作积极发展。

教育部
2015年5月7日

教育部关于改进和加强研究生课程建设的意见

教研〔2014〕5号

各省、自治区、直辖市教育厅(教委),新疆生产建设兵团教育局,中国人民解放军总参军训部,有关部门(单位)教育司(局),各研究生培养单位:

为贯彻《国家中长期教育改革和发展规划纲要(2010—2020年)》,落实《教育部 国家发展改革委 财政部关于深化研究生教育改革的意见》要求,更好地发挥课程学习在研究生培养中的作用,提高研究生培养质量,现就加强研究生课程建设提出以下意见:

一、进一步明确加强研究生课程建设的重要意义和总体要求

1. 高度重视课程学习在研究生培养中的重要作用。课程学习是我国学位和研究生教育制度的重要特征,是保障研究生培养质量的必备环节,在研究生成长成才中具有全面、综合和基础性作用。重视课程学习,加强课程建设,提高课程质量,是当前深化研究生教育改革的重要和紧迫任务。

2. 立足研究生能力培养和长远发展加强课程建设。坚持服务需求、深化改革、立德树人，以研究生成长成才为中心，以打好知识基础、加强能力培养、有利长远发展为目标，尊重和激发研究生兴趣，注重培育独立思考能力和批判性思维，全面提升创新能力和发展能力。以强化单位责任、加强制度和机制建设为主线，充分发挥培养单位主体作用，调动单位、教师和研究生的积极性，加强规范管理，鼓励特色发展，为研究生培养质量提高提供稳固支撑。

二、强化研究生培养单位的课程建设责任

1. 发挥培养单位课程建设主体作用。培养单位应科学认识课程学习在研究生培养中的重要地位和功能，重视课程建设工作，全面承担课程建设责任，加强对课程建设的长远和系统规划。切实转变只重科研忽视课程的实际倾向，把课程建设作为学科建设工作的重要组成部分，将课程质量作为评价学科发展质量和衡量人才培养水平的重要指标。

2. 完善投入机制，健全奖励体系。培养单位应统筹使用各类经费，加大对研究生课程建设、教学改革的常态化投入。支持和奖励研究生教学，建立完善课程建设成果奖励政策，把课程建设、教学改革和教学管理工作纳入学校和院系工作考核、评价指标体系，加大考核评价指标权重，提升课程教学工作地位。

三、构建符合培养需要的课程体系

1. 把培养目标和学位要求作为课程体系设计的根本依据。完整贯彻本学科研究生培养目标和学位要求，重视课程体系的系统设计和整体优化。坚持以能力培养为核心、以创新能力培养为重点，拓宽知识基础，培育人文素养，加强不同培养阶段课程体系的整合、衔接，避免单纯因人设课。科学设计课程分类，根据需要按一级学科设置课程和设置跨学科课程，增加研究方法类、研讨类和实践类等课程。

2. 提供丰富、优质的课程资源。加大课程开发投入力度，跨院（系）统筹课程资源，建立开放性、竞争性课程设置申请机制。增加开设短而精的课程和模块化课程。探索将在线开放等形式的课程纳入课程体系的机制办法。鼓励培养单位与企事业单位合作开设实践性课程。

四、建立规范、严格的课程审查机制

1. 严格审查新开设课程。建立完善新开设课程申报、审批机制，明确课程设置标准，坚持按需、按标准审查课程。对于申请新开设课程，应从课程的目标定位、适用对象、课程内容、教学设计、考核方式、师资力量、预期教学效果等方面进行全面审查。对初步审查通过的新开设课程，应加强对课程开发的指导监督，通过试讲等确认达到预期标准的，方可批准正式开设。

2. 定期审查已开设课程。对已设置课程的开设情况和教学效果进行定期审查，保证课程符合培养需要、保持较高质量。除管理部门和内外部专家外，注意吸收毕业研究生和用人单位参与课程审查。对于不适应培养需要的课程应及时进行调整，对于质量未达到要求的课程提出改进要求。对于无改进可能或改进后仍不能达到要求的，应及时调整任课教师另行开设或停止开设。

五、加强研究生选课管理

1. 重视研究生课程学习计划的制订和审查。课程学习计划是研究生培养计划的重要组成部分，是实施培养和进行管理的重要依据。课程计划的制订，应以培养目标和学位基本要求为依据，综合考虑研究生已有基础和兴趣志向，重视全面能力培养和长远发展需要。要进一步完善制度机制，更好发挥导师组和培养指导委员会作用，加强对研究生课程学习计划制订的指导和审查，严格对计划执行的管理和监督。

2. 形成开放、灵活的选课机制。建立完善研究生跨学科、跨院（系）和跨校选课的制度机制，支持研究生按需、择优选课。扩大研究生的课程选择范围，增加课程选择和修习方式的灵活性。在相对集中安排课程学习的同时，支持研究生根据培养需要在论文工作阶段修习部分相关课程。

六、改进研究生课程教学

1. 促进学生、教师之间的良性互动。尊重研究生的主体地位，鼓励研究生参与教学设计、教学改革和教学评价。注意营造良好的学术民主氛围，促进课程学习中的教学互动。重视激发研究生的学习兴趣，发掘提升研究生的自主学习能力，要求和指导研究生积极开展自主学习。

2. 优化课程内容，注重前沿引领和方法传授。根据学科发展、人才需求变化和课程实际教学效果，及时调整和凝练课程内容，加大课程的教学训练强度。重视通过对经典理论构建、关键问题突破和前沿研究进展的案例式教学等方式，强化研究生对创新过程的理解。加强方法论学习和训练，着力培养研究生的知识获取能力、学术鉴别能力、独立研究能力和解决实际问题能力。结合课程教学加强学术规范和学术诚信教育。

3. 加强对研究生课程学习的支持服务。构建研究生课程学习支持体系，为研究生提供个别化的学习咨询和有针对性的课程学习指导，开展各类研究生课程学习交流活动。加强教学服务平台和数字化课程中心等信息系统建设，对研究生课程学习提供信息和技术支持。

七、完善课程考核制度

1. 创新考核方式，严格课程考核。根据课程内容、教学要求、教学方式等的特点确定考核方式，注重考核形式的多样化、有效性和可操作性，加强对研究生基础知识、创新性思维和发现问题、解决问题能力的考查。重视教学过程考核，加强考核过程与教学过程的紧密结合，通过考核促进研究生积极学习和教师课程教学的改进提高。

2. 探索建立课程学习综合考核制度。根据学校、学科、博士和硕士层次的实际情况，结合研究生中期考核或设立单独考核环节，对研究生经过课程学习后知识结构、能力素质等是否达到规定要求进行综合考核。对于综合考核发现问题的，指导教师和培养指导委员会要对其进行专门指导和咨询，针对存在的问题进行课程补修或重修，确有必要的应对培养计划做出调整，不适宜继续攻读的应予分流或淘汰。

八、提高教师教学能力和水平

1. 加大对教师参与课程建设和教学改革的激励与支持。深化教师薪酬制度改革，提高课程建设和教学工作在教师薪酬结构中，特别是绩效工资分配中的比重。将承担研究生课程建设和教学工作的成果、工作量以及质量评价结果列入相关系列教师考评和专业技术职务评聘要求。加大对教师承担研究生课程建设和教学改革项目的资助力度。对在课程建设和教学改革工作中做出突出成绩的教师予以表彰。

2. 加强师德与师能建设，提升课程教学能力。完善制度体系，强化政策措施，引导和要求教师潜心研究教学、认真教书育人。明确研究生课程任课教师资格要求，加强对教师的教学指导与服务。支持教师合作开发、开设课程，鼓励国际和跨学科合作。实施新、老教师结对制度，充分发挥教学经验丰富教师的传、帮、带作用。建设教学交流和教学技能培训平台，有计划地开展经验交流与培训活动。

九、加强课程教学管理与监督

1. 严格课程教学管理。培养单位要建立健全研究生课程教学管理制度，按照规定程序办法严格教学管理。已确定开设的研究生课程，必须按计划组织完成教学工作，不得随意替换任课教师、变更教学和考核安排、减少学时和教学内容。研究生课程开课前，教师应按照课程设置要求、针对选课学生特点认真进行教学准备，制定课程教学大纲。课程教学大纲应对课程各教学单元的教学目标、教学内容、教学方法及考核形式做翔实安排，对学生课前准备提出要求和指导。课程教学大纲应在开课前向学生公布并提交管理部门备案，作为开展教学和教学评价的重要依据。

2. 完善课程教学评价监督体系。培养单位要加强研究生课程教学评价，制定科学的评价标准，定期实施课程评价。建立以教学督导为主、研究生评教为辅的研究生课程教学评价监督机制，对研究生教学活动全过程和教学效果进行监督。完善评价反馈机制，及时向教师和相关部门反馈评价结果，提出改进措施，并督促和追踪整改工作。注重通过评价监督发现优秀教学典型和进行经验推广。鼓励引入社会或行业的专业机构以及国际认证组织对研究生课程教学质量进行诊断式评估。

十、强化政策和条件保障

有关教育主管部门要高度重视研究生课程建设工作，通过规划引导、资源配置和质量监管等手段，鼓励和支持研究生培养单位不断加强课程建设，教学改革和管理。鼓励省级教育行政主管部门组织实施课程建设试点和课程建设示范项目，组织开展课程建设经验交流，营造重视课程建设的良好氛围。进一步完善国家教学成果奖励政策,对研究生教学成果的评审奖励实行分类管理,加大对研究生教学成果的奖励力度。

教育部

2014年12月5日

教育部关于做好研究生担任
助研、助教、助管和学生辅导员工作的意见

教研〔2014〕6号

各省、自治区、直辖市教育厅(教委),新疆生产建设兵团教育局,中国人民解放军总参军训部,有关部门(单位)教育司(局),各研究生培养单位:

为贯彻落实《教育部 国家发展改革委 财政部关于深化研究生教育改革的意见》(教研〔2013〕1号)、《财政部 国家发展改革委 教育部关于完善研究生投入机制的意见》(财教〔2013〕19号),深化研究生教育综合改革,进一步提高研究生培养质量,现就进一步做好研究生担任助研、助教、助管和学生辅导员(以下简称"三助一辅")工作提出以下意见。

一、重视发挥"三助一辅"对研究生能力培养的重要作用

1. 进一步突出"三助一辅"的培养功能。研究生参加"三助一辅"工作,符合研究生培养规律和全面能力培养要求,并对培养单位的科研、教学以及管理具有重要的支撑或补充作用。但在实际工作中,还存在将"三助一辅"研究生单纯作为科研、教学、管理的支撑或补充,将"三助一辅"工作单纯作为助学助困渠道等倾向,相关管理还存在不够科学规范,限制了"三助一辅"作用的充分发挥。进一步强化"三助一辅"的培养功能,改进和加强管理服务,对于推进研究生培养模式和培养机制改革,提高研究生培养质量具有重要意义。

2. 坚持把助研作为研究生科研能力培养的重要途径。"在科研和实践中培养"是培养研究生的基本模式。对于适合以助研方式进行科研训练的学科,研究生

均应参加助研工作。要以培养目标和学位基本要求为依据，以有利于研究生成才成长和长远发展为目标，合理安排研究生的助研工作，避免单纯服从科研任务需要、工作内容简单重复，或缺乏必要的科研工作支撑、研究生不能参与足够科研训练等问题，保证研究生接受全面、系统的能力培养和训练。

3. 提升助教对研究生能力培养和知识掌握的有效作用。研究生担任助教工作，有助于培养研究生从事教学工作的能力，增强研究生对相关知识的系统掌握和理解，是研究生在实践中培养的有效途径。要根据本单位研究生培养目标定位和不同学科特点，结合教学方法改革和教学工作实际需要，对研究生参加助教工作做出要求。要在承担作业批改和一般答疑工作的基础上，科学设计和充实助教工作内容，从工作、培养两方面提出要求和进行考核。通过更多参与课程教学准备，更多参与研讨式教学、案例教学的组织工作等，加大对研究生教学能力的培养力度，加深研究生对知识的系统掌握和理解。

4. 重视通过助管工作加强研究生管理能力锻炼。在适度发挥助困作用的同时，重视助管工作对研究生协调、沟通能力和责任意识的锻炼。积极探索将实验室管理、学生咨询服务等纳入助管工作范畴，增强助管工作与专业学习的相关性，支持研究生组成项目小组合作开展工作，为研究生提供提出问题、分析问题和解决问题的全面能力训练。

5. 有力推进研究生担任学生辅导员工作。发挥研究生与大学生身份相同、年龄相近、专业相通的优势，遴选政治素质好、业务能力强、学有余力的研究生担任学生辅导员。将担任学生辅导员作为加强研究生思想政治工作的新途径，积极探索和不断完善机制办法，使得研究生在担任学生辅导员的工作中同受教育、共同提高。

二、强化和落实培养单位的主体责任

1. 加强对"三助一辅"工作的统筹协调。培养单位要高度重视"三助一辅"工作，统筹协调"三助一辅"工作在能力培养、人力资源补充和助学助困渠道等方面的多重作用，按照"培养功能为主、其他功能为辅"的原则，做好管理体系建设、制度机制建设和资源配置工作，优先保证培养功能的充分发挥。要根据本单位办学定位和学科特点，统一制订助研、助教、助管和研究生担任学生辅导员工作的基本要求，建立基本的管理制度，规定基本的津贴标准，指导和规范院（系）做好"三助一辅"工作。

2. 保证"三助一辅"的岗位提供能力与培养需求相适应。要将"三助一辅"岗位提供能力和管理水平作为反映本单位、各学科和研究生指导教师研究生培养能力的重要方面，纳入建设规划和考核评价体系。研究生的招收培养及其规模，要根据助研岗位提供能力和管理水平协调配置。对于研究生培养需求迫切、设置助研岗位存在困难的学科和导师，培养单位应建立专门机制予以支持。对于需要将助教作为必要培养环节的学科和研究生，培养单位应积极创造条件，提供数量充足、符合要求的助教工作岗位。

3. 建立完善指导与培训体系。按照发挥"三助一辅"培养功能的要求，分类建立指导与培训体系。设立助研岗位的指导教师要按照因材施教原则，合理安排不同研究生的助研工作内容并加强科学方法指导和研究能力培养。建立助教基本技能、基本知识岗前培训制度，明确任课教师对助教研究生的指导责任和指导要求。设立助管岗位的单位或部门要同时承担对助管研究生的指导职责，安排有经验的管理人员对助管研究生进行指导。将担任学生辅导员的研究生纳入辅导员培训体系，根据研究生以学生身份兼职开展工作的特点，有针对性地对其进行指导和培训。对于教师承担的"三助一辅"指导工作，应以适当方式进行考核并可计入教学工作量。

三、建立完善管理服务体系

1. 建立开放、公开的聘用制度。助教、助管和学生辅导员原则上应公平、开放、竞争和择优聘任，岗位职责、工作时间、申请要求、选聘标准、选聘程序、岗位津贴、考核方式等信息应统一公开发布，聘任、考评结果等应进行公示。以助困等为目的设置的岗位需要规定特别聘用条件的，应在发布信息时明确说明。鼓励对部分助研岗位实行跨学科、跨院系公开招聘，营造跨学科、多学科的培养环境。

2. 分类进行岗位管理和考核。根据助研、助教、助管和担任学生辅导员工作各自特点，按照工作量与工作质量相结合的原则，分别制定岗位管理和考核办法。充分发挥指导教师、任课教师在岗位考核中的作用，根据不同岗位特点合理确定指导教师、任课教师的评价意见在考核评价中的权重。综合考虑岗位性质、设岗目的和当地生活物价水平确定岗位津贴基本标准，加强对津贴发放的规范、监管。对研究生担任助教、助管和担任学生辅导员的合计工作时间，应按照不影响专业学习和研究的原则做出合理限定。

3. 提高管理效率和服务水平。明确"三助一辅"管理工作服务培养、服务教学、服务学生、服务教师的定位要求。优化管理流程，提高工作效率，保证"三助一辅"管理工作与研究生培养、本科教学、学生管理等工作有机衔接、协调配合。加强支持"三助一辅"工作的管理信息系统建设，在与培养、教学、人事、财务等管理系统有效融合的同时，面向学生、教师等提供专门的信息发布与交流服务。

四、进一步加强政策配套和条件保障

1. 加强与奖助学金政策的有机结合。坚持"三助一辅"与国家奖学金、学业奖学金、国家助学金等制度、政策的统筹设计和整体优化，实现优化学科结构、加强能力培养、调动师生积极性、支持完成学业、提高培养质量的综合政策效果。鼓励探索研究生"三助一辅"工作与学业奖学金设置、评定的有机结合。研究生参加"三助一辅"工作情况及考核结果，可以作为奖助学金发放的参考因素。统筹考虑"三助一辅"津贴和各类奖助学金的总体资助强度和资助覆盖面，提高经费使用效益。

2. 多渠道加大经费支持。将研究生"三助一辅"所需经费纳入研究生培养经费进行统筹安排。在统筹利用学费收入和社会捐助等资金支持"三助一辅"工作的同时，进一步加大基本科研业务费、科研经费对助研等工作的支持力度。在培养单位科研和师资队伍建设以及辅导员队伍建设等工作中，对"三助一辅"工作予以统筹考虑和必要支持。

教育部

2014年12月5日

三、国家研究生学位授予政策制度

国务院学位委员会关于印发《博士硕士学位授权审核办法》的通知

学位〔2017〕9号

各省、自治区、直辖市学位委员会、教育厅（教委），新疆生产建设兵团教育局，有关部门（单位）教育司（局），中国科学院前沿科学与教育局，中国社会科学院研究生院，中共中央党校学位评定委员会，中央军委训练管理部职业教育局，部属各高等学校：

《博士硕士学位授权审核办法》已经国务院学位委员会第三十三次会议审议通过。现印发给你们，请遵照执行。

国务院学位委员会
2017年3月13日

博士硕士学位授权审核办法

第一章 总则

第一条 为做好博士硕士学位授权审核工作，保证学位授予和研究生培养质量，根据《中华人民共和国学位条例》及其暂行实施办法、《中华人民共和国行政许可法》，制定本办法。

第二条 博士硕士学位授权审核（以下简称"学位授权审核"）是指国务院学位委员会依据法定职权批准可授予学位的高等学校和科学研究机构及其可以授予学位的学科（含专业学位类别）的审批行为。

学位授权审核包括新增学位授权审核和学位授权点动态调整两种方式。

第三条　学位授权审核要全面贯彻国家教育方针，围绕国家区域发展战略和经济社会发展，以服务需求、提高质量、推动研究生教育内涵发展为目的，依法依规进行。

第四条　学位授权审核应当保证学位授予质量、服务社会发展需求、支撑研究生教育发展、激发培养单位活力，构建权责分明、统筹规划、分层实施、公正规范的制度体系。

第五条　新增学位授权审核分为新增博士硕士学位授予单位审核、学位授予单位新增博士硕士一级学科与专业学位类别（以下简称"新增博士硕士学位点"）审核、自主审核单位新增学位点审核。其中，自主审核单位新增学位点审核是指根据国务院学位委员会的授权，具备条件的学位授予单位可以自主按需开展新增博士硕士学位点、新兴交叉学位点评审，评审通过的学位点报国务院学位委员会批准。

第六条　学位授权点动态调整是指学位授予单位根据需求，自主撤销已有博士硕士学位点，新增不超过撤销数量的其他博士硕士学位点的学位授权点调整行为。具体实施办法按有关规定进行。

第七条　新增博士硕士学位授予单位申请基本条件、新增博士硕士学位点申请基本条件、自主审核单位申请基本条件由国务院学位委员会制定，每6年修订一次。

对服务国家重大需求、落实中央重大决策、保证国家安全具有特殊意义或属于填补全国学科领域空白的普通高等学校和学科，可适度放宽申请基本条件。

第二章　组织实施

第八条　新增学位授权审核由国务院学位委员会统一部署，每3年开展一次。

第九条　省级学位委员会受国务院学位委员会委托，负责接收学位授予单位申请，根据本区域经济社会发展对高层次人才需求，在专家评议基础上，向国务院学位委员会择优推荐新增博士硕士学位授予单位、新增博士硕士学位点和自主审核单位。

国务院学位委员会组织专家对新增博士学位授予单位、新增博士学位点和自主审核单位进行评议，并批准新增博士硕士学位授予单位、新增博士硕士学位点和自主审核单位新增博士硕士学位点。

第十条　国务院学位委员会在收到省级学位委员会的推荐意见后，应于3个月内完成审批，不包含专家评议时间。

第十一条　博士硕士学位点审核按照《学位授予和人才培养学科目录》规定的一级学科和专业学位类别进行。

第三章　新增博士硕士学位授予单位审核

第十二条　新增学位授予单位审核原则上只在普通高等学校范围内进行。从严控制新增学位授予单位数量。新增硕士学位授予单位以培养应用型人才为主。

第十三条　省级学位委员会根据国家和区域经济社会发展对高层次人才的需求，确定本地区普通高等学校的博士、硕士和学士三级学位授予单位比例，制定本地区新增学位授予单位规划，确定立项建设单位，按照立项、建设、评估、验收的程序分批安排建设。建设期一般不少于3年。

第十四条　新增学位授予单位需同时通过单位整体条件及一定数量相应级别学位授权点的授权审核，方可获批为博士硕士学位授予单位。新增学位授予单位同时申请的新增学位授权点审核按本办法第十九条规定的程序进行。

第十五条　新增博士硕士学位授予单位授权审核的基本程序是：

（一）符合新增博士硕士学位授予单位申请基本条件的普通高等学校向本地区省级学位委员会提出申请，报送材料。

（二）省级学位委员会对申请学校的资格和材料进行核查，将申请材料在本省（区、市）教育主管部门官方网站上向社会公开，并按有关规定对异议进行处理。

（三）省级学位委员会组织专家对符合申请条件的学校进行评议，并在此基础上召开省级学位委员会会议，研究提出拟新增博士硕士学位授予单位的推荐名单，在经不少于5个工作日公示后，报国务院学位委员会。

（四）国务院学位委员会组织专家对省级学位委员会推荐的拟新增博士学位授予单位、按照本办法第七条第二款推荐的拟新增博士硕士学位授予单位进行评议，专家应在博士学位授权高校校领导，国务院学位委员会学科评议组（以下简称"学科评议组"）召集人，全国专业学位研究生教育指导委员会（以下简称"专业学位教指委")主任委员与副主任委员及秘书长范围内选聘。获得2/3（含）以上专家同意的确定为拟新增博士硕士学位授予单位。

经省级学位委员会推荐的符合硕士学位授予单位申请条件的学校，若无重大异议，可直接确定为拟新增硕士学位授予单位。

（五）国务院学位委员会将拟新增博士硕士学位授予单位名单向社会进行为期10个工作日的公示，并按有关规定对异议进行处理。

（六）国务院学位委员会审议批准新增博士硕士学位授予单位。

第四章 新增博士硕士学位点审核

第十六条 学位授予单位要根据经济社会发展对人才培养的需求，不断优化博士硕士学位点结构。新增学位点原则上应为与经济社会发展密切相关、社会需求较大、培养应用型人才的学科或专业学位类别。其中新增硕士学位点以专业学位点为主。

第十七条 国务院学位委员会根据国家需求、研究生就业情况、研究生培养规模、教育资源配置等要素提出新增学位点调控意见。各省级学位委员会根据国务院学位委员会部署，结合本地区实际，制订本地区学位点申报指南。

第十八条 博士学位授予单位可申请新增博士硕士学位点，硕士学位授予单位可申请新增硕士学位点。原则上不接受已转制为企业的学位授予单位申请新增学位点。

国务院学位委员会予以撤销的学位点（不包括学位点对应调整的），自撤销之日起5年内不得再申请新增为学位点。

第十九条 新增博士硕士学位点的基本程序是：

（一）学位授予单位按照申报指南和学位点申请基本条件，确定申报的一级学科和专业学位类别，向本地区省级学位委员会提出申请，报送材料，并说明已有学位点的队伍与资源配置情况。

（二）省级学位委员会对学位授予单位的申请资格和申请材料进行核查，将申请材料在本省（区、市）教育主管部门的官方网站上向社会公开，并按有关规定对异议进行处理。

（三）省级学位委员会根据学位点的类型，组织专家对符合申请基本条件的博士硕士学位点进行评议，专家组人员中应包括相应学科评议组成员或专业学位教指委委员。

（四）省级学位委员会在专家组评议基础上召开省级学位委员会会议，提出拟新增博士硕士学位点的推荐名单，在经不少于5个工作日公示后，报国务院学位委员会。

（五）国务院学位委员会委托学科评议组或专业学位教指委，对省级学位委员会推荐的拟新增博士学位点进行评议，获得2/3（含）以上专家同意的确定为拟新增博士学位点。

（六）国务院学位委员会将拟新增博士硕士学位点名单向社会进行为期10个工作日的公示，并按有关规定对异议进行处理。

（七）国务院学位委员会审议批准新增博士硕士学位点。

第五章　自主审核单位新增学位点审核

第二十条　国务院学位委员会根据研究生教育发展，逐步有序推进学位授予单位自主审核博士硕士学位点改革，鼓励学位授予单位内涵发展、形成特色优势、主动服务需求、开展高水平研究生教育。自主审核单位原则上应是我国研究生培养和科学研究的重要基地，学科整体水平高，具有较强的综合办学实力，在国内外享有较高的学术声誉和社会声誉。

第二十一条　符合申请基本条件的学位授予单位可向省级学位委员会提出开展自主审核新增学位点申请。省级学位委员会对申请材料进行核查后，将符合申请资格的学位授予单位报国务院学位委员会。国务院学位委员会组织专家评议后，经全体会议同意，确定自主审核单位。

第二十二条　自主审核单位应制订本单位学位授权审核实施办法、学科建设与发展规划和新增博士硕士学位点审核标准，报国务院学位委员会备案，并向社会公开。自主审核单位新增博士硕士学位点审核标准应高于国家相应学科或专业学位类别的申请基本条件。

第二十三条　自主审核单位须严格按照本单位自主审核实施办法和审核标准开展审核工作。对拟新增的学位点，应组织不少于7人的国内外同行专家进行论证。所有拟新增的学位点均须提交校学位评定委员会审议表决，获得全体委员2/3（含）以上同意的视为通过。

自主审核单位可每年开展新增学位点审核，并于当年10月31日前，将本单位拟新增学位点报国务院学位委员会批准。

第二十四条　自主审核单位可根据科学技术发展前沿趋势和经济社会发展需求，探索设置新兴交叉学科学位点。此类学位点经国务院学位委员会批准后纳入国家教育统计。

第二十五条　自主审核单位应加强对新增学位点的质量管理，每6年须接受一次评估。对已不再符合申请基本条件的，国务院学位委员会将取消其自主审核学位授权点的权限。

第二十六条　自主审核单位发生严重研究生培养质量问题或管理问题，或在学位点合格评估和专项评估中出现博士硕士学位点被评为"不合格"的，国务院学位委员会将取消其自主审核学位授权点的权限。

第六章　质量监管

第二十七条　学位授予单位存在下列情况之一的，应暂停新增学位点。

（一）生师比高于国家规定标准或高于本地区普通本科高校平均水平；

（二）学校经费总收入的生均数低于本地区普通本科高校平均水平；

（三）研究生奖助体系不健全，奖助经费落实不到位；

（四）研究生教育管理混乱，发生了严重的教育教学管理事件；

（五）在学位点合格评估、专项评估、学位论文抽检等质量监督工作中，存在较大问题；

（六）学术规范教育缺失，科研诚信建设机制不到位，学术不端行为查处不力。

第二十八条　本省（区、市）研究生教育存在下列情况之一的，应暂停其所属院校新增学位授权。

（一）研究生生均财政拨款较低。

（二）研究生奖助经费未能按照国家有关要求落实。

第二十九条　新增学位授权点获得国务院学位委员会批准3年后，应按照《学位授权点合格评估办法》接受专项评估。

分设领域的专业学位类别，招收培养研究生的领域由学位授予单位自主确定，报国务院学位委员会办公室和省级学位委员会备案。此类专业学位点须按招生领域参加合格评估和专项评估，有任一领域评估不合格，则视为该专业学位类别评估不合格。

第三十条 学位授予单位应实事求是地填写申报材料，严格遵守评审纪律。对材料弄虚作假、违反工作纪律的学位授予单位，取消其当年申请资格，并予以通报批评。

第三十一条 省级学位委员会要加强本地区学位与研究生教育统筹，科学规划学位授予单位和学位点建设，不断优化布局，根据本区域经济社会发展对高层次人才的需求，加强指导，督导学位授予单位自律，引导学位授予单位特色发展、提高质量、服务需求。要严格按照学位授予单位和学位点申请基本条件进行审核，保证质量。对不能保证质量的省级学位委员会予以通报批评。

第三十二条 国务院学位委员会组织对各省（区、市）学位授权审核工作进行督查，对违反本办法规定与程序、不按申请基本条件开展学位授权审核的省级学位委员会，将进行约谈，情节严重的将暂停该地区本次学位授权审核工作。

第七章 附则

第三十三条 中国人民解放军各学位授予单位的学位授权审核由中国人民解放军学位委员会按照本办法组织进行。

各学位授予单位新增军事学门类一级学科授权点和军事硕士专业学位点，由中国人民解放军学位委员会审核后，报国务院学位委员会批准。

第三十四条 本办法由国务院学位委员会负责解释。

第三十五条 本办法自发布之日起实施，之前发布的与本办法不一致的有关规定，均按照本办法执行。

国务院学位委员会关于修订印发
《博士、硕士学位授权学科和专业学位授权类别动态调整办法》
的通知

学位〔2020〕29号

各省、自治区、直辖市学位委员会,新疆生产建设兵团学位委员会,军队学位委员会:

为贯彻落实全国研究生教育会议精神,进一步完善学位授权点动态调整机制,加强省级统筹,推动学位授予单位根据经济社会发展需求、建设高质量教育体系要求和自身办学特色与学科专业水平,主动调整优化学位授权点结构,提升研究生教育质量,经国务院学位委员会第三十六次会议审议批准,现将修订后的《博士、硕士学位授权学科和专业学位授权类别动态调整办法》印发给你们,请遵照执行。

附件:博士、硕士学位授权学科和专业学位授权类别动态调整办法

国务院学位委员会
2020年12月1日

博士、硕士学位授权学科和专业学位授权类别动态调整办法

(2020年7月30日国务院学位委员会第三十六次会议修订)

总　则

第一条　根据国务院学位委员会《关于开展博士、硕士学位授权学科和专业学位授权类别动态调整试点工作的意见》,制定本办法。

第二条　本办法所规定的动态调整,系指各学位授予单位根据经济社会发展需求和本单位学科发展规划与实际,撤销国务院学位委员会批准的学位授权点,

并可增列现行学科目录中的一级学科或专业学位类别的其他学位授权点；各省（自治区、直辖市）学位委员会、新疆生产建设兵团学位委员会、军队学位委员会（以下简称"省级学位委员会"）在数量限额内组织本地区（系统）学位授予单位，统筹增列现行学科目录中的一级学科或专业学位类别的学位授权点。

第三条　本办法所称学位授权点，包括：

1.博士学位授权学科（仅包含博士学位授予权，不包含同一学科的硕士学位授予权）；

2.硕士学位授权学科；

3.博士专业学位授权类别；

4.硕士专业学位授权类别。

第四条　撤销博士学位授权学科、硕士学位授权学科，可按以下情况增列其他学位授权点：

1.撤销博士学位授权一级学科，可增列下述之一：

（1）其他博士学位授权一级学科，但所增列学科应已为硕士学位授权一级学科或为拟同时增列的硕士学位授权一级学科；

（2）其他硕士学位授权一级学科；

（3）博士专业学位授权类别；

（4）硕士专业学位授权类别。

2.撤销硕士学位授权一级学科，可增列下述之一：

（1）其他硕士学位授权一级学科；

（2）硕士专业学位授权类别。

3.撤销未获得一级学科授权的授权二级学科，按以下情况处理：

（1）撤销该一级学科下的全部博士学位授权二级学科，视同撤销一个博士学位授权一级学科，可按本条第一项的规定增列其他学位授权点。

（2）撤销该一级学科下的全部硕士学位授权二级学科，视同撤销一个硕士学位授权一级学科，可按本条第二项的规定增列其他学位授权点。

按本条规定撤销后仍在本单位增列博士学位授权学科或硕士学位授权学科的，应为与撤销授权点所属学科不同的其他一级学科。

第五条 撤销博士专业学位授权类别、硕士专业学位授权类别，可按以下情况增列其他专业学位授权类别：

1. 撤销博士专业学位授权类别，可增列下述之一：

（1）其他博士专业学位授权类别；

（2）其他硕士专业学位授权类别。

2. 撤销硕士专业学位授权类别，可增列其他硕士专业学位授权类别。

第六条 对于属同一学科的博士学位授权学科和硕士学位授权学科，不得单独撤销硕士学位授权学科保留博士学位授权学科。对于属同一类别的博士专业学位授权类别和硕士专业学位授权类别，不得单独撤销硕士专业学位授权类别保留博士专业学位授权类别。

第七条 各省级学位委员会对博士学位授权点的调整，只能在博士学位授予单位内和博士学位授予单位之间进行；对硕士学位授权点的调整，可在博士和硕士学位授予单位内，以及博士和硕士学位授予单位之间进行。

学位授予单位自主调整

第八条 学位授予单位自主调整学位授权点，指学位授予单位在本单位范围内主动撤销并可自主增列学位授权点。调整中拟增列学位授权点的数量不得超过主动撤销学位授权点的数量，主动撤销学位授权点后不同时增列学位授权点的，可在今后自主调整中增列。

学位授予单位可主动撤销的学位授权点包括：

1. 在专项合格评估（含限期整改后复评）中被评为合格的学位授权点；

2. 在周期性合格评估（含限期整改后复评）中被评为合格的学位授权点；

3. 在周期性合格评估中自评不合格进行限期整改后尚未参加复评的学位授权点。

第九条 学位授予单位应切实保证质量，制定本单位学位授权点动态调整实施细则，报省级学位委员会备案。拟增列的学位授权点，须符合国务院学位委员会正在执行的学位授权点申请基本条件。

学位授予单位须聘请同行专家根据学位授权点申请基本条件、省级学位委员会和学位授予单位规定的其他要求对拟增列的学位授权点进行评议。拟撤销和增列的学位授权点，须经本单位学位评定委员会审议通过，并在本单位内进行不少于10个工作日的公示。

第十条　学位授予单位将主动撤销和增列的学位授权点以及开展调整工作的有关情况报省级学位委员会。省级学位委员会对学位授予单位调整工作是否符合规定的程序办法进行审查。

省级学位委员会统筹调整

第十一条　省级学位委员会统筹调整学位授权点，包括：

1.制定学科发展规划，指导本地区（系统）学位授权点动态调整。制定支持政策，引导学位授予单位根据区域（行业）经济社会发展需要撤销和增列学位授权点。对学位授予单位拟增列与经济社会发展需求不相适应或学生就业困难的学位授权点，省级学位委员会可不同意其增列。

2.省级学位委员会可在本地区（系统）范围内统筹组织增列学位授权点，增列学位授权点的数额来源如下：

（1）由学位授予单位主动撤销并主动纳入省级统筹的学位授权点；

（2）在周期性合格评估中处理意见为限期整改，经复评未达到合格，被作出撤销处理的学位授权点；

（3）在周期性合格评估中抽评结果为不合格，被作出撤销处理的学位授权点；

（4）在周期性合格评估中未确认参评被作出撤销处理的学位授权点，以及在周期性合格评估中确认参评但未开展自我评估，被作出撤销处理的学位授权点。

第十二条　省级学位委员会组织开展增列学位授权点工作，按以下程序和要求进行：

1.学位授予单位申请增列学位授权点，须经本单位学位评定委员会审议通过。

2.省级学位委员会聘请同行专家，根据国务院学位委员会正在执行的学位授权点申请基本条件和省级学位委员会规定的其他要求，对学位授予单位申请增列的学位授权点进行评审。除军队系统外，参加评审的同行专家中，来自本地区（系统）以外的专家原则上不少于二分之一。

3.省级学位委员会对专家评审通过的申请增列学位授权点进行审议，并对审议通过的拟增列学位授权点进行不少于10个工作日的公示。

第十三条 省级学位委员会于每一年度规定时间，将本地区（系统）范围内学位授予单位拟主动撤销和自主增列的学位授权点以及省级学位委员会审议通过的拟增列学位授权点报国务院学位委员会批准。

其 他

第十四条 按本办法主动撤销的学位授权点，5年内不得再次按本办法增列为学位授权点，其在学研究生可按原渠道培养并按有关要求完成学位授予。

第十五条 军事学门类授权学科及军事类专业学位授权类别需经军队学位委员会同意后，方可申请增列。

第十六条 学位授权自主审核单位不参加学位授权点动态调整工作，其学位授权点调整全部纳入自主审核工作，不再纳入学位授权点动态调整省级统筹。

第十七条 博士学位授权一级学科、硕士学位授权一级学科如经动态调整撤销，根据相关规定在其下自主设置的二级学科也相应撤销。

第十八条 在专项合格评估（含限期整改后复评）中被评为不合格并撤销的学位授权点，不再作为增列学位授权点的数额来源。

在周期性合格评估抽评阶段，学位授予单位不得申请撤销本次周期性合格评估范围内的学位授权点。根据抽评结果做限期整改处理的学位授权点，在整改期间不参加学位授权点动态调整工作。

第十九条 根据学科专业调整等工作需要或因学风问题撤销的学位授权点，不再作为增列学位授权点的数额来源。

第二十条 本办法自2021年1月1日起施行。施行后原有关规定与本办法不一致的，按照本办法的规定执行。国务院学位委员会2015年印发的《博士、硕士学位授权学科和专业学位授权类别动态调整办法》（学位〔2015〕40号）同时废止。

本办法由国务院学位委员会办公室负责解释。

国务院学位委员会 教育部关于修订印发《学位授权点合格评估办法》的通知

学位〔2020〕25号

各省（自治区、直辖市）学位委员会、教育厅（教委），新疆生产建设兵团学位委员会、教育局，有关部门，中国科学院大学、中国社会科学院大学，中共中央党校学位评定委员会，军队学位委员会：

为贯彻落实《深化新时代教育评价改革总体方案》和全国研究生教育会议精神，进一步规范学位与研究生教育质量管理，完善学位授权点合格评估制度，经国务院学位委员会第三十六会议审议批准，现将修订后的《学位授权点合格评估办法》印发给你们，请遵照执行。

附件：学位授权点合格评估办法

国务院学位委员会 教育部
2020年11月11日

学位授权点合格评估办法

（2020年7月30日国务院学位委员会第三十六次会议修订）

第一条 为保证学位与研究生教育质量，做好学位授权点合格评估工作，依据《中华人民共和国高等教育法》《中华人民共和国学位条例》及其暂行实施办法，制定本办法。

第二条 本办法中的学位授权点是指经国务院学位委员会审核批准的可以授予博士、硕士学位的学科和专业学位类别。

第三条 学位授权点合格评估遵循科学、客观、公正的原则，坚持底线思维，以研究生培养和学位授予质量为重点，学科条件保障与人才培养质量提升相统一。

第四条　学位授权点合格评估是我国学位授权审核制度和研究生培养管理制度的重要组成部分，分为专项合格评估和周期性合格评估。

（一）新增学位授权点获得学位授权满3年后，均应当接受专项合格评估。

（二）周期性合格评估每6年进行一轮次，每轮次评估启动时，获得学位授权满6年的学位授权点和专项合格评估结果达到合格的学位授权点，均应当接受周期性合格评估。

第五条　周期性合格评估分为学位授予单位自我评估和教育行政部门抽评两个阶段，以学位授予单位自我评估为主。学位授予单位应在每轮次评估第一年底前确认参评学位授权点，确认名单报省级教育行政部门备案，并于第5年底前完成自我评估；学位授权点未确认参评或未开展自我评估的情形将作为确定周期性合格评估结果的重要依据。教育行政部门在每轮次评估第六年开展抽评。

第六条　博士学位授权点周期性合格评估由国务院学位委员会办公室组织实施，硕士学位授权点周期性合格评估由省级学位委员会组织实施。军队所属学位授予单位学位授权点周期性合格评估，由军队学位委员会组织实施。学位授权点周期性合格评估基本条件为启动当期评估时正在执行的学位授权点申请基本条件。

第七条　学位授予单位自我评估为诊断式评估，是对本单位学位授权点建设水平与人才培养质量的全面检查。学位授予单位应当全面检查学位授权点办学条件和培养制度建设情况，认真查找影响质量的突出问题，在自我评估期间持续做好改进工作，凝练特色。鼓励有条件的学位授予单位将自我评估与自主开展或参加的相关学科领域具有公信力的国际评估、教育质量认证等相结合。

第八条　学位授予单位自我评估基本程序

（一）根据学位授权点周期性合格评估基本条件、学位授权点自我评估工作指南，结合本单位和学位授权点实际，制定自我评估实施方案。

（二）组织学位授权点进行自我评估，应建立有学校特色的自我合格评估指标体系，对师资队伍、学科方向、人才培养数量质量和特色、科学研究、社会服务、学术交流、条件建设和制度保障等进行评价。把编制本单位《研究生教育发展质量年度报告》和《学位授权点建设年度报告》作为自我评估的重要环节之一，贯穿自我评估全过程。《研究生教育发展质量年度报告》和《学位授权点建设年度报告》经脱密处理后，应在本单位门户网站发布。

（三）根据国务院学位委员会办公室制订的数据标准，定期采集学位授权点基本状态信息，加强对本单位学位授权点质量状态的监测。

（四）组织校内外专家通过查阅材料、现场交流、实地考察等方式，对学位授权点开展评议，提出诊断式意见。专业学位授权点评议专家中，行业专家一般不少于专家人数的三分之一。

（五）根据专家评议意见，提出各学位授权点的自我评估结果，自我评估结果分为"合格"和"不合格"。作出自我评估结果所依据的标准和要求不得低于学位授权点周期性合格评估基本条件。对自我评估"不合格"的学位授权点，一般应在自评阶段结束前完成自主整改，整改后达到合格的按"合格"上报自我评估结果，达不到合格的按"不合格"上报自我评估结果。根据各学位授权点评议结果和整改情况，形成《学位授权点自我评估总结报告》。

（六）每轮周期性合格评估的第三年和第六年的3月底前，应当向国务院学位委员会办公室报送参评学位授权点截至上一年底的基本状态信息。

（七）每轮周期性合格评估第六年3月底前，向指定信息平台上传自我评估结果、自我评估总结报告、专家评议意见和改进建议，以及参评学位授权点连续5年的研究生培养方案。

第九条　教育行政部门抽评基本程序

（一）抽评工作的组织

抽评博士学位授权点的名单由国务院学位委员会办公室确定，委托国务院学位委员会学科评议组（以下简称学科评议组）和全国专业学位研究生教育指导委员会（以下简称专业学位教指委）组织评议。抽评名单确定后，应通知有关省级学位委员会、专家组和学位授予单位。抽评硕士学位授权点的名单及其评议由各省级学位委员会分别组织。

（二）教育行政部门在自我评估结果为"合格"的学位授权点范围内，按以下要求确定抽评学位授权点。

1. 抽评学位授权点应当覆盖所有学位授予单位。

2. 各一级学科和专业学位类别被抽评比例不低于被抽评范围的30%，现有学位授权点数量较少的学科或专业学位类别视具体情况确定抽评比例。

3. 评估周期内有以下情形的，应加大抽评比例：

（1）发生过严重学术不端问题的学位授予单位；

（2）存在人才培养和学位授予质量方面其他问题的学位授予单位。

4. 评估周期内学位论文抽检存在问题较多的学位授权点。

（三）评议专家组成

学科评议组、专业学位教指委和省级学位委员会设立的评议专家组（以下统称专家组），是开展学位授权点评议的主要力量。每个专家组的人数应为奇数，可根据评估范围内学位授权点的学科或专业学位类别具体情况，增加同行专家参与评估。评议实行本单位专家回避制。

（四）专家组制定评议方案，确定评议的基本标准和要求，报负责抽评的教育行政部门备案，并通知受评单位。抽评的基本标准和要求不低于周期性合格评估基本条件。

（五）评议方式和评议材料。专家组应根据本办法制定议事规则。专家评议以通讯评议方式为主，也可根据需要采用会议评议方式开展。评议材料主要有《学位授权点自我评估总结报告》、学位授权点基本状态信息表、学位授予单位《研究生教育发展质量年度报告》《学位授权点建设年度报告》、近5年研究生培养方案、自评专家评议意见和改进建议，以及专家组认为必要的其他评估材料。

（六）评议结果。每位抽评专家审议抽评材料，对照本组学位授权点周期性合格评估标准，对学位授权点提出"合格"或"不合格"的评议意见，以及具体问题和改进建议。专家组应汇总每位专家意见，按照专家组的议事规则，形成对每个学位授权点的评议结果。全体专家的1/2以上（不含1/2）评议意见为"不合格"的学位授权点，评议结果为"不合格"，其他情形为"合格"。

博士学位授权点的评议情况、评议结果及可能产生的后果、存在的主要问题和具体改进建议由学科评议组或专业学位教指委向受评单位反馈，并在规定时间内受理和处理受评单位的异议。硕士学位授权点评议的相关情况、评议结果及可能产生的后果、存在的主要问题和具体改进建议由省级学位委员会向受评单位反馈，并在规定时间内受理和处理受评单位的异议。

（七）学科评议组、专业学位教指委和省级学位委员会根据评议情况和异议处理结果，形成相应学位授权点抽评意见和处理建议，编制评估工作总结报告，向国务院学位委员会办公室报送。

（八）国务院学位委员会办公室可在抽评期间适时组织对抽评工作的专项检查。

第十条　异议处理

（一）学位授予单位如对具体学位授权点评议结果存有异议，应按评估方案要求，博士学位授权点向学科评议组或专业学位教指委提出申诉，硕士学位授权点向省级学位委员会提出申诉，并在规定时间内提供相关材料。

（二）博士学位授权点的异议，有关学科评议组或专业学位教指委应当会同有关省级学位委员会进行处理，组织本学科评议组或专业学位教指委成员成立专门小组进行实地考察核实，确有必要的可约请学科评议组或专业学位教指委之外的同行专家。实地考察的规程和要求由专门小组制订。硕士学位授权点由省级学位委员会组织专门小组进行实地考察核实。

（三）博士学位授权点异议处理专门小组结束考察后应向本学科评议组或专业学位教指委报告具体考察意见。

（四）学科评议组或专业学位教指委经充分评议后，形成博士学位授权点的抽评意见和处理建议。省级学位委员会根据专家组评议意见及专门小组的考察报告，审议形成硕士学位授权点的抽评意见和处理建议。

第十一条　国务院学位委员会办公室汇总学位授予单位自我评估结果，以及学科评议组、专业学位教指委、省级学位委员会抽评结果，进行形式审查。

对形式审查发现问题的，请有关学科评议组或专业学位教指委进行核实并补充相关材料；对审查通过的，按以下情形提出处理建议：

（一）对有如下情形之一的学位授权点，提出继续授权建议：

1. 自我评估结果为"合格"且未被抽评的学位授权点；

2. 抽评专家表决意见为"不合格"的比例不足1/3的学位授权点。

（二）对有如下情形之一的学位授权点，提出限期整改建议：

1. 自我评估结果为"不合格"的学位授权点；

2. 抽评专家表决意见为"不合格"的比例在1/3（含1/3）至1/2（含1/2）之间的学位授权点。

（三）对抽评专家表决意见为"不合格"的比例在1/2（不含1/2）以上的学位授权点，提出撤销学位授权建议。

第十二条　国务院学位委员会办公室向国务院学位委员会报告学位授权点周期性合格评估完成情况及有关学位授权点处理建议。国务院学位委员会审议有关材料，作出是否同意相关处理建议的决定。有关决定向社会公开。

第十三条　评估结果使用

（一）教育行政部门将各学位授予单位学位授权点合格评估结果作为教育行政部门监测"双一流"建设和地方高水平大学及学科建设项目的重要内容，作为研究生招生计划安排、学位授权点增列的重要依据。

（二）学位授予单位可在周期性合格评估自我评估阶段，根据自我评估情况，结合社会对人才的需求和自身发展情况，按学位授权点动态调整的有关办法申请放弃或调整部分学位授权点。学位授予单位不得在抽评阶段申请撤销周期性合格评估范围内的学位授权点。

（三）对于撤销授权的学位授权点，5年内不得申请学位授权，其在学研究生可按原渠道培养并按有关要求授予学位。

（四）限期整改的学位授权点在规定时间内暂停招生，进行整改。整改完成后，博士学位授权点接受国务院学位委员会办公室组织的复评；硕士学位授权点接受有关省级学位委员会组织的复评。复评合格的，恢复招生；达不到合格的，经国务院学位委员会批准，撤销学位授权。根据抽评结果作限期整改处理的学位授权点，在整改期间不得申请撤销学位授权。

第十四条　专项合格评估由国务院学位委员会办公室统一组织，委托学科评议组和专业学位教指委实施。

（一）专项合格评估标准和要求不低于被评学位授权点增列时所遵循的学位授权点申请基本条件。

（二）评估结果按本办法第十一、十三条之规定进行处理，限期整改的学位授权点复评由国务院学位委员会办公室组织。

（三）未接受过合格评估（含专项合格评估和周期性合格评估）的学位授权点，正在接受专项合格评估的学位授权点，以及接受专项合格评估但评估结果未达到合格的学位授权点，不得申请撤销学位授权。

第十五条　学位授予单位应当保证自我评估材料的真实可信，评估材料存在弄虚作假的学位授权点，将被直接列为限期整改的学位授权点。

第十六条　各有关单位、组织、专家和相关工作人员应严格遵守评估纪律与廉洁规定，坚决排除非学术因素的干扰，对在评估活动中存在违纪行为的单位和个人，将依据有关纪律法规严肃处理。

第十七条　省级学位委员会、军队学位委员会和学位授予单位，可根据本办法制定相应的实施细则。

第十八条　本办法由国务院学位委员会办公室负责解释。

第十九条　本办法自发布之日起施行。国务院学位委员会、教育部2014年1月印发的《学位授权点合格评估办法》（学位〔2014〕4号）同时废止。

国务院学位委员会　教育部关于印发
《博士硕士学位论文抽检办法》的通知

学位〔2014〕5号

各省、自治区、直辖市学位委员会、教育厅（教委），新疆生产建设兵团教育局，中国科学院大学，中国社会科学院研究生院，中共中央党校学位评定委员会，中国人民解放军学位委员会，各学位授予单位：

为贯彻落实《国家中长期教育改革和发展规划纲要（2010—2020年）》，实施《教育部国家发展改革委财政部关于深化研究生教育改革的意见》（教研〔2013〕1号），保证我国学位与研究生教育质量，特制定《博士硕士学位论文抽检办法》。现将该办法印发给你们，请遵照执行。

附件：博士硕士学位论文抽检办法

国务院学位委员会 教育部
2014年1月29日

博士硕士学位论文抽检办法

第一条 为保证学位授予质量，做好博士、硕士学位论文抽检工作，制定本办法。

第二条 博士学位论文抽检由国务院学位委员会办公室组织实施，硕士学位论文抽检由各省级学位委员会组织实施；其中，军队系统学位论文抽检由中国人民解放军学位委员会组织实施。

第三条 学位论文抽检每年进行一次，抽检范围为上一学年度授予博士、硕士学位的论文，博士学位论文的抽检比例为10%左右，硕士学位论文的抽检比例为5%左右。

第四条 博士学位论文抽检从国家图书馆直接调取学位论文。硕士学位论文的抽取方式，由各省级学位委员会和中国人民解放军学位委员会自行确定。

第五条 按照学术学位和专业学位分别制定博士学位论文评议要素和硕士学位论文评议要素。

第六条 每篇抽检的学位论文送3位同行专家进行评议，专家按照不同学位类型的要求对论文提出评议意见。

第七条 3位专家中有2位以上（含2位）专家评议意见为"不合格"的学位论文，将认定为"存在问题学位论文"。

第八条 3位专家中有1位专家评议意见为"不合格"的学位论文，将再送2位同行专家进行复评。2位复评专家中有1位以上（含1位）专家评议意见为"不合格"的学位论文，将认定为"存在问题学位论文"。

第九条 专家评议意见由各级抽检部门向学位授予单位反馈。硕士学位论文抽检的专家评议意见还应同时报送国务院学位委员会办公室。

第十条 学位论文抽检专家评议意见的使用。

（一）学位论文抽检专家评议意见以适当方式公开。

（二）对连续2年均有"存在问题学位论文"，且比例较高或篇数较多的学位授予单位，进行质量约谈。

（三）在学位授权点合格评估中，将学位论文抽检结果作为重要指标，对"存在问题学位论文"比例较高或篇数较多的学位授权点，依据有关程序，责令限期整改。经整改仍无法达到要求者，视为不能保证所授学位的学术水平，将撤销学位授权。

（四）学位授予单位应将学位论文抽检专家评议意见，作为本单位导师招生资格确定、研究生教育资源配置的重要依据。

第十一条 学位论文抽检坚决排除非学术因素的干扰，任何单位和个人都不得以任何方式干扰抽检工作的正常进行，参与评议工作的专家要公正公平，独立客观地完成评议工作。

第十二条 本办法由国务院学位委员会办公室负责解释。

国务院学位委员会 教育部关于开展
2020—2025年学位授权点周期性合格评估工作的通知

学位〔2020〕26号

各省（自治区、直辖市）学位委员会、教育厅（教委），新疆生产建设兵团学位委员会、教育局，有关部门，中国科学院大学、中国社会科学院大学，中共中央党校学位评定委员会，军队学位委员会：

根据《国务院学位委员会 教育部关于修订印发〈学位授权点合格评估办法〉的通知》（以下简称《办法》），现决定开展2020—2025年学位授权点周期性合格评估。有关工作安排通知如下。

一、评估范围

1.2013年以前（含2013年）获得授权的学位授权点。

2.2013—2015年获得授权且专项合格评估结果达到合格的学位授权点。

二、评估安排

评估工作分为学位授予单位自我评估和教育行政部门抽评两个阶段，其中2020—2024年为自我评估阶段，学位授予单位应在2021年3月底前确认参评学位授权点，报省级教育行政部门备案，学位授权点未确认参评或未开展自我评估的情形将作为确定周期性合格评估结果的重要依据。2025年为抽评阶段。

（一）学位授予单位自我评估

1.自我评估为诊断式评估，是对本单位学位授权点建设水平与人才培养质量的全面检查。学位授予单位应当按照《办法》的要求和程序自主全面检查学位授权点办学条件和培养制度建设情况，认真查找影响质量的突出问题，在自我评估期间持续做好改进工作，凝练特色。

2.学位授予单位根据学位授权点合格评估基本条件、《学位授权点抽评要素》（附件1）、《学位授权点自我评估指南》（附件2），结合本单位和学位授权点实际，研究制定本单位评估工作方案。内容包括自我评估的组织机构、组织形式、评估方式、评估内容、时间安排和工作流程等。评估工作方案应于2021年5月15日前，通过"全国学位与研究生教育质量信息平台"报送国务院学位委员会办公室和省级学位委员会办公室。

3.学位授予单位根据本单位实际情况，按照诊断式评估要求，结合学术学位授权点和专业学位授权点、博士学位授权点和硕士学位授权点不同特点，合理确定评估方式。鼓励有条件的学位授予单位将自我评估与自主开展或参加的相关学科领域具有公信力的国际评估、教育质量认证等相结合。

4.自我评估的内容和标准由学位授予单位根据《办法》自主确定。评估内容包括师资队伍、学科方向、人才培养数量质量和特色、课程教材质量、科学研究、社会服务、学术交流、条件建设和制度保障等，重点突出人才培养。鼓励学校建立特色的自我合格评估指标体系，评估标准要体现本单位的办学水平和研究生教育发展目标。人才培养质量标准不得低于国家制定的《一级学科博士硕士学位基本要求》。

5. 学位授予单位根据各年度研究生教育发展总体情况和各学位授权点建设情况编制本单位《研究生教育发展质量年度报告》（附件3）和《学位授权点建设年度报告》，脱密后按年度在本单位门户网站发布。《研究生教育发展质量年度报告》和《学位授权点建设年度报告》撰写主要突出研究生教育发展和学位授权点建设的总体情况，制度建设完善和执行情况。

6. 加强学位授权点基本状态信息的日常管理，每轮周期性合格评估的第三年和第六年的3月底前，学位授予单位应当向国务院学位委员会办公室、省级学位委员会报送参评学位授权点截至上一年底的基本状态信息。国务院学位委员会办公室委托国务院学位委员会学科评议组和全国专业学位研究生教育指导委员会制定学位授权点基本状态信息表，并于2021年6月底前上传至指定平台，各学位授予单位可到指定平台下载。

7. 其他自我评估材料和专家评议意见由各学位授予单位归档保存，教育行政部门可根据工作需要随时调取。

8. 学位授予单位在自我评估阶段可根据自我评估结果，结合人才需求、学科条件和本单位发展目标，按照学位授权点动态调整的相关规定，在教育行政部门组织抽评前对学位授权点进行调整或撤销学位授权点。

（二）教育行政部门抽评

1. 具有博士和硕士学位授权的学位授权点抽评由国务院学位委员会办公室组织实施；未获得博士学位授权的硕士学位授权点抽评由各省级学位委员会组织实施。军队系统的博士、硕士学位授权点抽评由军队学位委员会组织实施。

2. 结合本省实际，加强专家队伍建设，开展好专家培训，并依托专家组，严格按照《办法》组织评议和异议处理工作。

3. 抽评应根据《学位授权点抽评要素》，主要从学位授权点基本条件和人才培养两方面进行评价，以人才培养为重点。评价材料为各学位授予单位的《研究生教育发展质量年度报告》，参评学位授权点《学位授权点自我评估总结报告》《基本状态信息表》《学位授权点建设年度报告》、连续5年的研究生培养方案、自评专家意见和改进方案，根据工作需要，也可从学位授予单位直接调取自我评估材料。

三、材料报送要求

1. 省级学位委员会办公室汇总本省各学位授予单位学位授权点的确认情况，并将汇总名单于2021年4月20日前报国务院学位委员会办公室。

2. 学位授予单位分别于2022年3月、2025年3月底前在指定信息平台填报截至上一年12月31日的基本状态信息。

3. 学位授予单位在自我评估完成后，编写《学位授权点自我评估总结报告》（附件4），填写学位授权点自我评估结果汇总表（附件5）。2025年3月底前向指定信息平台上传自我评估结果、《学位授权点自我评估总结报告》、专家评议意见和改进建议，以及参评学位授权点连续5年的研究生培养方案（周期内版本相同的年份只需提交一份）。

4. 各省级学位委员会和军队学位委员会的抽评结果和异议处理情况，于2025年11月30日前上传到"全国学位与研究生教育质量信息平台"，并以书面形式报国务院学位委员会办公室。

四、结果处理

国务院学位委员会办公室汇总评估结果和异议处理情况，报国务院学位委员会审批。国务院学位委员会根据学位授权点合格评估结果，分别做出继续授权、限期整改或撤销学位授权的处理决定。处理决定向社会公开。

附件：1. 学位授权点抽评要素
　　　2. 学位授权点自我评估指南
　　　3. 研究生教育发展质量年度报告（提纲）
　　　4. 学位授权点自我评估总结报告（式样及要求）
　　　5. 学位授权点自我评估结果汇总表

国务院学位委员会　教育部
2020年11月11日

1. 学位授权点抽评要素

学术学位授权点抽评要素

一级要素	二级要素	主要内容
1 目标与标准	1.1 培养目标	本学位点培养研究生的目标定位。
	1.2 学位标准	符合本学科特点，与本单位办学定位及特色相一致的学位授予质量标准的制定及执行情况。
2 基本条件	2.1 培养方向	本学位点的主要培养方向简介。
	2.2 师资队伍	各培养方向带头人与学术骨干、主要师资队伍情况。
	2.3 科学研究	本学位点近5年已完成的主要科研项目以及在研项目情况。
	2.4 教学科研支撑	本学位点支撑研究生学习、科研的平台情况。
	2.5 奖助体系	本学位点研究生奖助体系的制度建设、奖助水平、覆盖面等情况。
3 人才培养	3.1 招生选拔	学位授权点研究生报考数量、录取比例、录取人数、生源结构情况，以及为保证生源质量采取的措施。
	3.2 思政教育	思想政治理论课开设、课程思政、研究生辅导员队伍建设、研究生党建工作等情况。
	3.3 课程教学	本学位点开设的核心课程及主讲教师。课程教学质量和持续改进机制，教材建设情况。
	3.4 导师指导	导师队伍的选聘、培训、考核情况，导师指导研究生的制度要求和执行情况，博士生导师岗位管理制度建设和落实情况。
	3.5 学术训练	研究生参与学术训练及科教融合培养研究生成效，包括制度保证、经费支持等。
	3.6 学术交流	研究生参与国际国内学术交流的基本情况。
	3.7 论文质量	体现本学科特点的学位论文规范、评阅规则和核查办法的制定及执行情况。本学位点学位论文在各类论文抽检、评审中的情况和论文质量分析。
	3.8 质量保证	培养全过程监控与质量保证、加强学位论文和学位授予管理、强化指导教师质量管控责任、分流淘汰机制等情况。
	3.9 学风建设	本学位点科学道德和学术规范教育开展情况，学术不端行为处理情况。
	3.10 管理服务	专职管理人员配备情况，研究生权益保障制度建立情况，在学研究生满意度调查情况等。
	3.11 就业发展	本学位点毕业研究生的就业率、就业去向分析，用人单位意见反馈和毕业生发展质量调查情况。

续表

一级要素	二级要素	主要内容
4 服务贡献	4.1 科技进步	科研成果转化、促进科技进步情况。
	4.2 经济发展	服务国家和地区经济发展情况。
	4.3 文化建设	繁荣和发展社会主义文化情况。

注：本抽评要素仅供抽评使用，是教育行政部门评价学位授权点的主要内容。各学科评议组应制定符合本学科特点的具体抽评内容。

专业学位授权点抽评要素

一级要素	二级要素	主要内容
1 目标与标准	1.1 培养目标	本学位点培养研究生的目标定位。
	1.2 学位标准	符合本专业学位特点，与本单位办学定位及特色相一致的学位授予质量标准的制定及执行情况。
2 基本条件	2.1 培养特色	本学位点的主要培养特色简介。
	2.2 师资队伍	骨干教师及师资队伍规模、结构情况，包括专任教师及行业教师情况。
	2.3 科学研究	本学位点近5年已完成的主要应用性科研成果或科研项目情况。
	2.4 教学科研支撑	本学位点支撑研究生案例教学、实践教学的软硬件设施，联合培养基地建设情况。
	2.5 奖助体系	本学位点研究生奖助体系的制度建设、奖助水平、覆盖面等情况。
3 人才培养	3.1 招生选拔	学位授权点研究生报考数量、录取比例、录取人数、生源结构情况，符合专业学位特点的招生选拔机制，以及为保证生源质量采取的措施。
	3.2 思政教育	思想政治理论课开设、课程思政、研究生辅导员队伍建设、研究生党建工作等情况。
	3.3 课程教学	本学位点开设的核心课程及主讲教师。课程教学质量和持续改进机制，教材建设情况。
	3.4 导师指导	导师队伍的选聘、培训、考核情况，行业产业导师选聘，研究生双导师制情况。导师指导研究生的制度要求和执行情况，博士生导师岗位管理制度建设和落实情况。

续表

一级要素	二级要素	主要内容
3 人才培养	3.5 实践教学	专业学位研究生参与实践教学，产教融合培养研究生成效，包括制度保证、经费支持、行业企业参与人才培养情况等。
	3.6 学术交流	研究生参与国际国内学术交流的基本情况。
	3.7 论文质量	体现本专业学位特点的学位论文类型（如调研报告、规划设计、产品开发、案例分析、项目管理、艺术作品等）规范、评阅规则和核查办法的制定及执行情况，强化专业学位论文应用导向的情况。本学位点学位论文在各类论文抽检、评审中的情况和论文质量分析。
	3.8 质量保证	培养全过程监控与质量保证、学位论文和学位授予管理、强化指导教师质量管控责任、分流淘汰机制等情况。
	3.9 学风建设	本学位点科学道德和学术规范教育开展情况，学术不端行为处理情况。
	3.10 管理服务	专职管理人员配备、研究生权益保障制度、在学研究生满意度调查情况等。
	3.11 就业发展	本学位点人才需求与就业动态反馈机制建立情况，人才需求和就业状况报告发布情况，用人单位意见反馈和毕业生发展质量调查情况。
4 服务贡献	4.1 科技进步	科研成果转化、促进科技进步情况。
	4.2 经济发展	服务国家和地区经济发展情况。
	4.3 文化建设	繁荣和发展社会主义文化情况。

注：本抽评要素仅供抽评使用，是教育行政部门评价学位授权点的主要内容。各专业学位教指委应制定符合本专业学位类别特点的具体抽评内容。

教育部 国务院学位委员会关于印发《学位与研究生教育发展"十三五"规划》的通知

教研〔2017〕1号

各省、自治区、直辖市学位委员会、教育厅（教委），新疆生产建设兵团教育局，有关部门（单位）教育司（局），中国科学院前沿科学与教育局，中国社会科学院研究生院，中共中央党校学位评定委员会，中央军委训练管理部职业教育局，部属各高等学校：

根据党中央的总体要求和国务院关于"十三五"规划编制工作的总体部署，为适应新时期经济社会发展对高层次人才的需要，全面提高学位与研究生教育质量，现将《学位与研究生教育发展"十三五"规划》印发给你们。请结合实际，认真贯彻落实。

附件：学位与研究生教育发展"十三五"规划

教育部 国务院学位委员会
2017年1月17日

学位与研究生教育发展"十三五"规划

"十三五"是全面建成小康社会的决胜阶段。为贯彻落实党的十八届五中全会精神，根据国民经济和社会发展"十三五"规划，为适应新时期经济社会发展对高层次人才的需求，全面提高研究生教育质量，深入推进学位与研究生教育事业改革发展，制定本规划。

序 言

研究生教育作为国民教育体系的顶端，是培养高层次人才和释放人才红利的主要途径，是国家人才竞争和科技竞争的重要支柱，是实施创新驱动发展战略和建设创新型国家的核心要素,是科技第一生产力、人才第一资源、创新第一动力的重要结合点。没有强大的研究生教育,就没有强大的国家创新体系。

我国自恢复研究生教育以来,始终结合国家战略和经济社会发展需求,坚持中国特色研究生教育发展道路,建立了较为完备的学位与研究生教育体系,保证了研究生教育基本质量,研究生教育规模从小到大,发展成为研究生教育大国,基本实现了立足国内自主培养高层次人才的战略目标。

"十二五"时期,特别是党的十八大以来,研究生教育改革全面深化,确立了"服务需求、提高质量"的发展主线,专业学位研究生培养模式改革取得突破,质量意识和发展水平有了较大提升,结构优化调整取得明显进展,投入保障明显改善,简政放权转变职能力度加大,高校办学自主权明显增强,一批高水平大学和高水平学科迅速崛起,若干重点建设高校进入或接近世界前100名,国际影响力不断提升,为"十三五"期间学位与研究生教育创新发展奠定了良好基础。

当前,国际环境错综复杂,世界经济正处于深度调整之中,全球范围内科技创新呈现出前所未有的发展态势,知识创新速度加快,科技变革加剧,高端人才在经济增长和科技创新中的作用进一步凸显,教育与人才竞争日趋激烈,很多国家把研究生教育作为培养和吸引优秀人才的重要途径。我国已进入全面建成小康社会的决胜阶段,改革发展任务艰巨繁重。实施创新驱动发展战略、制造强国战略和人才优先发展战略,推进"一带一路"建设,着力推动理论、制度、科技和文化创新,统筹推进世界一流大学和一流学科建设,必须以高素质人才构建新的竞争优势,以创新激发新的发展动力。我国研究生教育面临前所未有的发展机遇和挑战,必须树立科学的发展质量观,大力提升高层次创新人才培养水平。

与党中央的要求和人民群众的期盼相比,与肩负的历史使命和国际高水平研究生教育相比,我国研究生教育仍然存在明显差距。主动服务国家经济社会发展需求不到位,培养模式不能满足高水平创新能力和实践能力人才培养的要求,质量保障和评价机制未能有效发挥作用,国际影响力与国家地位不相匹配。

"十三五"时期,学位与研究生教育改革发展要继续坚持以服务需求、提高质量为主线,优化结构布局,改进培养模式,健全质量监督,扩大国际合作,推动培养单位体制机制创新,全面提升研究生教育水平和学位授予质量,加快从研究生教育大国向研究生教育强国迈进。

一、发展思路和目标

(一)发展思路

全面贯彻落实党的十八大和十八届三中、四中、五中、六中全会精神,深入学习贯彻习近平总书记系列重要讲话精神,按照"四个全面"战略布局,落实国家"十三五"规划、国家创新驱动发展战略纲要、深化人才发展体制机制改革的意见、教育规划纲要及教育"十三五"规划,坚持创新、协调、绿色、开放、共享的发展理念,全面推进内涵发展,全面深化研究生教育综合改革,更加突出培养模式转变,更加突出体制机制创新,更加突出结构调整优化,更加突出调动各方资源参与研究生教育的积极性,更加突出对外开放,统筹推进世界一流大学和一流学科建设,为建设创新型国家和人力资本强国、全面建成小康社会发挥关键支撑作用。

把服务需求、提高质量作为发展主线。面向国家和区域发展战略,面向国际科技前沿,面向教育现代化,全面提高研究生教育的结构适应性、人才培养质量、科技创新水平和社会服务能力,切实将学位授予单位的发展重点引导到提高质量、内涵发展上来。

把寓教于研、激励创新作为根本要求。遵循研究生教育规律,突出研究生教育在高等教育发展中的战略地位,把促进研究生成才成长作为出发点和落脚点,以学生为主体,以教师为主导,提倡开放合作和个性化培养,充分激发研究生从事科学研究和实践创新的积极性、主动性。统筹利用国内国际两方面资源,促进科研优势资源、行业优质资源与研究生培养的深度融合,科教协同、产学结合培养创新人才。

把分类改革、机制创新作为主要驱动。健全分类体系,实行分类管理和指导,增强发展协调性,拓宽发展空间。建立研究生教育主动适应经济社会发展需求的自主调节机制、以质量为导向的评价机制和资源配置机制。根据不同层次、不同类型研究生培养要求，分类改革选拔方式和培养模式。推进管办评分离，促进政府、研究生培养单位与社会之间良性互动。加强省级统筹。推动建立现代大学制度，形成主动创新、特色发展的办学机制。

（二）发展目标

到2020年，实现研究生教育向服务需求、提高质量的内涵式发展转型，基本形成结构优化、满足需求、立足国内、各方资源充分参与的高素质高水平人才培养体系，国际影响力显著增强，建成亚太区域研究生教育中心，为建设研究生教育强国奠定更加坚实的基础。

规模结构更加合理。保持研究生培养规模适度增长，千人注册研究生数达到2人，在学研究生总规模达到290万人。专业学位硕士招生占比达到60%左右。学位授权布局更趋合理，不同层次、不同类型的研究生比例更加协调，服务经济社会发展的能力持续增强。

培养质量整体提高。寓教于研、产教结合的培养模式基本形成，更好满足科技创新和人才市场需求，人才质量评价体系更加科学、完善。研究生创新和实践能力不断增强，用人单位的满意度持续提高。研究生对高水平科研成果、经济社会发展的贡献稳步提升。

形成拔尖创新人才培养高地。统筹建设世界一流大学和一流学科，若干所大学和一批学科进入世界一流行列，若干学科进入世界一流学科前列。建成一批中国特色、国际一流的研究生培养基地。

国际影响力显著增强。成为吸引海外研究生的区域中心，来华留学研究生占在学研究生的比例达到3%。研究生参与国际学术前沿研究的活跃度大幅提高。境外研究生培养项目的覆盖面和影响力进一步扩大。

二、发展改革任务

（一）主动适应需求，动态调整优化结构

以服务需求、提高质量为主线，着力优化学科结构和培养结构，改革招生计划管理模式和授权审核制度，联动协同，建立健全结构调整优化机制。

1. 优化研究生教育学科结构。支持建设一批国家发展急需、影响未来发展的学科专业。促进哲学社会科学与自然科学、基础学科与应用学科协调发展。

完善学科设置与管理模式，增强灵活性，支持引导学位授予单位不断优化学科结构。支持学位授予单位按照经济社会发展需求自主设置二级学科，以前沿问题或重大科学、重大工程问题为导向自主设置新兴、交叉学科。健全学科预警机制，对水平持续低下、长期脱离经济社会发展需求、人才培养过剩的学科进行预警。创新财政支持方式，根据办学质量，学科水平和特色等因素分配资金，通过计划调控、绩效拨款等方式引导学科建设。

2. 增强招生计划服务需求的主动性。加强宏观管理，逐步建立研究生教育规模、结构、布局与经济社会发展相适应的动态调整机制。发挥政策引导和调控作用，主动对接国家重大战略需求，解决重大战略问题，储备战略人才。改进完善招生计划分配方式，调整优化区域间、培养单位间和学科专业间的招生结构。深入推进招生计划管理改革创新，扩大高校办学自主权、明确高校主体责任，加强事中事后监管。探索开展由少数高水平研究型大学依据国家核定的中长期办学规模、社会需求和办学条件，自主确定年度研究生招生计划工作。加强各类研究生教育、各类专项计划统筹管理，鼓励高校和科研院所联合培养研究生。

3. 稳步发展博士研究生教育。适度扩大博士研究生教育规模。加强博士专业学位的论证和设置工作。适度提高优秀应届本科毕业生直接攻读博士学位的比例，以弹性学制打通硕士、博士研究生培养阶段。适度增加与国家重大发展战略、重点发展地区，以及繁荣哲学社会科学、加强马克思主义理论学科、传承中华优秀传统文化相关领域的研究生培养规模。

4. 积极发展硕士专业学位研究生教育。保持硕士专业学位研究生教育合理发展速度。建立以职业需求为导向的硕士专业学位研究生教育发展机制，加快完善专业学位体系，满足各行各业对高层次应用型人才的需求。鼓励和支持经济欠发达地区重点发展以专业学位为主的应用型研究生教育。探索硕士专业学位研究生教育与应用型本科和高等职业教育相衔接的办法，拓展高层次技术技能人才成长的通道，继续推动专业学位教育与职业资格衔接。

5. 增强学位授权审核的优化结构功能。统筹学术学位与专业学位授权审核，健全新增学位授权审核常态化与授权点动态调整相结合的工作机制。进一步明确国务院学位委员会、省级学位委员会和学位授予单位的职责，加强学位授权前瞻布局，促进学位授权与研究生培养的有效衔接。加强省级学位委员会对区域学位授权审核工作统筹，明确省级学位委员会在学位授予单位布局、学科与专业学位类别结构优化等方面的职责，提高研究生教育主动服务区域经济社会发展需求的能力。允许部分学位授予单位开展自主审核增列学位授权点。完善学位授权点定期评估制度，建立学位授权点强制退出机制。

（二）改革培养模式，提升创新和实践能力

坚持立德树人，突出人才培养的核心地位，分类推进培养模式改革，着力培养具有历史使命感和社会责任心、富有创新精神和实践能力的高素质人才。

1. 全面加强研究生思想政治工作。坚持把立德树人作为研究生教育的中心环节，把思想政治工作贯穿研究生教育教学全过程。建立健全培育和践行社会主义核心价值观的长效机制。加强以爱国主义为核心的民族精神和以改革创新为核心的时代精神教育，加强中国特色社会主义理论体系教育，增强研究生的国家意识、法治意识、社会责任意识和科学精神。全面加强马克思主义理论学科建设。深入推进研究生思想政治理论课教育教学改革。着力加强研究生基层党组织建设。将学术规范和职业伦理教育课程纳入培养方案，构建科研诚信和学术道德建设的长效机制。广泛开展社会实践和志愿服务活动。大力支持研究生开展创新创业活动。加强研究生心理健康教育和咨询服务工作。

2. 加强学术学位研究生创新能力培养。健全完善博士研究生培养与科学研究相结合的培养机制。强化问题导向的学术训练，围绕国际学术前沿、国家重大需求和基础研究，着力提高博士研究生的原始创新能力。培养单位根据学科特点和培养条件，实行弹性化培养管理，合理确定培养年限。鼓励跨学科、跨机构的研究生协同培养，紧密结合国家重大科学工程或研究计划设立联合培养项目。继续支持培养单位与国际高水平大学和研究机构联合培养研究生。鼓励学校设立科研基金，资助研究生独立选定前沿课题开展科学研究。支持研究生参加形式多样的高水平学术交流。

3. 加强专业学位研究生实践能力培养。依据特定学科背景和职业领域的任职资格要求，分类改革课程体系、教学方式、实践教学，强化与职业相关的实践能力培养。充分发挥行业企业和专业组织的作用，健全分类评价体系，促进专业学位与专业技术岗位任职资格的有机衔接。加大行业企业及相关协会等社会力量参与专业学位研究生培养过程的力度，构建互利共赢的应用型人才产学合作培养新机制，支持建设一批专业学位研究生联合培养基地。鼓励高校与行业优势企业联合招收培养一线科技研发人员。推动部分专业学位与国际职业资格认证有效衔接。

4. 加强研究生教材和课程建设。加强教材建设，精编细选所用教材，严格把握教材的思想性，强化教材的前沿性和针对性。培养单位承担课程建设主体责任，加强对课程建设的长远和系统规划。加强不同培养阶段课程的整合、衔接，面向需求科学设计课程体系，加强研究生课程的系统性和前沿性，将创新创业能力培养融入课程体系。改革授课方式和考核办法，构建研究生课程学习支持体系，满足个性化发展需求。探索在线开放等形式的教学方式，建设一批优质研究生网络公开课程。建立规范的课程审查评估机制。统筹使用各类经费，加大对研究生课程建设、教学改革的常态化投入，完善课程建设成果奖励政策。

5. 深化研究生考试招生改革。完善多元化招生选拔机制。进一步深化硕士研究生考试招生改革，推进分类考试，优化初试科目和内容，强化复试考核，加强能力考查，注重综合评价，建立健全更加科学有效、公平公正的考核选拔体系。建立完善博士研究生"申请－考核"选拔机制，强化对科研创新能力的考查。构建科学、规范、严密的研究生考试安全工作体系。强化招生单位的招生录取主体责任，发挥和规范导师作用，加强信息公开和社会监督。

6. 完善研究生培养分流退出制度。进一步完善研究生学籍管理办法，加强研究生课程学习、中期考核、资格考试、论文开题、答辩等环节的过程管理和考核，畅通博士研究生向硕士层次的分流渠道，加大分流退出力度。建立健全博士研究生分流退出激励机制。

（三）健全质量评价，完善监督保障体系

完善研究生教育质量评价机制，推进管办评分离，建立健全主体多元、多维分类、公开透明的评价监督保障体系。

1. 健全研究生教育内部质量保证体系。强化培养单位质量保障主体地位和主体责任，增强质量意识，建立与本单位办学目标和定位相一致的质量标准，争创高水平研究生教育。创新校、院（系）研究生教育管理机制，实现管理服务重心下移，提高管理服务精细化水平。推进信息公开，增强培养单位研究生培养的透明度。完善研究生教育质量自我评估制度，定期对学位授权点和研究生培养质量进行诊断式评估，鼓励有条件的单位积极参与学科国际评估和国际教育质量认证。培养单位定期发布研究生教育发展和质量报告，主动建设学位与研究生教育品牌。完善学风监管与学术不端惩戒机制。

2. 强化政府质量监控。修订《学位条例》。根据学位制度改革发展的实践，积极推动有关法规及规范性文件的立改废释工作，构建位阶分明、系统完整的学位法律制度体系。研究建立基于大数据分析的研究生教育质量监测与分析系统，加强博士硕士学位论文抽检力度，开展研究生培养质量跟踪调查与反馈。借鉴国际评估加强质量监控。加强省级学位委员会的评估与监督职能，积极推动研究生教育质量监督区域协作机制建设。提高政府信息公开和检查监督的透明度，引导社会合规合理参与监督。

3. 加强第三方监督。充分发挥第三方机构在研究生教育质量调查研究、标准制订、绩效评估及学风建设等方面的重要作用。充分发挥行业部门在需求分析、标准制订和专业学位质量认证等方面的积极作用。鼓励引导第三方机构积极参与研究生教育质量监督与评估，逐步建立独立、科学、公正、以社会评价为主的多样化评估认证机制。

（四）扩大国际合作，提升国际影响力

树立开放合作共赢理念，坚持引进来和走出去相结合，积极参与国际交流与合作，不断扩大研究生教育国际竞争优势。

1. 主动服务国家对外开放战略。积极对接国家外交战略，在更宽领域、更深层次上开展研究生教育的国际交流与合作。加快建设学位资历框架体系，推进双边和多边学位互认工作，加强与周边国家、区域的研究生教育合作，形成深度融合、互利合作格局。鼓励研究生和导师参与国际大科学计划和大科学工程。鼓励有条件的培养单位到海外开展研究生教育。以"一带一路"等国家重大战略为引领，积极推进沿线国家学生来华留学。配合中国企业走出去，以海外研发、培训等基地建设为依托，与企业合作进行定制培养。加快培养一批具有国际视野与跨文化交流能力、通晓国际规则、能够参与国际事务和国际竞争的高层次专门人才。

2. 推动中外合作办学内涵发展。支持培养单位与境外高水平大学联合开展高层次人才培养，深化研究生课程建设、联合授课、学分互换和学位互认等领域的合作。建立国际科研合作长效机制，探索"政府－大学－企业"多边国际合作创新模式，与境外一流大学和研究机构合作建立一批国际合作研究中心、联合实验室或研发基地，搭建高水平的研究生培养平台。

3. 鼓励支持导师和研究生国际流动。提高师资队伍国际化水平，开展任务导向的师资培训。吸引国外优秀人才来华培养研究生。进一步提高海外交流、访学的导师和研究生比例，开拓海外实践基地，加强研究生跨文化学习、交流和工作能力的培养。提高对研究生海外学习、学术交流的资助力度。

4. 提高来华留学生培养能力和管理水平。扩大来华攻读学位留学生规模，提高留学生生源的质量和多样性。完善留学生培养目标与培养体系，改进留学生教学内容和教学方式，促进留学生对中华文化的理解。加大对来华攻读学位留学生的中国政府奖学金资助力度，完善以中国政府奖学金为主导，地方政府、教育机构、企业及社会组织等各方参与的多元化来华留学奖学金体系。整合教务管理、校园生活等工作职能，促进留学生与中国学生的趋同化管理，为留学生创造更好地学习与生活条件。

（五）统筹推进"双一流"建设，提升研究生教育整体实力

坚持中国特色、世界一流，使若干所大学和一批学科进入世界一流行列，努力建设世界一流的研究生教育。

1. 发挥研究生教育的引领支撑作用。立足中国国情，把研究生教育作为一流大学和一流学科建设的重要内容，推动高水平大学开展各具特色的研究生教育综合改革，建立与世界一流大学、一流学科相适应的研究生教育质量标准，以提升整体质量为中心，加快完善研究生教育制度。以一流的师资队伍、高水平的科学研究支撑高端人才培养，大力提升研究生创新能力和实践能力，发挥研究生教育在科技创新、产业结构转型升级、优秀文化传承中的重要作用。

2. 聚焦学科建设。坚持以学科为基础，引导和支持高水平大学统筹各类优

质资源，创新学科组织模式，构建跨学科平台，培养跨学科人才。加强学科内涵建设，开展高水平科学研究，形成一流的学术声誉和品牌，打造更多的世界一流学科和学科高峰，带动学校发挥优势、办出特色。

3. 构筑拔尖创新人才培养高地。将研究生培养与经济社会发展需求紧密结合，培养和引进一批活跃在国际学术前沿、满足国家战略需求的一流科学家、学科领军人物和创新团队；加大博士研究生培养力度，着力培养各类创新型、应用型、复合型优秀人才；结合颠覆性技术创新和国家实验室、国家技术创新中心建设，促进高校人才培养、科学研究、学科建设与产业发展良性互动，形成具有示范作用的拔尖创新人才培养模式。

（六）拓展育人途径，推动培养单位体制机制创新

以研究生成长成才为中心，着力构建优势资源和有利因素互补相融的协同培养机制，持续深化研究生教育综合改革。

1. 完善科教融合、产学结合机制。进一步加强高等学校与科研院所和行业企业的资源共享、战略合作，支持校所、校企、校校联合建设拔尖创新人才培养平台，开展联合招生、联合培养试点，拓展合作育人的途径与方式。促进教学与科研实践的融合，建立以科学与工程技术研究为主导的导师责任制和导师项目资助制。推进研究生创新创业教育中心建设，强化创新创业实训实践，加大创新创业人才培养力度。

2. 深化以人才培养为中心的全面改革。聚焦质量效益，以体制机制创新作为持续发展的保障。以全面质量观为指导，推动研究生教育的各项制度更加成熟定型。加强和改进高校党的领导，加快形成以大学章程为统领的研究生培养制度体系，统筹研究生教育综合改革。完善有关研究生培养的学术组织和管理体系，扩大研究生群体在民主决策机制中的作用，加快在人事制度、科研体制机制、资源调配机制、评估评价制度等方面实现有效突破。建立健全社会支持、参与、监督研究生教育发展的长效机制。

三、保障措施

（一）形成各方合力支持的投入保障机制

1. 完善多元投入机制。健全以政府投入为主、受教育者合理分担培养成本、

培养单位多渠道筹集经费的研究生教育投入机制。构建科学规范、公平公正、讲求绩效、有利于质量提升的预算拨款制度。培养单位统筹财政投入、科研事业收入、学费收入、社会捐助等各种资源，确保对研究生教学、科研和资助的投入，完善研究生培养的项目资助制，加大纵向科研经费和基本科研业务费支持研究生培养的力度，稳步提高研究生教育经费生均支出。

2. 发挥好奖助政策体系作用。培养单位统筹各类资金，建立健全多元奖助政策体系，激发研究生学习和科研积极性，保障和提高研究生待遇水平。加大对农、林、水、地、矿、油、核等艰苦行业以及有关基础学科的研究生资助力度。加强"三助一辅"与国家奖学金、学业奖学金、国家助学金等制度政策的统筹优化，提高经费使用效益。采取减免学费、发放特殊困难补助和助学贷款等方式，加大对家庭经济困难研究生的资助力度。积极鼓励社会团体和个人设立研究生奖学金。

（二）强化导师培养责任和能力

1. 强化和完善导师负责制。加强师德师风建设，健全研究生导师工作规范，引导教师潜心教学和研究、认真教书育人。进一步强化导师的思想政治教育责任，充分发挥导师对研究生思想品德、科学伦理、学术研究的示范和教育作用。导师是研究生培养质量第一责任人，保障导师在招生、培养、资助、学术评价等环节中的权力；对培养质量出现问题的导师，培养单位视情况采取质量约谈、限招、停招等处理措施。

2. 改革导师评聘评价机制。改变单一科研导向，将研究生成长成才作为导师考核要素。建立学术学位和专业学位研究生导师分类评聘、分类考核评价制度和岗位动态调整机制，将承担研究生课程建设和教学工作的成果、指导工作量以及质量评价结果列入相关系列教师考评和专业技术职务评聘要求。

3. 加强导师队伍能力建设。建设教学交流和新任导师培训平台。加大对导师承担研究生课程建设和教学改革项目的资助力度。支持导师合作开发、开设课程，鼓励国际和跨学科合作。鼓励教师流动，完善校内外"双导师"制，聘任相关学科领域专家、实践经验丰富的行业企业专家及境外专家，优化导师队伍结构。支持导师国内外学术交流、访学和参与行业企业实践。逐步实行导师学术休假制度。

（三）构建信息化支撑服务体系

1.丰富信息化教育资源和手段。加强优质数字教育资源开发与共享，构建信息化学习与教学环境，满足个性化学习需求。加速信息化环境下科学研究与拔尖创新人才培养的融合，推动最新科研成果转化为优质教育教学资源，提升个性化互动教学水平。利用信息化手段，推进研究实验基地、大型科学仪器设备、自然科技资源、科研数据与文献共享。

2.提高信息共享和公开水平。整合建设覆盖所有培养单位的研究生教育管理信息体系，实现国家与地方资源数据库之间系统互联与数据互通，建设纵向贯通、横向关联的教育管理信息化系统，开展研究生教育大数据分析，加强质量监测与调控。加强学位与研究生教育质量信息平台建设，面向社会开放。建设在学研究生学业信息管理系统，建立研究生教育质量信息分析和预警机制。加大信息公开力度，公布质量标准，发布质量报告和评估结果，接受社会监督。

（四）组织实施重大项目

围绕研究生教育改革发展战略目标，着眼于提高研究生教育质量和增强可持续发展能力，以加强关键领域和薄弱环节为重点，完善激励和引导机制，组织实施一批重大项目。

项目一：一流研究生教育建设计划。按照《统筹推进世界一流大学和一流学科建设总体方案》及其实施办法的要求，坚持中国特色、世界一流，以支撑国家战略、服务发展需求为导向，以学科为基础，以研究生培养机制改革为重点，建设世界一流大学和一流学科，着力提升研究生培养水平和质量，提升科技创新水平，打造一流导师队伍，形成一批研究创新中心，使一批高校的研究生教育水平达到或接近国际一流，打造我国高水平研究生教育基地。

项目二：未来科学家计划。培养国民经济和社会发展重点领域急需紧缺专门人才，充实国家未来科学家后备队伍。国家留学基金委实施未来科学家项目，面向国家急需、薄弱、空白、关键领域，聚焦现代科技尖端、前沿领域，每年选派一批科研潜质突出的博士研究生到国外顶尖、一流大学和科研机构学习、研究，有针对性地培养一批顶尖创新人才、领军人才和大师级人才；实施其他公派研究生项目，支持具有科研潜质的研究生出国留学、访学。鼓励支持部属高校统筹使用基本科研业务费等资金，自主设立未来科学家计划项目，支持品学兼优且具有较强科研潜质的在校研究生开展自主选题的创新研究工作，重点资助具有创新潜力的博士生开展基础性、战略性、前沿性科学研究和共性技术研究。

项目三：研究生导师能力提升计划。国家留学基金委实施博士生导师短期出国交流项目，选派派有学生的博士生导师赴国外进行一个月的短期交流，加强导师对派出学生在外学习的检查和指导；实施西部地区人才培养特别项目，每年选派西部12个省、市、自治区及新疆生产建设兵团地方院校的教学科研骨干（包括研究生导师）出国访学，缩小东西部地区导师水平差距，支持西部急需人才培养需要；实施其他公派教师、学者项目，大力推进研究生导师出国访学。依托"高等学校青年骨干教师国内访问学者"项目，选派研究生导师到国内高水平大学和科研机构访学。支持高校研究生导师到企业或相关行业单位交流学习，提高实践教学能力；鼓励企业导师到高校学习培训、合作开发课程，提高学术指导能力。

项目四：课程体系及案例库建设。将课程体系建设纳入研究生教育综合改革。充分发挥课程体系、案例库在知识传授、技能训练、品格塑造等方面的作用。鼓励各培养单位整体建设和优化符合教学规律、突出学习成效的模块化、系统性、多元化课程体系。支持培养单位开展案例教学，整合案例资源，完善信息化支撑平台，建设专业学位案例库和教学案例推广中心，逐步建立起具有中国特色、与国际接轨的案例教学体系，实现案例资源共享、师资共享、学术成果共享和国际合作资源共享。

项目五：研究生学术交流平台建设。支持学位授予单位开展研究生学术交流，拓宽学术视野，激发创新思维，提升培养质量。通过"学校自筹、政府奖补、社会参与"的多元化投入方式，建立健全研究生学术交流机制，鼓励高校与行业、学（协）会、企业合作，通过举办博士生学术论坛、开设研究生暑期学校、开设短期工作坊、建立博士生国内外访学制度，搭建多层次、多学科研究生学术交流平台。

（五）完善工作机制

全面落实从严治党、从严治教要求，切实加强党对学位与研究生教育工作的领导。学位与研究生教育战线要从战略和全局的高度，充分认识研究生教育在建设创新型国家中的重要地位作用，把发展研究生教育摆在更加突出的位置，把思想和行动统一到主动服务需求、提高质量的改革主线上来。要从实际出发，进一步强化统筹，紧密结合研究生教育发展阶段、区位优势和资源条件，围绕学位与研究生教育发展"十三五"规划确定的战略目标、主要任务、重大措施和项目等，制定本地区、本单位实施研究生教育发展"十三五"规划的具体方案和措施，分阶段、分步骤组织实施，全面推进学位与研究生教育改革和发展。

国务院学位委员会学科评议组、全国专业学位研究生教育指导委员会、中国学位与研究生教育学会等组织机构，根据规划目标任务和职责定位，积极发挥在质量标准制订、跟踪评价、咨询与信息服务等方面的作用。鼓励支持行业部门、社会机构积极参与规划的落实、监督，形成合力推动学位与研究生教育发展的新格局。

国务院学位委员会 教育部关于加强学位与研究生教育质量保证和监督体系建设的意见

学位〔2014〕3号

各省、（自治区、直辖市）学位委员会、教育厅（教委），新疆生产建设兵团教育局，中国科学院大学，中国社会科学院研究生院，中共中央党校学位评定委员会，中国人民解放军学位委员会，各学位授予单位：

为贯彻落实党的十八大和十八届三中全会精神以及《国家中长期教育改革和发展规划纲要（2010—2020年）》，实施《教育部国家发展改革委财政部关于深化研究生教育改革的意见》（教研〔2013〕1号），走内涵式发展道路，提高研究生教育质量，现就加强学位与研究生教育质量保证和监督体系建设提出如下意见。

一、加强质量保证和监督体系建设的意义

加强质量保证和监督体系建设,在学位与研究生教育事业发展中具有重要作用。面对高层次人才培养的新形势,提高质量是研究生教育改革和发展最核心最紧迫的任务,亟需进一步完善与研究生教育强国建设相适应、符合国情和遵循研究生教育规律的质量保证和监督体系。

二、总体思路

1. 指导思想。全面贯彻落实研究生教育改革精神,转变政府职能,推进管办评分离,树立科学的质量观,以研究生和导师为核心,以学位授予单位为重心,从研究生教育基本活动入手,明确各质量主体职责,保证研究生教育基本质量,创新机制,激发学位授予单位追求卓越的积极性和创造性,不断提高人才培养水平。

2. 建设目标。构建以学位授予单位质量保证为基础,教育行政部门监管为引导,学术组织、行业部门和社会机构积极参与的内部质量保证和外部质量监督体系。内部质量保证体系要明确学位授予单位第一主体的职责,增强质量自律,培育质量文化。外部质量监督体系要加强教育行政部门的政策支撑与宏观监管,以质量为主导统筹资源配置,发挥学术组织、行业部门和社会机构的质量监督作用。

3. 基本原则。①标准先行。根据经济社会发展多样化需求,制订不同类型、层次和学科类别研究生培养和学位授予标准。②分类监管。根据不同主体和对象,采取相应的质量监管方式,加强分类指导和管理。③统筹协调。充分调动各主体的创造性,形成上下配合、内外协调、积极有效的质量保证和监督机制。④支撑发展。质量保证和监督体系建设要有利于促进学位与研究生教育事业科学发展,有利于全面提升研究生教育质量。

三、强化学位授予单位的质量保证

1. 学位授予单位是研究生教育质量保证的主体,要按照《学位授予单位研究生教育质量保证体系建设基本规范》(见附件),健全内部质量保证体系,确立与本单位办学定位相一致的人才培养和学位授予质量标准,建立以培养质量为主导的研究生教育资源配置机制。

2. 学位授予单位要充分发挥学位评定委员会、学术委员会等学术组织在质量保证方面的作用,审定研究生培养方案和学位授予标准,指导课程体系建设,开展质量评价等工作。不断完善导师管理评价机制，把师德师风和研究生培养质量作为导师评价的重点，加强导师对研究生思想、学习和科研实践的教育与指导。

3. 学位授予单位要统筹各类研究生教育经费，建立健全研究生奖助体系，激励优秀人才脱颖而出。加强研究生培养过程管理，畅通分流渠道，加大对不合格学生的淘汰力度，激发研究生学习的积极性和主动性。把学术道德教育和学术规范训练贯穿到研究生培养全过程，建立学风监管与惩戒机制，严惩学术不端行为。

4. 学位授予单位要建立研究生教育质量自我评估制度，组织专家定期对本单位学位授权点和研究生培养质量进行诊断式评估，发现问题，改进学科建设和人才培养工作，不断提高研究生教育质量。鼓励有条件的单位积极开展国际评估。

四、加强教育行政部门的质量监管

1. 委托国务院学位委员会学科评议组和全国专业学位研究生教育指导委员会，按一级学科和专业学位类别分别制订《博士硕士学位基本要求》，为学位授予单位实施研究生培养、各级教育行政部门开展质量监管提供基本依据。

2. 建立学位授权点合格评估制度，以人才培养为核心，制订科学的评估标准，开展研究生教育质量评估工作。按类型、分层次组织实施评估工作，提高评估实效。对存在质量问题的学位授予单位，采取约谈、通报、限期整改直至撤销学位授权等处理办法。不断改进学科评估工作。

3. 开展博士、硕士学位论文抽检工作，强化学位授予单位、导师和研究生的质量意识，加强学位授予管理，保证学位授予质量。建立研究生教育绩效拨款制度，推动人才培养的改革与创新，促进研究生教育质量不断提升。

4. 建立全国研究生教育质量信息平台，及时公开学位与研究生教育相关信息，开展质量调查，定期发布教育行政部门、学位授予单位和相关学术组织的研究生教育质量报告，促进学位授予单位质量自律，加强质量预警，营造良好的质量环境。

5. 省级教育行政部门要加大对本地区学位与研究生教育质量的监管力度，做好硕士学位授权点合格评估、省级重点学科评选、硕士学位论文抽检、优秀学位论文评选等工作。积极推动研究生教育质量监督区域协作机制建设。

五、充分发挥学术组织、行业部门和社会机构的监督作用

1. 充分发挥国务院学位委员会学科评议组、全国专业学位研究生教育指导委员会、中国学位与研究生教育学会等学术组织在研究生教育质量调查研究、标准制订、评估论证及学风建设等方面的重要作用。

2. 充分发挥行业部门在人才培养、需求分析、标准制订、实践训练和专业学位质量认证等方面的积极作用。鼓励社会机构积极参与研究生教育质量监督,逐步建立独立、科学、公正,且具有良好声誉的研究生教育质量社会评价机制。

各省级教育行政部门和学位授予单位要加强领导,把学位与研究生教育质量保证和监督体系建设作为推进研究生教育改革与发展的重要内容,认真做好组织实施工作。省级教育行政部门要根据本地区实际,制订相关措施,统筹本地区研究生教育质量保证和监督工作。学位授予单位要在全面总结已有经验的基础上,健全质量保证体系,不断提高研究生教育质量。

附件:学位授予单位研究生教育质量保证体系建设基本规范

国务院学位委员会 教育部
2014年1月29日

学位授予单位研究生教育质量保证体系建设基本规范

为指导学位授予单位建设内部质量保证体系,制定本规范。

一、目标与标准

确立研究生教育发展目标。根据国家和区域经济社会发展的需求,结合本单位研究生教育实际,确定研究生教育层次、类型、规模和结构等方面的发展目标,并定期调整。

制订学位授予标准。在国家制定的《博士硕士学位基本要求》基础上,按学科或专业学位类别制订与本单位办学定位相一致的博士、硕士学位授予标准。

制订学科专业设置与调整办法。制订本单位一级学科授权点和专业学位授权点增列与撤销办法,二级学科自主设置与调整的办法,明确标准,规范程序,形成学位授权点动态调整机制，优化结构，发展特色。

二、招生管理

制订研究生招生指标配置办法。综合考虑经济社会发展需求，研究生生源质量、培养质量、就业状况，以及培养经费、科研任务、导师队伍、实践基地等研究生培养条件方面的因素，制订以质量为导向的研究生招生指标配置办法。

制订研究生招生选拔规定。建立有效的招生自我约束机制，规范招生选拔，充分明确导师在研究生招生选拔中的职责和权力，加强对考生综合素质和发展潜力的考察，保证招生质量。

三、培养过程与学位授予管理

制订培养方案。培养方案应明确培养目标、课程体系、培养环节，要遵循研究生教育规律，创新培养模式，体现学科特色和学术前沿，突出个性化培养。专业学位研究生培养方案的制订要吸收行业部门参与，注重实践和创新能力培养。

制订研究生课程体系建设办法。根据经济社会发展需求、学科发展前沿和研究生个人发展需要，建构科学合理的课程体系，及时更新课程内容，丰富课程类型。

制订课程教学质量监控办法。明确授课教师资质，规范课程教学，建立科学的教学督导和评价制度，加强对授课质量的监测和评估，提高课程教学质量。制订专业学位研究生实践教学质量的监督与评价办法，保证实践教学质量。

建立健全中期考核制度。不断提高研究生中期考核或博士生资格考试的科学性和有效性，切实发挥其在研究生培养过程中的筛选作用。

健全学位论文开题及评阅制度。论文开题要有规范的程序，论文评阅要保证有一定数量的外单位同行专家参与，加强匿名评阅等适合本单位实际的论文评阅制度建设，有条件的单位应探索国际同行评阅。

健全论文答辩和学位授予制度。完善学位论文预答辩、答辩和答辩后修改等制度。答辩委员会和各级学位评定委员会要严格履行职责，保证学位授予质量。

建立科学道德与学术规范教育制度。在研究生培养过程中安排必修环节，对研究生进行科学精神、科学道德、学术规范、学术伦理和职业道德教育。明确学术不端行为处罚办法。

制订研究生分流与淘汰办法。制订研究生课程学习、中期考核、资格考试和学位论文开题等各阶段的分流与淘汰办法。

四、导师岗位管理

制订导师考核评价办法。规范导师岗位管理，实施导师招生资格审查，建立学术学位和专业学位研究生导师分类考核评价制度。

制订导师交流与培训办法。建立和完善导师国内外学术交流与合作制度，为导师提高学术和实践能力提供平台。加强导师培训，不断提高导师指导能力。

建立导师激励与问责制。完善导师激励制度，明确和保障导师在研究生培养中的责任与权力，调动导师育人积极性，发挥导师科学道德和学术规范的示范作用。完善导师问责制，对培养质量出现问题的导师，视情况分别采取质量约谈、限招、停招等处理。

五、研究生管理与服务

建立健全研究生奖助制度。以鼓励创新为导向，完善机制，充分发挥奖助学金的激励作用。统筹制订各类奖助学金评选办法，保证评选过程公平、公正、公开，奖助学金的评选要有一定比例的导师和研究生参加。

建立研究生权益保护机制。完善研究生培养过程中的正当利益诉求和权利救济机制，加强对研究生的权益保护。

建立研究生就业指导与服务制度。健全研究生就业市场和信息服务体系，加强研究生创业教育，鼓励研究生创业和面向基层就业。

六、条件保障与质量监督

制订研究生教育资源配置办法。按学科或专业学位类别制订研究生教育资源配置办法，保障各类研究生学习、科研、实践和生活等基本条件。

建立自我评估制度。以提高质量为导向，定期开展学位授权点和研究生培养质量自我评估，发现问题，提出改进措施。鼓励有条件的学科或专业学位类别参加国际评估或专业资格认证。

建立质量跟踪和反馈制度。建立毕业生发展质量跟踪调查和反馈制度，定期听取用人单位意见，开展人才培养质量和发展质量分析，及时调整人才培养结构。

建立质量信息公开制度。建立研究生教育质量信息公开制度，主动公开研究生培养质量和发展质量信息，定期发布本单位研究生教育发展质量报告。

七、质量管理与质量文化

健全质量管理组织机构。学位授予单位要明确研究生教育质量管理组织机构，以及学位评定委员会等组织的管理职责，规范研究生培养过程信息与档案管理。

营造质量文化。通过质量制度建设、规范研究生教育过程管理，加强导师、研究生和管理人员的质量意识，形成体现自身发展定位、学术传统与特色的质量文化。

四、国家研究生导师的政策与制度

教育部关于全面落实研究生导师立德树人职责的意见

教研〔2018〕1号

各省、自治区、直辖市教育厅（教委），新疆生产建设兵团教育局，有关部门（单位）教育司（局），中央军委训练管理部职业教育局，部属各高等学校：

研究生教育作为国民教育体系的顶端，是培养高层次专门人才的主要途径，是国家人才竞争的重要支柱，是建设创新型国家的核心要素。研究生导师是我国研究生培养的关键力量，肩负着培养国家高层次创新人才的使命与重任。为贯彻全国高校思想政治工作会议精神，努力造就一支有理想信念、道德情操、扎实学识、仁爱之心的研究生导师队伍，全面落实研究生导师立德树人职责，制定本意见。

一、指导思想和总体要求

1. 指导思想。高举中国特色社会主义伟大旗帜，以马克思列宁主义、毛泽东思想、邓小平理论、"三个代表"重要思想、科学发展观、习近平新时代中国特色社会主义思想为指导，增强中国特色社会主义道路自信、理论自信、制度自信、文化自信。全面贯彻党的教育方针,把立德树人作为研究生导师的首要职责,为实现"两个一百年"奋斗目标、实现中华民族伟大复兴的中国梦,培养德才兼备、全面发展的高层次专门人才。

2. 总体要求。落实导师是研究生培养第一责任人的要求,坚持社会主义办学方向,坚持教书和育人相统一,坚持言传和身教相统一,坚持潜心问道和关注社会相统一,坚持学术自由和学术规范相统一,以德立身、以德立学、以德施教。遵循研究生教育规律,创新研究生指导方式,潜心研究生培养,全过程育人、全方位育人,做研究生成长成才的指导者和引路人。

二、强化研究生导师基本素质要求

1. 政治素质过硬。坚持正确的政治方向,拥护中国共产党的领导,不断提高思想政治觉悟;贯彻党的教育方针,严格执行国家教育政策,坚持教育为人民服务,为中国共产党治国理政服务,为巩固和发展中国特色社会主义制度服务,为改革开放和社会主义现代化建设服务;自觉维护祖国统一、民族团结,具有高度的政治责任感,将思想教育与专业教育有机统一,成为社会主义核心价值观的坚定信仰者、积极传播者、模范实践者。

2. 师德师风高尚。模范遵守教师职业道德规范,为人师表,爱岗敬业,以高尚的道德情操和人格魅力感染、引导学生,成为先进思想文化的传承者和社会进步的积极推动者;谨遵学术规范,恪守学术道德,自觉维护公平正义和风清气正的学术环境;科学选才,规范招生,正确行使导师权力,确保招生录取公平公正;有责任心和使命感,尽职尽责,确保足够的时间和精力及时给予研究生启发和指导;有仁爱之心,以德育人,以文化人。

3. 业务素质精湛。具有深厚的学术造诣和执着的学术追求,关注社会需求,推动知识文化传承发展;熟悉国家招生政策,胜任考试招生工作。秉承先进教育理念,重视课程前沿引领,创新教学模式,丰富教学手段;不断提升指导能力,着力培养研究生创新能力,实现理论教学与实践指导之间的平衡,助力研究生成长成才。

三、明确研究生导师立德树人职责

1. 提升研究生思想政治素质。引导研究生正确认识世界和中国发展大势,正确认识中国特色和国际比较，正确认识时代责任和历史使命，正确认识远大抱负和脚踏实地；树立正确的世界观、人生观、价值观，坚定为共产主义远大理想和中国特色社会主义共同理想而奋斗的信念，成为德智体美全面发展的高层次专门人才。

2.培养研究生学术创新能力。按照因材施教和个性化培养理念，积极参与制定执行研究生培养计划，统筹安排实践与科研活动，强化学术指导；定期与研究生沟通交流，指导研究生确定研究方向，深入开展研究；营造和谐的学术环境，培养研究生的创新意识和创新能力，激发研究生创新潜力；引导研究生跟踪学科前沿，直面学术问题，开拓学术视野，在学术研究上开展创新性工作。

3.培养研究生实践创新能力。鼓励研究生积极参加国内外学术和专业实践活动，指导研究生发表各类研究成果，培养研究生提出问题、分析问题和解决问题的能力，强化理论与实践相结合；支持和指导研究生将科研成果转化应用，推动产学研用紧密结合，提升创新创业能力。

4.增强研究生社会责任感。鼓励研究生将个人的发展进步与国家和民族的发展需要相结合，为国家富强和民族复兴贡献智慧和力量；支持和鼓励研究生参与各种社会实践和志愿服务活动，在服务人民与奉献社会的过程中实现自己的人生价值；培养研究生的国际视野和家国情怀，积极致力于构建人类命运共同体，努力成为世界文明进步的积极推动者。

5.指导研究生恪守学术道德规范。培养研究生严谨认真的治学态度和求真务实的科学精神，自觉遵守科研诚信与学术道德，自觉维护学术事业的神圣性、纯洁性与严肃性，杜绝学术不端行为；在研究生培养的各个环节，强化学术规范训练，加强职业伦理教育，提升学术道德涵养；培养研究生尊重他人劳动成果，提高知识产权保护意识。

6.优化研究生培养条件。根据不同学科、类别的研究生培养要求，积极为研究生的学习和成长创造条件，为研究生开展科学研究提供有利条件；鼓励研究生参与各种社会实践和学术交流；积极创设良好的学术交流平台，增加研究生参与社会实践和学术交流的机会；鼓励研究生积极参与课题研究，并根据实际情况，为研究生提供相应的经费支持。

7. 注重对研究生人文关怀。要加强人文关怀和心理疏导，加强校规校纪教育，把解决思想问题同解决实际问题结合起来，了解学生成长环境和过程，在关心帮助研究生的过程中做好教育和引导工作。加强与研究生的交流与沟通，建立良好的师生互动机制，关注研究生的学业压力，营造良好的学习氛围，提供相应的支持和鼓励，保护研究生合法权益；关注研究生的就业压力，引导研究生做好职业生涯规划，关心研究生生活和身心健康，不断提升研究生敢于面对困难挫折的良好心理素质。

四、健全研究生导师评价激励机制

1. 完善评价考核机制。坚持立德树人，把教书育人作为研究生导师评价的核心内容，突出教育教学业绩评价，将人才培养中心任务落到实处。教育行政部门要把立德树人纳入教学评估和学科评估指标体系，加强对研究生导师立德树人职责落实情况的评价；研究生培养单位要结合自身办学实际和学科特色，制订研究生导师立德树人职责考核办法，以年度考核为依托，坚持学术委员会评价、教学督导评价、研究生评价和导师自学评价相结合，建立科学、公平、公正、公开的考核体系。

2. 明确表彰奖励机制。研究生培养单位要将研究生导师立德树人评价考核结果，作为人才引进、职称评定、职务晋升、绩效分配、评优评先的重要依据，充分发挥考核评价的鉴定、引导、激励和教育功能。强化示范引领，对于立德树人成绩突出的研究生导师，研究生培养单位要给予表彰与奖励，推广复制优秀导师、优秀团队的成功经验。

3. 落实督导检查机制。教育行政部门和研究生培养单位要把研究生导师立德树人职责落实情况纳入教学督导范畴，加强督导检查。对于未能履行立德树人职责的研究生导师，研究生培养单位视情况采取约谈、限招、停招、取消导师资格等处理措施；对有违反师德行为的，实行一票否决制，并依法依规给予相应处理。

五、强化组织保障

1. 各级教育主管部门加强组织领导。尊重高校办学自主权，优化管理，强化服务，加强宏观指导；统筹协调各方资源，切实保障各项投入，为研究生导师队伍建设积极创造条件；强化督导检查，确保政策落实；突出制度建设，形成落实导师立德树人职责的长效机制。

2. 研究生培养单位全面贯彻落实。制定和完善相关规章制度，强化落实，确保实效；安排专项经费用于导师队伍建设，定期组织交流、研讨，提升导师学术研究水平和研究生指导能力；尊重和保障导师自主性，维护和规范导师在招生、培养、资助、学术评价等环节中的权利；保障导师待遇，加强导师培训，支持导师参加学术交流活动和行业企业实践，逐步实现学术休假制度；改善导师治学环境，提供必要的工作场所、实验设施等条件；积极听取导师意见，营造良好校园文化环境，提升导师工作满意度。

3. 倡导全社会共同关心协同参与。积极营造全社会尊师重教的良好氛围，动员各界力量关心导师队伍建设；大力宣传导师立德树人先进典型，加强榜样示范教育；倡导全社会共同关心、协同参与，促进导师立德树人工作机制的常态化科学化。

各省级教育主管部门和研究生培养单位，要根据本意见制定相关的实施细则。

教育部

2018年1月17

教育部关于加强博士生导师岗位管理的若干意见

教研〔2020〕11号

各省、自治区、直辖市教育厅（教委），新疆生产建设兵团教育局，有关部门（单位）教育司（局），部属各高等学校、部省合建各高等学校：

博士研究生教育是国民教育的顶端，是国家核心竞争力的重要体现。博士生导师是博士生培养的第一责任人，承担着培养高层次创新人才的使命。改革开放以来，广大博士生导师立德修身、严谨治学、潜心育人，为国家发展作出了重大贡献。但同时，部分培养单位对博士生导师的选聘、考核还不够规范，个别博士生导师的岗位意识还需进一步增强。为深入学习贯彻党的十九大和十九届二中、三中、四中全会精神,全面贯彻落实全国教育大会和全国研究生教育会议精神,建设一流博士生导师队伍,提高博士生培养质量,现就加强博士生导师岗位管理提出如下意见。

一、严格岗位政治要求

坚持以习近平新时代中国特色社会主义思想为指导,拥护中国共产党的领导,贯彻党的教育方针;具有高度的政治责任感,依法履行导师职责,将专业教育与思想政治教育有机融合,做社会主义核心价值观的坚定信仰者、积极传播者、模范实践者。

二、明确导师岗位权责

博士生导师是因博士生培养需要而设立的岗位,不是职称体系中的一个固定层次或荣誉称号。博士生导师的首要任务是人才培养,承担着对博士生进行思想政治教育、学术规范训练、创新能力培养等职责,要严格遵守研究生导师指导行为准则。培养单位要切实保障和规范博士生导师的招生权、指导权、评价权和管理权,坚定支持导师按照规章制度严格博士生学业管理,增强博士生导师的责任感、使命感、荣誉感,营造尊师重教良好氛围。

三、健全岗位选聘制度

培养单位要从政治素质、师德师风、学术水平、育人能力、指导经验和培养条件等方面制定全面的博士生导师选聘标准,避免简单化地唯论文、唯科研经费确定选聘条件;要制定完善的博士生导师选聘办法,坚持公正公开,切实履行选聘程序,建立招生资格定期审核和动态调整制度,确保博士生导师选聘质量;选聘副高级及以下职称教师为博士生导师的,应从严控制。博士生导师在独立指导博士生之前,一般应有指导硕士生或协助指导博士生的经历。对于外籍导师、兼职导师和校外导师,培养单位要提出专门的选聘要求。

四、加强导师岗位培训

建立国家典型示范、省级重点保障、培养单位全覆盖的三级培训体系。构建新聘导师岗前培训、在岗导师定期培训、日常学习交流相结合的培训制度,加强对培训过程和培训效果的考核。新聘博士生导师必须接受岗前培训,在岗博士生导师每年至少参加一次培训。要将政治理论、国情教育、法治教育、导师职责、师德师风、研究生教育政策、教学管理制度、指导方法、科研诚信、学术伦理、学术规范、心理学知识等作为培训内容，通过专家报告、经验分享、学习研讨等多种形式，切实保障培训效果。

五、健全考核评价体系

培养单位要制定科学的博士生导师考核评价标准，完善考核评价办法，将政治表现、师德师风、学术水平、指导精力投入、育人实效等纳入考核评价体系，对博士生导师履职情况进行综合评价。以年度考核为依托，加强教学过程评价，实行导师自评与同行评价、学生评价、管理人员评价相结合，建立科学合理的评价机制。

六、建立激励示范机制

培养单位要重视博士生导师评价考核结果的使用，将考评结果作为绩效分配、评优评先的重要依据，作为导师年度招生资格和招生计划分配的重要依据，充分发挥评价考核的教育、引导和激励功能。鼓励各地各培养单位评选优秀导师和优秀团队，加大宣传力度，推广成功经验，重视发挥优秀导师和优秀团队的示范引领作用。

七、健全导师变更制度

培养单位要明确导师变更程序，建立动态灵活的调整办法。因博士生转学、转专业、更换研究方向，或导师健康原因、调离等情况，研究生和导师均可提出变更导师的申请。对于师生出现矛盾或其他不利于保持良好导学关系的情况，培养单位应本着保护师生双方权益的原则及时给予调解，必要时可解除指导关系，重新确定导师。

八、完善岗位退出程序

对于未能有效履行岗位职责，在博士生招生、培养、学位授予等环节出现严重问题的导师，培养单位应视情况采取约谈、限招、停招、退出导师岗位等措施。对师德失范者和违法违纪者，要严肃处理并对有关责任人予以追责问责。对于导师退出指导岗位所涉及的博士生，应妥善安排，做好后续培养工作。

九、规范岗位设置管理

培养单位应根据自身发展定位、学科发展规划、资源条件、招生计划和师资水平等因素，科学确定博士生导师岗位设置规模；根据学科特点、师德表现、学术水平、科研任务和培养质量，合理确定导师指导博士生的限额，确保导师指导博士生的精力投入。

十、完善监督管理机制

各省级教育行政部门要监督指导本地区培养单位完善博士生导师岗位管理制度，并将制度建设和落实情况纳入相应评估指标和资源分配体系。培养单位要制定博士生导师岗位管理相关制度办法，加强和规范博士生导师岗位管理，保障博士生导师合法权益，推动博士生导师全面落实岗位职责。

教育部
2020年9月24日

教育部关于印发《研究生导师指导行为准则》的通知

教研〔2020〕12号

各省、自治区、直辖市教育厅（教委），新疆生产建设兵团教育局，有关部门（单位）教育司（局），部属各高等学校、部省合建各高等学校：

为深入学习贯彻党的十九大和十九届二中、三中、四中、五中全会精神，全面贯彻落实全国教育大会、全国研究生教育会议精神，加强研究生导师队伍建设，规范研究生导师指导行为，全面落实研究生导师立德树人职责，我部研究制定了《研究生导师指导行为准则》（以下简称准则）。现印发给你们，请结合实际认真贯彻执行。

一、准则是研究生导师指导行为的基本规范

研究生导师是研究生培养的第一责任人，肩负着为国家培养高层次创新人才的重要使命。长期以来，广大研究生导师立德修身、严谨治学、潜心育人，

为国家发展作出了重大贡献，但个别导师存在指导精力投入不足、质量把关不严、师德失范等问题。制定导师指导行为准则，划定底线，是进一步完善导师岗位管理制度，明确导师岗位职责，建设一流研究生导师队伍的重要举措。

二、认真做好部署，全面贯彻落实

各地各校要结合研究生导师队伍建设实际，扎实开展《准则》的学习贯彻。要做好宣传解读，帮助导师全面了解准则内容，做到全员知晓。要完善相关制度，将准则真正贯彻落实到研究生招生培养全方位、全过程，强化岗位聘任、评奖评优、绩效考核等环节的审核把关。

三、强化监督指导，依法处置违规行为

各地各校要落实学校党委书记和校长师德建设第一责任人、院（系）行政主要负责人和党组织主要负责人直接领导责任，按照准则要求，依法依规建立研究生导师指导行为违规责任认定和追究机制，强化监督问责。对确认违反准则的相关责任人和责任单位，要按照《教育部关于高校教师师德失范行为处理的指导意见》（教师〔2018〕17号）和本单位相关规章制度进行处理。对违反准则的导师，培养单位要依规采取约谈、限招、停招直至取消导师资格等处理措施；对情节严重、影响恶劣的，一经查实，要坚决清除出教师队伍；涉嫌违法犯罪的移送司法机关处理。对导师违反准则造成不良影响的，所在院（系）行政主要负责人和党组织主要负责人需向学校分别作出检讨，由学校依据有关规定视情节轻重采取约谈、诫勉谈话、通报批评、纪律处分和组织处理等方式进行问责。我部将导师履行准则的情况纳入学位授权点合格评估和"双一流"监测指标体系中，对导师违反准则造成不良影响的高校，将视情核减招生计划、限制申请新增学位授权，情节严重的，将按程序取消相关学科的学位授权。

各地各校贯彻落实准则情况，请及时报告我部。我部将适时对落实情况进行督查。

教育部

2020年10月30日

研究生导师指导行为准则

导师是研究生培养的第一责任人，肩负着培养高层次创新人才的崇高使命。长期以来，广大导师贯彻党的教育方针，立德修身、严谨治学、潜心育人，为研究生教育事业发展和创新型国家建设作出了突出贡献。为进一步加强研究生导师队伍建设，规范指导行为，努力造就有理想信念、有道德情操、有扎实学识、有仁爱之心的新时代优秀导师，在《教育部关于全面落实研究生导师立德树人职责的意见》(教研〔2018〕1号)、《新时代高校教师职业行为十项准则》基础上，制定以下准则。

一、坚持正确思想引领

坚持以习近平新时代中国特色社会主义思想为指导，模范践行社会主义核心价值观，强化对研究生的思想政治教育，引导研究生树立正确的世界观、人生观、价值观，增强使命感、责任感，既做学业导师又做人生导师。不得有违背党的理论和路线方针政策、违反国家法律法规、损害党和国家形象、背离社会主义核心价值观的言行。

二、科学公正参与招生

在参与招生宣传、命题阅卷、复试录取等工作中，严格遵守有关规定，公平公正，科学选才。认真完成研究生考试命题、复试、录取等各环节工作，确保录取研究生的政治素养和业务水平。不得组织或参与任何有可能损害考试招生公平公正的活动。

三、精心尽力投入指导

根据社会需求、培养条件和指导能力，合理调整自身指导研究生数量，确保足够的时间和精力提供指导，及时督促指导研究生完成课程学习、科学研究、专业实习实践和学位论文写作等任务；采用多种培养方式，激发研究生创新活力。不得对研究生的学业进程及面临的学业问题疏于监督和指导。

四、正确履行指导职责

遵循研究生教育规律和人才成长规律，因材施教；合理指导研究生学习、科研与实习实践活动；综合开题、中期考核等关键节点考核情况，提出研究生分流退出建议。不得要求研究生从事与学业、科研、社会服务无关的事务，不得违规随意拖延研究生毕业时间。

五、严格遵守学术规范

秉持科学精神，坚持严谨治学，带头维护学术尊严和科研诚信；以身作则，强化研究生学术规范训练，尊重他人劳动成果，杜绝学术不端行为，对与研究生联合署名的科研成果承担相应责任。不得有违反学术规范、损害研究生学术科研权益等行为。

六、把关学位论文质量

加强培养过程管理，按照培养方案和时间节点要求，指导研究生做好论文选题、开题、研究及撰写等工作；严格执行学位授予要求，对研究生学位论文质量严格把关。不得将不符合学术规范和质量要求的学位论文提交评审和答辩。

七、严格经费使用管理

鼓励研究生积极参与科学研究、社会实践和学术交流，按规定为研究生提供相应经费支持，确保研究生正当权益。不得以研究生名义虚报、冒领、挪用、侵占科研经费或其他费用。

八、构建和谐师生关系

落实立德树人根本任务，加强人文关怀，关注研究生学业、就业压力和心理健康，建立良好的师生互动机制。不得侮辱研究生人格，不得与研究生发生不正当关系。

参考文献

[1] 胡黄.融入"三高四新"战略加快推动湖南工科研究生教育改革发展[J].教育观察,2021.10(41):91-93.

[2] 苏保卫,高学理.膜科学与技术研究生课程的教学改革与实践[J/OL].首都师范大学学报(自然科学版),1-6[2021-11-17].http://kns.cnki.net/kcms/detail/11.3189.N.20210916.1154.002.html.

[3] 张金伟,李沛莉,赵延安.新时代加强和改进研究生思想政治工作研究[J].西北农林科技大学,2021(35):1-5.

[4] 翟小蒙.新时代学科评估背景下的研究生培养模式构建及问题分析[J].湖北开放职业学院学报,2021,34(17):20-21.

[5] 张传剑,姚云.高等教育普及化背景下的我国研究生培养转型[J].现代教育科学,2021(05):134-141.

[6] 蒙玲梅.研究生教育国际化办学主体竞争力提升研究[J].绵阳师范学院学报,2021.40(09):80-84.

[7] 洪大用.研究生教育的新时代、新主题、新担当[J].学位与研究生教育,2021(09):1-9.

[8] 马永红,朱鹏宇,杨雨萌.学位条例实施以来我国硕士研究生培养模式演进——基于三元逻辑的视角[J].学位与研究生教育,2021(09):18-28.

[9] 郝明君,杨琴,张陈,等.重庆市学位与研究生教育40年回顾与展望[J].学位与研究生教育,2021(09):29-36.

[10] 中国研究生教育地区竞争力排行榜[J].评价与管理,2021.19(03):46.

[11] 中国普通高校研究生教育竞争力排行榜[J].评价与管理,2021.19(03):49-55.

[12] 刘娟."十三五"回顾系列——首都研究生导师队伍发展[J].北京教育(高教),2021(09):4-5.

[13] 史小华.九十年代后日本研究生教育发展改革及经验借鉴[J].长春大学学报,2021.31(08):54-57.

[14] 郑承军.以创新驱动研究生教育改革发展[J].北京教育(高教),2021(08):23-24.

[15] 首届中国学位与研究生教育大会简介[J].研究生教育研究,2021(04):2.

[16] 李苗苗,孙玉涛.研究生教育能否促进区域经济增长?——基于30个省市区的面板数据[J].研究生教育研究,2021(04):1-9.

[17] 周爽,李慧敏,李亚铃,等.西部某中医药院校硕士研究生考博意愿的调查、分析及建议[J].中国医药科学,2021.11(14):5-10.

[18] 刘润,王小莉,吴晓培.高校研究生思想政治教育工作机制研究[J].中国高等教育,2021(12):37-39.

[19] 张伟伟.习近平新时代决策思维方法研究[D].北京科技大学,2021.

[20] 张丽康.浅谈我国研究生教育改革与发展的路径选择[J].扬州大学,2021(21):9-11.

[21] 葛英儒.中国共产党政治建设制度体系构建研究[D].兰州大学,2021.

[22] 贾绍俊.中国共产党思想政治教育话语权建设研究[D].哈尔滨师范大学,2021.

[23] 任仕伟.研究生教育质量评价体系的探析[J].教育教学论坛,2021(21):173-176.

[24] 饶武元,刘华.地方高校研究生教育教学改革发展研究——以近五届高等教育国家教学成果奖获奖项目为例[J].当代教育理论与实践,2021.13(03):116-122.

[25] 冯超.习近平新时代人才观研究[D].东北师范大学,2021.

[26] 于苗苗，马永红，张乐.行业企业参与专业学位研究生教育改革发展十年变迁[J].中国高教研究，2021（04）：69-74.

[27] 张茜.清代山东诗文作家研究[D].上海师范大学，2021.

[28] 唐启群，胡惠菊，韩静，崔艳萍，成杰.实施健康中国战略大背景下综合性大学护理教育改革与发展探析[J].华北理工大学学报（社会科学版），2021.21（02）：104-107.

[29] 王战军，张微，于妍.实现战略转型 加快研究生教育改革发展[J].研究生教育研究，2021（02）：1-6.

[30] 杨茜，汪霞.改革开放40年我国专业学位研究生教育政策变迁与发展逻辑[J].高教探索，2021（03）：60-65.

[31] 吕增艳.成仿吾思想政治教育思想研究[D].东北师范大学，2021.

[32] 胡建华."教育再生"政策下的日本高等教育改革与发展[J].外国教育研究，2021.48（02）：3-17.

[33] 李文锦.动态视点[J].山东教育（高教），2021（Z1）：4-5.

[34] 张龙，穆丹阳，路璐.学科专业一体化视域下的省属高校研究生教育发展探究[J].黑龙江教育（理论与实践），2021（03）：4-5.

[35] 卫灵，张桐珲.固本培元，推进研究生教育高质量发展[J].思想教育研究，2021（01）：147-150.

[36] 王瑞.构建发展力导向的学科可持续建设机制[J].艺术教育，2021（01）：18-20.

[37] 丁凌.红军长征时期中国共产党的民族政策研究[D].山东大学，2020.

[38] 曹新安.新时代中国城市社区党建研究[D].吉林大学，2020.

[39] 洪流，汪霞，杨树兵，等.江苏省研究生教育发展年度报告[M].南京：南京大学出版社，2020.12.216.

[40] 江莹.研究型大学与研究生教育[M].南京：南京大学出版社，2020.12.323.

[41] 翁铁慧.全面落实全国研究生教育会议精神 推进新时代研究生教育高质量发展——在2020年省级学位委员会工作会议上的讲话[J].学位与研究生教育，2020（11）：1-6.

[42] 葛道凯.深化综合改革 聚焦内涵建设 努力推动研究生教育高质量发展[J].中国高等教育,2020(21):12-15.

[43] 李文锦.动态视点[J].山东教育(高教),2020(10):4-5.

[44] 蒋文莉,梁强.全省研究生教育会议在济南召开 全面部署我省研究生教育高质量发展 切实推动研究生教育强省建设[J].山东教育(高教),2020(10):6-8.

[45] 葛道凯.新时代推进专业学位研究生教育内涵式发展的实践与思考[J].大学与学科,2020.1(02):24-31.

[46] 何珂,汪玲.新时代博士专业学位教育改革若干思考[J].中国卫生资源,2020.23(04):408-414.

[47] 马永红.研究生教育改革与发展专题[J].北京航空航天大学学报(社会科学版),2020.33(04):145.

[48] 郝丹梅.延安时期张闻天思想政治工作理论研究[D].西安理工大学,2020.

[49] 王国龙.中国共产党依规治党的历史经验研究[D].山东大学,2020.

[50] 孙道壮.中国共产党权威塑造问题研究[D].山东大学,2020.

[51] 王曼.新时代加强中国共产党人政治信仰建设研究[D].山东大学,2020.

[52] 于瑶.新时代党员领导干部政德观培育研究[D].山东大学,2020.

[53] 刘白杨.中国共产党政治建设的历史逻辑研究[D].南昌大学,2020.

[54] 余皓洁.新中国初期中国共产党宣传工作及其历史经验研究[D].湘潭大学,2020.

[55] 王科.基层公务员政治胜任力提升研究[D].中南财经政法大学,2020.

[56] 卢汉.政党性质与中国共产党的党性锤炼研究[D].上海社会科学院,2020.

[57] 武洋.区域社会与革命互动[D].吉林大学,2020.

[58] 张阳.新时代中国共产党纪律建设研究[D].吉林大学,2020.

[59] 何彦霏.中国共产党干部学院建设的理论与实践研究[D].山西大学,2020.

[60] 付鸿飞.李明磊.全球化、信息化背景下研究生教育改革与发展——第二届研究生教育学国际会议综述[J].学位与研究生教育,2020(03):60-65.

[61] 刘波亚,李金玉,邓柳.重庆市研究生教育内涵式发展的战略思考[J].才智,2020(08):156-157.

[62] 蔡芬,周维,汪霞.改革开放40年我国研究生教育研究的发展[J].黑龙江高教研究,2020.38(02):108-113.

[63] 姚志友,何红中.投入机制改革与研究生教育非均衡发展探析[J].教育探索,2020(01):31-35.

[64] 肖希明,吴庆梅.改革开放以来我国图书馆学研究生教育的发展与前瞻[J].图书馆论坛,2020.40(08):25-33.

[65] 贾兆帅,张洁,张哲.新发展理念视阈下研究生教育质量提升策略探究[J].兰州教育学院学报,2019.35(12):115-116.

[66] 赵军峰,姚恺璇.深化改革 探讨创新 推进发展——全国翻译专业学位研究生教育2019年会综述[J].中国翻译,2019.40(04):111-116.

[67] 张宪省.提升研究生教育内涵发展质量 为经济社会发展提供智力支持和人才支撑[J].山东教育(高教),2019(06):10-12.

[68] 廖湘阳,孙瑜.2018年中国学位与研究生教育发展热点述评[J].学位与研究生教育,2019(05):1-9.

[69] 印蕾.中国非英语专业研究生英语教育改革与实践研究[M].南昌:江西高校出版社,2019.05.275.

[70] 首都医科大学研究生院.四十载耕耘结硕果,医学教育谱新篇——首都医科大学研究生教育改革发展回眸[J].中国研究生,2019(04):10-13.

[71] 李明磊,胡蕴纹,杜娟."双一流"建设:理论、评价及策略——第二届中国研究生教育高端论坛会议综述[J].大学(研究版),2019(02):91-96.

[72] 邓永禄.论改革开放40年我国研究生教育发展历程[J].理论观察,2019(01):112-114.

[73] 蒋文莉,王夫海,王环宇.砥砺耕耘,谱写重彩华章——概述山东省学位与研究生教育改革发展40年[J].山东教育(高教),2019(Z1):17-25.

[74] 王亚东.高水平大学视角下研究生教育信息化发展新思考[J].大众文艺,2018(22):192.

[75] 严丽梅, 何芳丽, 沈凤, 等. 高等医学教育改革与发展的思路探讨[J]. 教育教学论坛, 2018（40）: 179-180.

[76] 赵军峰, 姚恺璇. 服务需求 改革创新 内涵发展——全国翻译专业学位研究生教育2018年会综述[J]. 中国翻译, 2018.39（05）: 77-79.

[77] 温晓亮. 供给侧结构性改革视域下研究生教育内涵式发展策略[J]. 黑龙江高教研究, 2018.36（09）: 91-94.

[78] 熊思东. 交叉学科研究生培养研究[M]. 南京: 南京大学出版社, 2018.09.218.

[79] 洪流, 汪霞, 杨树兵, 等. 江苏省研究生教育质量年度报告[M]. 南京: 南京大学出版社, 2018.09.215.

[80] 卿海群. 新时代背景下地方院校专业学位硕士研究生教育改革发展策略[J]. 教育现代化, 2018.5（20）: 20-22.

[81] 李雪辉, 罗英姿. 博士研究生教育供给侧改革: 目标强化与方向转轨[J]. 教育发展研究, 2018.38（09）: 28-34.

[82] 廖湘阳. 2017年中国学位与研究生教育改革发展热点述评[J]. 学位与研究生教育, 2018（04）: 1-9.

[83] 朱磊, 许能贵, 邝卫红, 等. 新常态下对中医药研究生教育改革与发展的思考——以广州中医药大学的实践探索为例[J]. 成都中医药大学学报（教育科学版）, 2018.20（01）: 10-11.

[84] 焦炜, 李慧丽. 教育供给侧改革视野下我国专业学位研究生教育的发展[J]. 现代教育科学, 2018（01）: 129-133.

[85] 袁利平, 李盼宁. 基于创新驱动发展的俄罗斯研究生教育改革及启示[J]. 现代教育管理, 2017（11）: 119-123.

[86] 朱磊, 邝卫红, 鄢来均, 等. 新常态下中医药研究生教育改革发展的实践探索[J]. 中医教育, 2017.36（05）: 53-55.

[87] 刘光连, 黄志平, 李劼. 以"双一流"建设推进研究生教育改革与发展研究[J]. 中国冶金教育, 2017（04）: 1-9.

[88] 洪流，汪霞，杨树兵，等．江苏省研究生教育质量年度报告[M]．南京：南京大学出版社，2017.08.148.

[89] 李俊伟，张翼宙，毛建雄，等．大健康产业背景下高等中医教育改革与发展探讨[J]．中医教育，2017.36（04）：3-5+13.

[90] 汪东升，谢均，李侠，等．研究生教育管理探索与创新[M]．成都：四川大学出版社，2015.06.190.

[91] 中国人民大学研究生院．中国人民大学研究生教育三十年（1978—2008）[M]．北京：中国人民大学出版社，2015.01.286.

[92] 廖文婕．我国专业学位研究生培养模式的系统结构研究[M]．厦门：厦门大学出版社，2013.10.274.